科学出版社“十三五”普通高等教育本科规划教材

线性代数

西南交通大学数学学院 编

科学出版社

北京

内 容 简 介

本书不仅涵盖研究生入学考试大纲线性代数部分的相关内容，而且更注重培养学生在抽象线性空间内处理理论问题的能力. 全书共四章，从学生熟悉的中学代数课程内容出发，依此建立矩阵的初等理论，使学生受到线性代数基本计算的训练，如求解线性方程组、求逆矩阵、计算行列式等；而后将矩阵提升到抽象的线性空间和线性映射理论，使学生认识到矩阵理论的许多问题(标准型、特征值、特征向量、相似等)都可以在线性空间中很直观简明地处理；最后讲授欧几里得空间与二次型理论. 每章各节后均配备针对性习题，帮助读者掌握分析和思考的方法.

本书可作为高等学校自然科学、工程技术、经济管理等相关专业的线性代数课程教材，也可作为相关实际工作者的参考资料.

图书在版编目(CIP)数据

线性代数/西南交通大学数学学院编. —北京：科学出版社，2017.7
科学出版社“十三五”普通高等教育本科规划教材
ISBN 978-7-03-053921-2

Ⅰ. ①线…　Ⅱ. ①西…　Ⅲ. ① 线性代数-高等学校-教材　Ⅳ. ①O151.2

中国版本图书馆 CIP 数据核字(2017) 第 164800 号

责任编辑：王胡权　罗　吉／责任校对：彭　涛
责任印制：师艳茹／封面设计：华路天然工作室

科学出版社 出版
北京东黄城根北街 16 号
邮政编码：100717
http://www.sciencep.com
石家庄继文印刷有限公司 印刷
科学出版社发行　各地新华书店经销
*
2017 年 7 月第 一 版　开本: 720 × 1000 1/16
2023 年 7 月第八次印刷　印张: 11 1/2
字数: 232 000
定价: 30.00 元
(如有印装质量问题，我社负责调换)

前　言

Preface

西南交通大学创建于 1896 年，是中国第一所工程高等学府，是中国土木工程、交通工程、矿冶工程高等教育的发祥地，交通大学两大最早源头之一. 学校以“唐山交大”“唐院”享誉海内外，素有“东方康奈尔”之美誉. 在学校迎来 120 华诞之时，我们本着“知识基础厚度决定认知高度”的思想对线性代数课程教学的各主要环节进行了调整，目的是使学生接受必要的、足够强度的严格训练，使之尽早融入学校构建的“价值塑造、人格养成、能力培养、知识探究”四维一体的拔尖创新人才培养体系. 为与修订的教学计划相配合，我们编写了本书，以记录我们对理工科人才培养的思考.

作为大学一年级的两大基础课程之一，线性代数比高等数学具有更高的抽象性和一般性. 它所研究的核心内容是线性空间及相互关系 (线性映射). 它是概括了诸多具体的客观事物的共性后形成的一般规律，因此有广泛的应用，在自然科学、工程技术、经济人文等学科的学习以及实际工作中都非常重要. 在线性代数课程中对学生进行抽象思维的训练是提高学生整体素质的一个重要手段. 在教学中，我们应当培养学生在抽象线性空间内处理理论问题的能力，既能把具体的问题转化为抽象线性空间和线性映射的问题来处理，又会把抽象的问题具体化. 为了达到此目的，我们在课程设计上作了以下“提升”. 首先从学生熟悉的中学代数课程内容出发，将二元 (三元) 一次方程组提升为任意的 m 个方程 n 个未知量的一般线性方程组. 依此建立矩阵的初等理论，使学生受到线性代数基本计算，如求解线性方程组、求逆矩阵、计算行列式等的训练. 而后将矩阵提升到抽象的线性空间和线性映射理论，使学生认识到矩阵是线性映射 (变换) 在线性空间取定基后的具体表现形式，矩阵理论的许多问题如标准型、特征值、特征向量、相似以及合同等都可以在线性空间中很直观简明地处理，让学生明确线性代数是以线性空间与线性映射为主要研究内容，以矩阵为主要研究工具的一门学问.

本书由刘品、阳锐顺、秦应兵、秦克云编写. 第 1 章由阳锐顺和秦应兵执笔，讲授矩阵的初等理论. 我们将行列式内容编排在此以使矩阵的初等理论更显集中；第 2 章和第 3 章由刘品执笔，讲授线性空间和线性映射理论；第 4 章由秦克云执笔，讲授欧几里得空间与二次型理论.

叶建军教授、谢云丽老师对本书进行了细心的审阅，提出了许多宝贵的修改意见. 本书是西南交通大学线性代数课程教学改革的一个体现，自始至终得到杨晗教授、潘小东副教授的热情支持. 编者在此向他们表示诚挚的感谢.

感谢西南交通大学和数学学院对本课程建设的关心和支持. 感谢科学出版社为本书的完善与出版付出的辛勤劳动. 我们期待各位同行专家和读者提出宝贵意见，敬请联系西南交通大学数学学院刘品：liupin@swjtu.edu.cn.

编 者

2017 年 4 月

于西南交通大学

目 录

Contents

第1章 矩 阵

Chapter 1

矩阵不仅是研究 (有限维) 线性空间的重要工具，而且在自然科学、工程技术中都有着大量的应用. 本章介绍矩阵的概念和矩阵的运算，讨论矩阵的初等变换，方阵的行列式等理论.

如无特别说明，本书所有章节均限定在实数域 $\mathbb{R}$ 上讨论.

1.1 矩 阵

1.1.1 矩阵的概念

在实际生活中，需要对大量数据进行整体处理，常常把它们做成一个数表. 比如，在某一地区，有 m 个煤炭产地 $A_1, A_2, \cdots, A_m$ 和 n 个销售点 $B_1, B_2, \cdots, B_n$，用 a_{ij} 表示煤炭从产地 A_i 运到销售点 B_j 的数量，那么调配方案就可以用数表

$$\begin{pmatrix} a_{11} & a_{12} & \cdots & a_{1n} \\ a_{21} & a_{22} & \cdots & a_{2n} \\ \vdots & \vdots & & \vdots \\ a_{m1} & a_{m2} & \cdots & a_{mn} \end{pmatrix}$$

表示.

在中学代数课程中，已经学过二元 (三元) 一次方程组. 当将方程的个数推广到任意的 m，未知量的个数推广到 n 时，可以得到一般的 n 元线性方程组. n 元线性方程组的一般形式为

$$
(1)\quad \begin{cases} a_{11}x_1+a_{12}x_2+\cdots+a_{1n}x_n=b_1,\\ a_{21}x_1+a_{22}x_2+\cdots+a_{2n}x_n=b_2,\\ \qquad\cdots\cdots\\ a_{m1}x_1+a_{m2}x_2+\cdots+a_{mn}x_n=b_m. \end{cases}
$$

其中，$x_1,x_2,\cdots,x_n$ 表示 n 个未知量，m 是方程的个数，a_{ij} $(i=1,\cdots,m;j=1,\cdots,n)$ 称为方程组的系数，b_i $(i=1,\cdots,m)$ 称为常数项. 系数 a_{ij} 的第一个下标 i 表示它在第 i 个方程，第二个下标 j 表示它是未知量 x_j 的系数. 方程组中未知量的个数与方程的个数不一定相等. 如果方程组右端的常数项全部为 0, 即

$$
b_1=b_2=\cdots=b_m=0,
$$

则称线性方程组为**齐次线性方程组**.

将系数按照它们在 (1) 中的位置排列成数表，记为

$$
\boldsymbol{A}=\begin{pmatrix} a_{11} & a_{12} & \cdots & a_{1n}\\ a_{21} & a_{22} & \cdots & a_{2n}\\ \vdots & \vdots & & \vdots\\ a_{m1} & a_{m2} & \cdots & a_{mn} \end{pmatrix},
$$

再将常数项 $b_1,\cdots,b_m$ 按照它们在 (1) 中的位置排在最后一列构成下面的数表，记为

$$
\bar{\boldsymbol{A}}=\begin{pmatrix} a_{11} & a_{12} & \cdots & a_{1n} & b_1\\ a_{21} & a_{22} & \cdots & a_{2n} & b_2\\ \vdots & \vdots & & \vdots & \vdots\\ a_{m1} & a_{m2} & \cdots & a_{mn} & b_m \end{pmatrix}.
$$

方程组 (1) 的本质属性都可以通过数表 $A,\bar{\boldsymbol{A}}$ 进行刻画.

一般地，我们有

定义 1.1.1 由 $m\times n$ 个数组成的 m 行 n 列的数表

$$
\begin{pmatrix} a_{11} & a_{12} & \cdots & a_{1n}\\ a_{21} & a_{22} & \cdots & a_{2n}\\ \vdots & \vdots & & \vdots\\ a_{m1} & a_{m2} & \cdots & a_{mn} \end{pmatrix}
$$

称为一个 $m \times n$**矩阵**，简称为**矩阵**，通常记为

$$\boldsymbol{A} = (a_{ij})_{m\times n}$$

或者用大写字母 $\boldsymbol{A}, \boldsymbol{B}$ 等表示. 称 a_{ij} 为矩阵 $\boldsymbol{A}$ 的第 i 行第 j 列元素，i 称为元素 a_{ij} 的行标，j 称为列标, 其中

$$i = 1, 2, \cdots, m,\ j = 1, 2, \cdots, n.$$

称

$$\alpha_i = \begin{pmatrix} a_{i1} & a_{i2} & \cdots & a_{in} \end{pmatrix}$$

为矩阵的第 i 行，而称

$$\beta_j = \begin{pmatrix} a_{1j} \\ a_{2j} \\ \vdots \\ a_{mj} \end{pmatrix}$$

为矩阵的第 j 列.

线性方程组 (1) 对应的矩阵 $\boldsymbol{A}$ 称为其**系数矩阵**，$\bar{\boldsymbol{A}}$ 称为其**增广矩阵**. 线性方程组 (1) 与它的增广矩阵一一对应.

定义 1.1.2　若两个矩阵 $\boldsymbol{A} = (a_{ij})_{m\times n}, \boldsymbol{B} = (b_{ij})_{l\times k}$, 满足

$$m = l, n = k.$$

则称 $\boldsymbol{A}$ 与 $\boldsymbol{B}$ 是**同型矩阵**.

如果两个同型矩阵 $\boldsymbol{A} = (a_{ij})_{m\times n}, \boldsymbol{B} = (b_{ij})_{m\times n}$ 对应的元素都相等，即

$$a_{ij} = b_{ij},\ i = 1, 2, \cdots, m;\ j = 1, 2, \cdots, n.$$

则称矩阵 $\boldsymbol{A}$ 与 $\boldsymbol{B}$**相等**，记作 $\boldsymbol{A} = \boldsymbol{B}$.

1.1.2　特殊矩阵

下面介绍一些非常重要的特殊矩阵.

1. 零矩阵

元素全为零的矩阵称为零矩阵，记为 $\boldsymbol{O}_{m\times n}$.

2. 行矩阵与列矩阵

称一个 $1\times n$ 矩阵

$$\boldsymbol{\alpha}=(a_1,a_2,\cdots,a_n),$$

为行矩阵，也称为 (n 维)**行向量**. 类似地，称 $n\times 1$ 矩阵

$$\boldsymbol{\beta}=\begin{pmatrix} b_1\\ b_2\\ \vdots\\ b_n \end{pmatrix}$$

为列矩阵，也称为 (n 维)**列向量**.

注意到 $m\times n$ 矩阵可以看成是由 m 个 n 维行向量构成，或者是 n 个 m 维列向量构成.

3. 方阵

行数与列数相同的矩阵称为方阵，具体地，将 $n\times n$ 的矩阵称为 n 阶方阵，简记为 $\boldsymbol{A}=\boldsymbol{A}_n$. 在矩阵 $\boldsymbol{A}=(a_{ij})_{n\times n}$ 中，元素 $a_{11},a_{22},\cdots,a_{nn}$ 所在的位置称为矩阵的**主对角线**.

4. 对角矩阵与单位矩阵

方阵

$$\boldsymbol{A}=\begin{pmatrix} d_1 & 0 & \cdots & 0\\ 0 & d_2 & \cdots & 0\\ \vdots & \vdots & & \vdots\\ 0 & 0 & \cdots & d_n \end{pmatrix}$$

称为对角矩阵，也记为

$$\boldsymbol{A}=\mathrm{diag}(d_1,d_2,\cdots,d_n).$$

若对角矩阵对角线上的元素全相等，则称其为 n 阶**数量矩阵**. 数量矩阵形如

$$\begin{pmatrix} d & 0 & \cdots & 0\\ 0 & d & \cdots & 0\\ \vdots & \vdots & & \vdots\\ 0 & 0 & \cdots & d \end{pmatrix}.$$

若 n 阶对角矩阵对角线上的元素全为 1，则称其为 n 阶单位矩阵，记为 $\boldsymbol{E}_n$ 或简记为 $\boldsymbol{E}$，即

$$\boldsymbol{E}=\begin{pmatrix}1&0&\cdots&0\\0&1&\cdots&0\\\vdots&\vdots&&\vdots\\0&0&\cdots&1\end{pmatrix}.$$

5. 三角矩阵

当方阵 $\boldsymbol{A}$ 的主对角线下 (上) 方的元素都是零时，称 $\boldsymbol{A}$ 为上 (下) 三角矩阵. 上三角矩阵形如

$$\boldsymbol{A}=\begin{pmatrix}a_{11}&a_{12}&\cdots&a_{1n}\\0&a_{22}&\cdots&a_{2n}\\\vdots&\vdots&&\vdots\\0&0&\cdots&a_{nn}\end{pmatrix},$$

下三角矩阵形如

$$\boldsymbol{A}=\begin{pmatrix}a_{11}&0&\cdots&0\\a_{21}&a_{22}&\cdots&0\\\vdots&\vdots&&\vdots\\a_{n1}&a_{n2}&\cdots&a_{nn}\end{pmatrix}.$$

6. 对称矩阵与反对称矩阵

如果方阵 $\boldsymbol{A}$ 满足

$$a_{ij}=a_{ji}\ (1\leqslant i,j\leqslant n),$$

则称 $\boldsymbol{A}$ 为**对称矩阵**. 如果方阵 $\boldsymbol{A}$ 满足

$$a_{ij}=-a_{ji}\ (1\leqslant i,j\leqslant n),$$

则称 $\boldsymbol{A}$ 为**反对称矩阵**. 注意，若 $\boldsymbol{A}$ 为反对称矩阵，则 $a_{ii}=0$, 即反对称矩阵的主对角线上的元素全为 0.

例 1.1.3 矩阵

$$\boldsymbol{A}=\begin{pmatrix}1&2&3\\2&1&0\\3&0&2\end{pmatrix},\quad \boldsymbol{B}=\begin{pmatrix}0&2&3\\-2&0&1\\-3&-1&0\end{pmatrix}$$

分别是对称矩阵和反对称矩阵.

1.1.3 矩阵的转置

定义 1.1.4 把矩阵 $\boldsymbol{A}$ 的行列互换，所得到的矩阵称为 $\boldsymbol{A}$ 的**转置**，记为 $\boldsymbol{A}^{\mathrm{T}}$. 即，如果

$$\boldsymbol{A}=\begin{pmatrix} a_{11} & a_{12} & \cdots & a_{1n} \\ a_{21} & a_{22} & \cdots & a_{2n} \\ \vdots & \vdots & & \vdots \\ a_{m1} & a_{m2} & \cdots & a_{mn} \end{pmatrix}_{m\times n},$$

则

$$\boldsymbol{A}^{\mathrm{T}}=\begin{pmatrix} a_{11} & a_{21} & \cdots & a_{m1} \\ a_{12} & a_{22} & \cdots & a_{m2} \\ \vdots & \vdots & & \vdots \\ a_{1n} & a_{2n} & \cdots & a_{mn} \end{pmatrix}_{n\times m}.$$

注 1.1.5 (1) 显然

$$(\boldsymbol{A}^{\mathrm{T}})^{\mathrm{T}}=\boldsymbol{A}.$$

(2) 矩阵 $\boldsymbol{A}$ 是对称矩阵当且仅当 $\boldsymbol{A}=\boldsymbol{A}^{\mathrm{T}}$.

(3) 若矩阵 $\boldsymbol{A}=(a_{ij})$ 与矩阵 $\boldsymbol{B}=(b_{ij})$ 同型且满足

$$b_{ij}=-a_{ij},(1\leqslant i,j\leqslant n),$$

则称 $\boldsymbol{B}$ 为 $\boldsymbol{A}$ 的**负矩阵**，并记为 $-\boldsymbol{A}$. 因此，矩阵 $\boldsymbol{A}$ 是反对称矩阵当且仅当 $\boldsymbol{A}=-\boldsymbol{A}^{\mathrm{T}}$.

1.2 矩阵的运算

矩阵的意义不仅在于将 $m\times n$ 个数排成数表形式，更在于可以进行一些有实际意义的运算，从而使矩阵成为进行理论研究和解决实际问题的有力工具.

1.2.1 矩阵的线性运算

矩阵的线性运算包括矩阵的加法与数乘.

定义 1.2.1 设 $\boldsymbol{A}=(a_{ij})$ 与 $\boldsymbol{B}=(b_{ij})$ 为两个同型矩阵，矩阵 $\boldsymbol{A}$ 与 $\boldsymbol{B}$ 的和定义为

$$\boldsymbol{A}+\boldsymbol{B}=(a_{ij}+b_{ij}).$$

例 1.2.2

$$\begin{pmatrix} 1 & 2 \\ 0 & -1 \end{pmatrix} + \begin{pmatrix} 3 & -1 \\ 2 & 4 \end{pmatrix} = \begin{pmatrix} 4 & 1 \\ 2 & 3 \end{pmatrix}.$$

从定义可知，只有同型矩阵才能相加. 由于矩阵的加法就是把矩阵对应的元素相加，因此矩阵的加法满足以下规律.

(1) $\boldsymbol{A}+\boldsymbol{B}=\boldsymbol{B}+\boldsymbol{A}$ (交换律)；

(2) $\boldsymbol{A}+(\boldsymbol{B}+\boldsymbol{C})=(\boldsymbol{A}+\boldsymbol{B})+\boldsymbol{C}$ (结合律)；

(3) $\boldsymbol{A}+\boldsymbol{O}=\boldsymbol{A}$；

(4) 对于任意矩阵 $\boldsymbol{A}$，存在矩阵 $\boldsymbol{B}$ 使得

$$\boldsymbol{A}+\boldsymbol{B}=\boldsymbol{O}.$$

定义 1.2.3 设 λ 是任意实数，$\boldsymbol{A}=(a_{ij})_{m\times n}$ 是一个矩阵，定义矩阵的数乘运算如下：

$$\lambda\boldsymbol{A}=\begin{pmatrix} \lambda a_{11} & \lambda a_{12} & \cdots & \lambda a_{1n} \\ \lambda a_{21} & \lambda a_{22} & \cdots & \lambda a_{2n} \\ \vdots & \vdots & & \vdots \\ \lambda a_{m1} & \lambda a_{m2} & \cdots & \lambda a_{mn} \end{pmatrix}.$$

由定义可知，用数 λ 乘矩阵 $\boldsymbol{A}$ 就是用数 λ 去乘矩阵中每一个元素.

例 1.2.4

$$2\begin{pmatrix} 1 & 2 & -1 \\ 0 & -1 & 1 \end{pmatrix} = \begin{pmatrix} 2 & 4 & -2 \\ 0 & -2 & 2 \end{pmatrix}.$$

容易看出，数乘运算满足以下规律.

(1) $1\boldsymbol{A}=\boldsymbol{A}$；

(2) $\lambda(\boldsymbol{A}+\boldsymbol{B})=\lambda\boldsymbol{A}+\lambda\boldsymbol{B}$；

(3) $(\lambda+\mu)\boldsymbol{A}=\lambda\boldsymbol{A}+\mu\boldsymbol{A}$；

(4) $\lambda(\mu\boldsymbol{A})=(\lambda\mu)\boldsymbol{A}$.

其中 $\lambda,\mu\in\mathbb{R}$.

显然矩阵 $\boldsymbol{A}$ 的负矩阵 $-\boldsymbol{A}$ 满足

$$-\boldsymbol{A}=(-1)\boldsymbol{A}.$$

当然也可以将

$$\boldsymbol{A}+(-1)\boldsymbol{B}$$

视为矩阵的减法.

例 1.2.5 设有列向量

$$\boldsymbol{\alpha}_1=\begin{pmatrix}1\\1\\0\end{pmatrix},\boldsymbol{\alpha}_2=\begin{pmatrix}1\\0\\1\end{pmatrix},\boldsymbol{\alpha}_3=\begin{pmatrix}0\\1\\1\end{pmatrix},$$

则

$$2\boldsymbol{\alpha}_1-\boldsymbol{\alpha}_2+3\boldsymbol{\alpha}_3=\begin{pmatrix}1\\5\\2\end{pmatrix}.$$

通常将 $2\boldsymbol{\alpha}_1-\boldsymbol{\alpha}_2+3\boldsymbol{\alpha}_3$ 称为 $\boldsymbol{\alpha}_1,\boldsymbol{\alpha}_2,\boldsymbol{\alpha}_3$ 的一个**线性组合**，且 2，−1，3 是组合系数.

1.2.2 矩阵的乘法

定义 1.2.6 设

$$\boldsymbol{A}=(a_{ik})_{m\times p},\quad \boldsymbol{B}=(b_{kj})_{p\times n},$$

规定

$$\boldsymbol{C}=(c_{ij})_{m\times n},$$

其中

$$c_{ij}=a_{i1}b_{1j}+a_{i2}b_{2j}+\cdots+a_{ip}b_{pj}=\sum_{k=1}^{p}a_{ik}b_{kj}.$$

称为 $\boldsymbol{A}$ 与 $\boldsymbol{B}$ 的乘积, 记为 $\boldsymbol{C}=\boldsymbol{AB}$.

注 1.2.7 (1) 由定义可知，只有 $\boldsymbol{A}$ 的列数与 $\boldsymbol{B}$ 的行数相同时，乘积 $\boldsymbol{AB}$ 才有意义.

(2) 矩阵 $\boldsymbol{A}$ 与 $\boldsymbol{B}$ 的乘积 $\boldsymbol{AB}$ 的第 i 行第 j 列的元素等于第一个矩阵 $\boldsymbol{A}$ 的第 i 行与第二个矩阵 $\boldsymbol{B}$ 的第 j 列的对应元素乘积的和.

(3) 乘积 $\boldsymbol{AB}$ 的行数等于 $\boldsymbol{A}$ 的行数，列数等于 $\boldsymbol{B}$ 的列数.

例 1.2.8 设

$$\boldsymbol{A}=\begin{pmatrix}1&0&-1\\-1&1&3\end{pmatrix},\quad \boldsymbol{B}=\begin{pmatrix}0&3\\1&2\\3&1\end{pmatrix}$$

那么

$$\boldsymbol{AB}=\begin{pmatrix}1&0&-1\\-1&1&3\end{pmatrix}\begin{pmatrix}0&3\\1&2\\3&1\end{pmatrix}$$
$$=\begin{pmatrix}1\times0+0\times1+(-1)\times3&1\times3+0\times2+(-1)\times1\\(-1)\times0+1\times1+3\times3&(-1)\times3+1\times2+3\times1\end{pmatrix}$$
$$=\begin{pmatrix}-3&2\\10&2\end{pmatrix}.$$

思考

(1) $\boldsymbol{A}_{m\times n}\boldsymbol{E}_n=?\quad \boldsymbol{E}_m\boldsymbol{A}_{m\times n}=?$

(2) $\boldsymbol{A}_{m\times t}\boldsymbol{O}_{t\times n}=?\quad \boldsymbol{O}_{m\times t}\boldsymbol{A}_{t\times n}=?$

利用矩阵的乘法，可以得到线性方程组的新的表述方式.

例 1.2.9 给定线性方程组

$$\begin{cases}a_{11}x_1+a_{12}x_2+\cdots+a_{1n}x_n=b_1,\\a_{21}x_1+a_{22}x_2+\cdots+a_{2n}x_n=b_2,\\\qquad\cdots\cdots\\a_{m1}x_1+a_{m2}x_2+\cdots+a_{mn}x_n=b_m.\end{cases}$$

记系数矩阵、未知向量以及常数向量如下:

$$\boldsymbol{A}=\begin{pmatrix}a_{11}&a_{12}&\cdots&a_{1n}\\a_{21}&a_{22}&\cdots&a_{2n}\\\vdots&\vdots&&\vdots\\a_{m1}&a_{m2}&\cdots&a_{mn}\end{pmatrix},\boldsymbol{X}=\begin{pmatrix}x_1\\x_2\\\vdots\\x_n\end{pmatrix},\boldsymbol{\beta}=\begin{pmatrix}b_1\\b_2\\\vdots\\b_m\end{pmatrix},$$

则线性方程组可表示为

$$\begin{pmatrix}a_{11}&a_{12}&\cdots&a_{1n}\\a_{21}&a_{22}&\cdots&a_{2n}\\\vdots&\vdots&&\vdots\\a_{m1}&a_{m2}&\cdots&a_{mn}\end{pmatrix}\begin{pmatrix}x_1\\x_2\\\vdots\\x_n\end{pmatrix}=\begin{pmatrix}b_1\\b_2\\\vdots\\b_m\end{pmatrix},$$

即

$$\boldsymbol{AX}=\boldsymbol{\beta}.$$

例 1.2.10　设有四元二次齐次多项式

$$f(x_1,x_2,x_3,x_4)=x_1^2+4x_1x_2-2x_1x_4+2x_2x_3-x_3^2+6x_3x_4+2x_4^2.$$

若引入矩阵

$$\boldsymbol{A}=\begin{pmatrix}1&2&0&-1\\2&0&1&0\\0&1&-1&3\\-1&0&3&2\end{pmatrix},\ \boldsymbol{X}=\begin{pmatrix}x_1\\x_2\\x_3\\x_4\end{pmatrix},$$

则有

$$f(x_1,x_2,x_3,x_4)=\boldsymbol{X}^{\mathrm{T}}\boldsymbol{A}\boldsymbol{X}.$$

例 1.2.11　设

$$\boldsymbol{A}=\begin{pmatrix}1&2&3\end{pmatrix},\boldsymbol{B}=\begin{pmatrix}2\\3\\4\end{pmatrix},$$

计算 $\boldsymbol{AB},\boldsymbol{BA}$.

解

$$\boldsymbol{AB}=\begin{pmatrix}1&2&3\end{pmatrix}\begin{pmatrix}2\\3\\4\end{pmatrix}=20,$$

$$\boldsymbol{BA}=\begin{pmatrix}2\\3\\4\end{pmatrix}\begin{pmatrix}1&2&3\end{pmatrix}=\begin{pmatrix}2&4&6\\3&6&9\\4&8&12\end{pmatrix}_{3\times3}.$$

由此可以看出矩阵的乘法不满足交换律，即一般来说

$$\boldsymbol{AB}\neq\boldsymbol{BA}.$$

这是由于

(1) $\boldsymbol{AB}$ 有意义时，$\boldsymbol{BA}$ 不一定有意义. 例如 $\boldsymbol{A}_{3\times4}\boldsymbol{B}_{4\times5}$ 有意义, 但 $\boldsymbol{B}_{4\times5}\boldsymbol{A}_{3\times4}$ 无意义.

(2) $\boldsymbol{AB}$ 和 $\boldsymbol{BA}$ 都有意义，它们也不一定同型. 例如 $\boldsymbol{A}_{1\times4}\boldsymbol{B}_{4\times1}$ 为一阶矩阵，$\boldsymbol{B}_{4\times1}\boldsymbol{A}_{1\times4}$ 为 4 阶方阵.

(3) $\boldsymbol{AB}$ 和 $\boldsymbol{BA}$ 都有意义且同型，也未必有 $\boldsymbol{AB}=\boldsymbol{BA}$.

例 1.2.12 设

$$A=\begin{pmatrix}1&1\\-1&-1\end{pmatrix},B=\begin{pmatrix}1&-1\\-1&1\end{pmatrix},$$

则

$$AB=\begin{pmatrix}1&1\\-1&-1\end{pmatrix}\begin{pmatrix}1&-1\\-1&1\end{pmatrix}=\begin{pmatrix}0&0\\0&0\end{pmatrix},$$

而

$$BA=\begin{pmatrix}1&-1\\-1&1\end{pmatrix}\begin{pmatrix}1&1\\-1&-1\end{pmatrix}=\begin{pmatrix}2&2\\-2&-2\end{pmatrix}.$$

从例 1.2.12 还可以看到两个非零的矩阵的乘积可以是零矩阵，即存在 $A\neq O$, $B\neq O$，但是 $AB=O$. 这又是与数的乘法不同的地方！这导致消去律对矩阵乘法不成立，即

由 $AB=AC$ 和 $A\neq O$ 不能推出 $B=C$.

容易验证，矩阵的运算满足下列运算规律.

(1) $(AB)C=A(BC)$;

(2) $\lambda(AB)=(\lambda A)B=A(\lambda B)$;

(3) $A(B+C)=AB+AC,\quad (B+C)A=BA+CA$;

(4) $(A+B)^{\mathrm{T}}=A^{\mathrm{T}}+B^{\mathrm{T}},\quad (\lambda A)^{\mathrm{T}}=\lambda A^{\mathrm{T}},\quad (AB)^{\mathrm{T}}=B^{\mathrm{T}}A^{\mathrm{T}}$.

其中，$\lambda\in\mathbb{R}$.

例 1.2.13 设 A,B 为 n 阶方阵，且 A 的各行元素之和均为 s，矩阵 B 的各行元素之和均为 t. 证明 AB 的各行元素之和都等于 st.

证明 设 α 是 $n\times 1$ 矩阵，且每个元素都是 1. 由 A 的各行元素之和均为 s 可得

$$A\alpha=\begin{pmatrix}a_{11}&\cdots&a_{1n}\\\vdots&&\vdots\\a_{n1}&\cdots&a_{nn}\end{pmatrix}\begin{pmatrix}1\\\vdots\\1\end{pmatrix}=\begin{pmatrix}\sum\limits_{j=1}^{n}a_{1j}\\\vdots\\\sum\limits_{j=1}^{n}a_{nj}\end{pmatrix}=\begin{pmatrix}s\\\vdots\\s\end{pmatrix}=s\alpha.$$

同理由 B 的各行元素之和均为 t 可得

$$B\alpha=t\alpha.$$

于是

$$(AB)\alpha=A(B\alpha)=A(t\alpha)=t(A\alpha)=t(s\alpha)=(st)\alpha.$$

这表明 $\boldsymbol{AB}$ 的各行元素之和都等于 st. □

由于矩阵乘法满足结合律，可以定义方阵的方幂.

定义 1.2.14 m 个 n 阶方阵 $\boldsymbol{A}$ 相乘称为 $\boldsymbol{A}$ 的 m **次方幂**，并记为 $\boldsymbol{A}^m$. 约定 $\boldsymbol{A}^0=\boldsymbol{E}_n$.

显然有

$$\boldsymbol{A}^k\boldsymbol{A}^l=\boldsymbol{A}^{k+l},\quad (\boldsymbol{A}^k)^l=\boldsymbol{A}^{kl}.$$

在方阵方幂的基础上可以定义方阵的多项式. 设有多项式

$$f(x)=a_mx^m+a_{m-1}x^{m-1}+\cdots+a_1x+a_0,$$

则 n 阶方阵 $\boldsymbol{A}$ 的矩阵多项式为

$$f(\boldsymbol{A})=a_m\boldsymbol{A}^m+a_{m-1}\boldsymbol{A}^{m-1}+\cdots+a_1\boldsymbol{A}+a_0\boldsymbol{E}_n.$$

由于矩阵乘法不满足交换律，请读者注意类似于

$$(\boldsymbol{A}+\boldsymbol{B})^2=\boldsymbol{A}^2+2\boldsymbol{AB}+\boldsymbol{B}^2$$

的等式一般**不成立**.

习 题 1.2

1. 设

$$\boldsymbol{A}=\begin{pmatrix}1&2\\-1&0\\2&3\end{pmatrix},\boldsymbol{B}=\begin{pmatrix}-2&0\\1&-1\\-1&1\end{pmatrix},$$

计算 $\frac{1}{2}\boldsymbol{A}-3\boldsymbol{B},\boldsymbol{AB}^{\mathrm{T}},\boldsymbol{A}^{\mathrm{T}}\boldsymbol{B}$.

2. 给出 $\boldsymbol{AB}$ 和 $\boldsymbol{BA}$ 都存在的条件.

3. 计算下列矩阵的乘积.

(1) $\begin{pmatrix}1&2&3\end{pmatrix}\begin{pmatrix}1\\2\\3\end{pmatrix}$;

(2) $\begin{pmatrix}1\\2\\3\end{pmatrix}\begin{pmatrix}1&2&3\end{pmatrix}$;

(3) $\begin{pmatrix} \cos\theta & -\sin\theta \\ \sin\theta & \cos\theta \end{pmatrix}^n$;

(4) $\begin{pmatrix} 1 & 0 \\ \lambda & 1 \end{pmatrix}^n$;

(5) $\begin{pmatrix} x_1 & x_2 & x_3 \end{pmatrix}\begin{pmatrix} a_{11} & a_{12} & a_{13} \\ a_{21} & a_{22} & a_{23} \\ a_{31} & a_{32} & a_{33} \end{pmatrix}\begin{pmatrix} x_1 \\ x_2 \\ x_3 \end{pmatrix}$.

4. 举例说明下列命题是错误的.

(1) 若 $\boldsymbol{A}^2=\boldsymbol{O}$，则 $\boldsymbol{A}=\boldsymbol{O}$;

(2) 若 $\boldsymbol{A}^2=\boldsymbol{A}$, 则 $\boldsymbol{A}=\boldsymbol{O}$ 或者 $\boldsymbol{A}=\boldsymbol{E}$;

(3) 若 $\boldsymbol{AB}=\boldsymbol{AC}$, 且 $\boldsymbol{A}\neq\boldsymbol{O}$, 则 $\boldsymbol{B}=\boldsymbol{C}$.

5. 设

$$\boldsymbol{D}=\begin{pmatrix} \lambda_1 & & & \\ & \lambda_2 & & \\ & & \ddots & \\ & & & \lambda_n \end{pmatrix}, \boldsymbol{A}=\begin{pmatrix} a_{11} & a_{12} & \cdots & a_{1n} \\ a_{21} & a_{22} & \cdots & a_{2n} \\ \vdots & \vdots & & \vdots \\ a_{n1} & a_{n2} & \cdots & a_{nn} \end{pmatrix}.$$

(1) 求 $\boldsymbol{DA},\boldsymbol{AD}$;

(2) 若 $\lambda_i\neq\lambda_j(i\neq j)$, 证明 $\boldsymbol{DA}=\boldsymbol{AD}$ 的充分必要条件是 $\boldsymbol{A}$ 为对角矩阵.

6. 设 $\boldsymbol{A}$ 是实对称矩阵，若 $\boldsymbol{A}^2=\boldsymbol{O}$, 则 $\boldsymbol{A}=\boldsymbol{O}$.

7. 证明任意方阵都可以表示为对称矩阵与反对称矩阵之和.

8. 设 $\boldsymbol{A},\boldsymbol{B}$ 是 n 阶方阵且 $\boldsymbol{A}+\boldsymbol{B}=\boldsymbol{E}$. 证明 $\boldsymbol{AB}=\boldsymbol{BA}$.

9. 设 $\boldsymbol{A},\boldsymbol{B}$ 都是对称矩阵. 证明 $\boldsymbol{AB}$ 为对称矩阵的充分必要条件是 $\boldsymbol{AB}=\boldsymbol{BA}$.

10. 设 n 阶方阵 $\boldsymbol{A}=(a_{ij}),\boldsymbol{B}=(b_{ij})$, 且 $\boldsymbol{A}$ 与 $\boldsymbol{B}$ 的各列元素之和均为 1，

(1) 求证：$\boldsymbol{AB}$ 的各列元素之和都等于 1;

(2) 若 $\boldsymbol{A},\boldsymbol{B}$ 的各列元素之和分别为 s,t, 则 $\boldsymbol{AB}$ 的各列元素之和等于什么?

11. 设 $\boldsymbol{A}$ 为 n 阶方阵，若对任意的 $n\times1$ 矩阵 $\boldsymbol{C}$, 均有 $\boldsymbol{AC}=\boldsymbol{O}$, 证明 $\boldsymbol{A}=\boldsymbol{O}$.

12. 设 $\boldsymbol{A}$ 为 n 阶方阵，若对任意的 $n\times1$ 矩阵 $\boldsymbol{C}$, 均有 $\boldsymbol{AC}=\boldsymbol{C}$, 证明 $\boldsymbol{A}=\boldsymbol{E}$.

1.3 矩阵的分块

在理论和实际应用中，经常遇到阶数较高的矩阵，一般来说，矩阵越大，运算就越复杂，解决的办法是采用分块法，把大矩阵的运算化成小矩阵的运算. 将矩阵 $\boldsymbol{A}$ 用若干条纵线和横线分成多个小矩阵，每一个小矩阵称为 $\boldsymbol{A}$ 的**子块**. 以子块为元素的矩阵称为**分块矩阵**. 利用矩阵的分块不仅可认识矩阵的结构，还能深入认识矩阵的运算，尤其是矩阵乘法运算. 对同一个矩阵进行不同的分块就会得到不同的分块矩阵，但这些分块矩阵都代表同一个矩阵. 例如，对于矩阵

$$\boldsymbol{A}=\begin{pmatrix} 1 & 0 & 0 & 0 \\ 0 & 1 & 0 & 0 \\ -1 & 2 & 1 & 0 \\ 1 & 1 & 0 & 1 \end{pmatrix}$$

可以进行以下分块，得到如下分块矩阵：

(i)

$$\boldsymbol{A}=\begin{pmatrix} 1 & 0 & \vdots & 0 & 0 \\ 0 & 1 & \vdots & 0 & 0 \\ \cdots & \cdots & \vdots & \cdots & \cdots \\ -1 & 2 & \vdots & 1 & 0 \\ 1 & 1 & \vdots & 0 & 1 \end{pmatrix};$$

(ii)

$$\boldsymbol{A}=\begin{pmatrix} 1 & \vdots & 0 & 0 & 0 \\ 0 & \vdots & 1 & 0 & 0 \\ \cdots & \vdots & \cdots & \cdots & \cdots \\ -1 & \vdots & 2 & 1 & 0 \\ 1 & \vdots & 1 & 0 & 1 \end{pmatrix};$$

(iii)

$$A=\begin{pmatrix}1 & \vdots & 0 & \vdots & 0 & \vdots & 0\\ 0 & \vdots & 1 & \vdots & 0 & \vdots & 0\\ -1 & \vdots & 2 & \vdots & 1 & \vdots & 0\\ 1 & \vdots & 1 & \vdots & 0 & \vdots & 1\end{pmatrix}.$$

分法 (i) 可记为

$$A=\begin{pmatrix}A_{11} & A_{12}\\ A_{21} & A_{22}\end{pmatrix},$$

其中

$$A_{11}=\begin{pmatrix}1 & 0\\ 0 & 1\end{pmatrix}, A_{12}=\begin{pmatrix}0 & 0\\ 0 & 0\end{pmatrix}, A_{21}=\begin{pmatrix}-1 & 2\\ 1 & 1\end{pmatrix}, A_{22}=\begin{pmatrix}1 & 0\\ 0 & 1\end{pmatrix}.$$

若 A_i 为 r_i 阶方阵，称方阵

$$A=\begin{pmatrix}A_1 & & & \\ & A_2 & & \\ & & \ddots & \\ & & & A_s\end{pmatrix}$$

为**分块对角矩阵**.

分块矩阵的运算规则与普通矩阵的运算规则类似，分别说明如下.

(1) 若

$$A=\begin{pmatrix}A_{11} & \cdots & A_{1r}\\ \vdots & & \vdots\\ A_{s1} & \cdots & A_{sr}\end{pmatrix},$$

则

$$A^{\mathrm{T}}=\begin{pmatrix}A_{11}^{\mathrm{T}} & \cdots & A_{s1}^{\mathrm{T}}\\ \vdots & & \vdots\\ A_{1r}^{\mathrm{T}} & \cdots & A_{sr}^{\mathrm{T}}\end{pmatrix}.$$

(2) 设矩阵 A 与 B 的行数、列数相同，采用相同的分法，有

$$A=\begin{pmatrix}A_{11} & \cdots & A_{1r}\\ \vdots & & \vdots\\ A_{s1} & \cdots & A_{sr}\end{pmatrix}, B=\begin{pmatrix}B_{11} & \cdots & B_{1r}\\ \vdots & & \vdots\\ B_{s1} & \cdots & B_{sr}\end{pmatrix},$$

其中 $\boldsymbol{A}_{ij}$ 与 $\boldsymbol{B}_{ij}$ 的行数、列数相同, 那么

$$\boldsymbol{A}+\boldsymbol{B}=\begin{pmatrix}\boldsymbol{A}_{11}+\boldsymbol{B}_{11} & \cdots & \boldsymbol{A}_{1r}+\boldsymbol{B}_{1r}\\ \vdots & & \vdots\\ \boldsymbol{A}_{s1}+\boldsymbol{B}_{s1} & \cdots & \boldsymbol{A}_{sr}+\boldsymbol{B}_{sr}\end{pmatrix},$$

$$\lambda\boldsymbol{A}=\begin{pmatrix}\lambda\boldsymbol{A}_{11} & \cdots & \lambda\boldsymbol{A}_{1r}\\ \vdots & & \vdots\\ \lambda\boldsymbol{A}_{s1} & \cdots & \lambda\boldsymbol{A}_{sr}\end{pmatrix}(\lambda\in\mathbb{R}).$$

(3) 设 $\boldsymbol{A}$ 为 $m\times l$, $\boldsymbol{B}$ 为 $l\times n$ 矩阵，分块成

$$\boldsymbol{A}=\begin{pmatrix}\boldsymbol{A}_{11} & \cdots & \boldsymbol{A}_{1t}\\ \vdots & & \vdots\\ \boldsymbol{A}_{s1} & \cdots & \boldsymbol{A}_{st}\end{pmatrix},\boldsymbol{B}=\begin{pmatrix}\boldsymbol{B}_{11} & \cdots & \boldsymbol{B}_{1r}\\ \vdots & & \vdots\\ \boldsymbol{B}_{t1} & \cdots & \boldsymbol{B}_{tr}\end{pmatrix},$$

其中 $\boldsymbol{A}_{i1},\boldsymbol{A}_{i2},\cdots,\boldsymbol{A}_{it}$ 的列数分别等于 $\boldsymbol{B}_{1j},\boldsymbol{B}_{2j},\cdots,\boldsymbol{B}_{tj}$ 的行数，那么

$$\boldsymbol{AB}=\begin{pmatrix}\boldsymbol{C}_{11} & \cdots & \boldsymbol{C}_{1r}\\ \vdots & & \vdots\\ \boldsymbol{C}_{s1} & \cdots & \boldsymbol{C}_{sr}\end{pmatrix},$$

其中 $\boldsymbol{C}_{ij}=\sum_{k=1}^{t}\boldsymbol{A}_{ik}\boldsymbol{B}_{kj}$.

例 1.3.1 设

$$\boldsymbol{A}=\begin{pmatrix}1&0&0&0\\0&1&0&0\\-1&2&1&0\\1&1&0&1\end{pmatrix},\boldsymbol{B}=\begin{pmatrix}1&0&3&2\\-1&2&0&1\\1&0&4&1\\-1&-1&2&0\end{pmatrix},$$

利用分块矩阵求 $\boldsymbol{AB}$.

解 把 $\boldsymbol{A},\boldsymbol{B}$ 进行分块

$$\boldsymbol{A}=\left(\begin{array}{cc:cc}1&0&0&0\\0&1&0&0\\ \cdots&\cdots&\cdots&\cdots\\-1&2&1&0\\1&1&0&1\end{array}\right)=\begin{pmatrix}\boldsymbol{E}_2&\boldsymbol{O}\\\boldsymbol{A}_1&\boldsymbol{E}_2\end{pmatrix},$$

$$\boldsymbol{B}=\left(\begin{array}{cc:cc}1 & 0 & 3 & 2\\ -1 & 2 & 0 & 1\\ \hdashline 1 & 0 & 4 & 1\\ -1 & -1 & 2 & 0\end{array}\right)=\begin{pmatrix}\boldsymbol{B}_{11} & \boldsymbol{B}_{12}\\ \boldsymbol{B}_{21} & \boldsymbol{B}_{22}\end{pmatrix}.$$

则

$$\boldsymbol{AB}=\begin{pmatrix}\boldsymbol{E}_2 & \boldsymbol{O}\\ \boldsymbol{A}_1 & \boldsymbol{E}_2\end{pmatrix}\begin{pmatrix}\boldsymbol{B}_{11} & \boldsymbol{B}_{12}\\ \boldsymbol{B}_{21} & \boldsymbol{B}_{22}\end{pmatrix}=\begin{pmatrix}\boldsymbol{B}_{11} & \boldsymbol{B}_{12}\\ \boldsymbol{A}_1\boldsymbol{B}_{11}+\boldsymbol{B}_{21} & \boldsymbol{A}_1\boldsymbol{B}_{12}+\boldsymbol{B}_{22}\end{pmatrix},$$

其中

$$\begin{aligned}\boldsymbol{A}_1\boldsymbol{B}_{11}+\boldsymbol{B}_{21}&=\begin{pmatrix}-1 & 2\\ 1 & 1\end{pmatrix}\begin{pmatrix}1 & 0\\ -1 & 2\end{pmatrix}+\begin{pmatrix}1 & 0\\ -1 & -1\end{pmatrix}\\&=\begin{pmatrix}-3 & 4\\ 0 & 2\end{pmatrix}+\begin{pmatrix}1 & 0\\ -1 & -1\end{pmatrix}=\begin{pmatrix}-2 & 4\\ -1 & 1\end{pmatrix}.\end{aligned}$$

同样，可以得到

$$\boldsymbol{A}_1\boldsymbol{B}_{12}+\boldsymbol{B}_{22}=\begin{pmatrix}1 & 1\\ 5 & 3\end{pmatrix}.$$

于是

$$\boldsymbol{AB}=\begin{pmatrix}1 & 0 & 3 & 2\\ -1 & 2 & 0 & 1\\ -2 & 4 & 1 & 1\\ -1 & 1 & 5 & 3\end{pmatrix},$$

不难验证，直接计算 $\boldsymbol{AB}$，所得结果是一致的.

一般地，若 $\boldsymbol{A}$ 与 $\boldsymbol{B}$ 相乘，将 $\boldsymbol{A},\boldsymbol{B}$ 表示成分块矩阵作乘法时，要求 $\boldsymbol{A}$ 的列的分法必须与矩阵 $\boldsymbol{B}$ 的行的分法一致，以保证各子块间的运算可行，而对 $\boldsymbol{A}$ 的行的分法及 $\boldsymbol{B}$ 的列的分法没有限制. 从上例可以看出，当矩阵出现单位子块或零子块时，矩阵的分块乘法更加简便. 矩阵的分块乘法还有许多方便之处，在分块之后，不仅使得运算简便，而且使矩阵间的相互关系更加清楚.

接下来对矩阵做一些特殊的分块来认识矩阵的乘法.

1. 设 $\boldsymbol{A}$ 是 $m\times s$ 矩阵，$\boldsymbol{B}$ 是 $s\times n$ 矩阵，将 $\boldsymbol{A}$ 看成是 1×1 的分块矩阵 (即将整个 $\boldsymbol{A}$ 看成是一块)，而将 $\boldsymbol{B}$ 看成是 $1\times n$ 的分块矩阵 (按列分块)，则

$$\boldsymbol{AB}=\boldsymbol{A}(\boldsymbol{B}_1,\boldsymbol{B}_2,\cdots,\boldsymbol{B}_n)=(\boldsymbol{AB}_1,\boldsymbol{AB}_2,\cdots,\boldsymbol{AB}_n).$$

从这里可以得到如下重要结论.

(1) $\boldsymbol{AB}_j$ 就是 $\boldsymbol{AB}$ 的第 j 列；即乘积矩阵的第 j 列就是第一个矩阵乘以第二矩阵的第 j 列.

(2) 若 $\boldsymbol{AB}=\boldsymbol{O}$，则 $\boldsymbol{B}$ 的每一列 $\boldsymbol{B}_j$ 都是线性方程组 $\boldsymbol{AX}=\boldsymbol{0}$ 的解.

(3) 用 e_i 表示第 i 位置元素为 1 其余位置元素为 0 的列向量，则 $\boldsymbol{E}_s=(e_1,e_2,\cdots,e_s)$. 注意到

$$(\boldsymbol{A}_1,\boldsymbol{A}_2,\cdots,\boldsymbol{A}_s)=\boldsymbol{A}=\boldsymbol{AE}_s=\boldsymbol{A}(e_1,e_2,\cdots,e_s)=(\boldsymbol{A}e_1,\boldsymbol{A}e_2,\cdots,\boldsymbol{A}e_s).$$

这表明 $\boldsymbol{A}e_j$ 就是矩阵 $\boldsymbol{A}$ 的第 j 列.

例 1.3.2 若

$$\boldsymbol{A}_{n\times n}=\begin{pmatrix}0&1&0&\cdots&0&0\\0&0&1&\cdots&0&0\\\vdots&\vdots&\vdots&&\vdots&\vdots\\0&0&0&\cdots&0&1\\0&0&0&\cdots&0&0\end{pmatrix},$$

求证 $\boldsymbol{A}^n=\boldsymbol{O}$.

证明 注意到

$$\boldsymbol{A}=(0,e_1,\cdots,e_{n-1}),$$

那么

$$\boldsymbol{A}^2=\boldsymbol{A}(0,e_1,e_2,\cdots,e_{n-1})=(0,\boldsymbol{A}e_1,\boldsymbol{A}e_2,\cdots,\boldsymbol{A}e_{n-1})=(0,0,e_1,\cdots,e_{n-2}),$$

进而

$$\boldsymbol{A}^3=\boldsymbol{A}(0,0,e_1,\cdots,e_{n-2})=(0,0,\boldsymbol{A}e_1,\cdots,\boldsymbol{A}e_{n-2})=(0,0,0,e_1,\cdots,e_{n-3}),$$

依此类推，

$$\boldsymbol{A}^{n-1}=A(0,0,0,\cdots,e_1),\quad \boldsymbol{A}^n=(0,0,0,\cdots,0)=\boldsymbol{O}.$$

□

思考 设 $\boldsymbol{A}$ 是 $m\times s$ 矩阵，$\boldsymbol{B}$ 是 $s\times n$ 矩阵，将 $\boldsymbol{A}$ 看成是 $m\times 1$ 的分块矩阵 (按行分块)，而将 $\boldsymbol{B}$ 看成是 1×1 的分块矩阵 (即将整个 $\boldsymbol{B}$ 看成是一块)，推导与上面平行的结论.

2. 设 $\boldsymbol{A}$ 是 $m\times s$ 矩阵，$\boldsymbol{B}$ 是 $s\times n$ 矩阵，将 $\boldsymbol{A}$ 看成是 $m\times 1$ 的分块矩阵 (按行分块)，而将 $\boldsymbol{B}$ 看成是 $1\times n$ 的分块矩阵 (按列分块)，则

$$\boldsymbol{AB}=\begin{pmatrix}\boldsymbol{A}_1\\\boldsymbol{A}_2\\\vdots\\\boldsymbol{A}_m\end{pmatrix}(\boldsymbol{B}_1,\boldsymbol{B}_2,\cdots,\boldsymbol{B}_n)=\begin{pmatrix}\boldsymbol{A}_1\boldsymbol{B}_1 & \boldsymbol{A}_1\boldsymbol{B}_2 & \cdots & \boldsymbol{A}_1\boldsymbol{B}_n\\\boldsymbol{A}_2\boldsymbol{B}_1 & \boldsymbol{A}_2\boldsymbol{B}_2 & \cdots & \boldsymbol{A}_2\boldsymbol{B}_n\\\vdots & \vdots & & \vdots\\\boldsymbol{A}_m\boldsymbol{B}_1 & \boldsymbol{A}_m\boldsymbol{B}_2 & \cdots & \boldsymbol{A}_m\boldsymbol{B}_n\end{pmatrix}$$

这表明, 积矩阵的第 i 行第 j 列的元素等于第一个矩阵的 i 行与第二个矩阵的第 j 列的积.

例 1.3.3 证明: $\boldsymbol{A}=\boldsymbol{O}$ 的充分必要条件是 $\boldsymbol{A}^{\mathrm{T}}\boldsymbol{A}=\boldsymbol{O}$.

证明 必要性是显然的，下面证明充分性. 设

$$\boldsymbol{A}=(a_{ij}),\boldsymbol{B}=\boldsymbol{A}^{\mathrm{T}}\boldsymbol{A}=(b_{ij}).$$

将 $\boldsymbol{A}_{m\times n}$ 按列分块

$$\boldsymbol{A}=(\alpha_1,\alpha_2,\cdots,\alpha_n),$$

故 $\boldsymbol{A}^{\mathrm{T}}$ 的行依次为 $\alpha_1^{\mathrm{T}},\alpha_2^{\mathrm{T}},\cdots,\alpha_n^{\mathrm{T}}$, 于是有

$$\begin{aligned}b_{jj}&=\alpha_j^{\mathrm{T}}\alpha_j=\begin{pmatrix}a_{1j} & a_{2j} & \cdots & a_{mj}\end{pmatrix}\begin{pmatrix}a_{1j}\\a_{2j}\\\vdots\\a_{mj}\end{pmatrix}\\&=a_{1j}^2+a_{2j}^2+\cdots+a_{mj}^2=0,\end{aligned}$$

得 $a_{1j}=a_{2j}=\cdots=a_{mj}=0$，即 $\boldsymbol{A}=\boldsymbol{O}$. □

3. 设 $\boldsymbol{A}$ 是 $m\times s$ 矩阵，$\boldsymbol{B}=(b_{ij})$ 是 $s\times n$ 矩阵，将 $\boldsymbol{A}$ 看成是 $1\times s$ 的分块矩阵 (按列分块)，而将 $\boldsymbol{B}$ 每一个元素看成子块，即成为 $s\times n$ 的分块矩阵, 则

$$\begin{aligned}\boldsymbol{AB}&=\begin{pmatrix}\boldsymbol{A}_1,\boldsymbol{A}_2,\cdots,\boldsymbol{A}_s\end{pmatrix}\begin{pmatrix}b_{11} & b_{12} & \cdots & b_{1n}\\b_{21} & b_{22} & \cdots & b_{2n}\\\vdots & \vdots & & \vdots\\b_{s1} & b_{s2} & \cdots & b_{sn}\end{pmatrix}\\&=(b_{11}\boldsymbol{A}_1+b_{21}\boldsymbol{A}_2+\cdots+b_{s1}\boldsymbol{A}_s,\ \cdots,b_{1n}\boldsymbol{A}_1+b_{2n}\boldsymbol{A}_2+\cdots+b_{sn}\boldsymbol{A}_s).\end{aligned}$$

这表明，积矩阵的第 i 列是第一个矩阵各列线性组合，其组合系数是第二个矩阵 i 列的元素.

习 题 1.3

1. 设

$$A=\begin{pmatrix}-1&2&0&0&0\\4&1&0&1&0\\0&5&0&0&1\\3&0&0&0&0\\0&3&0&0&0\end{pmatrix},B=\begin{pmatrix}0&0&0&2\\0&0&0&3\\2&1&-3&0\\1&-2&1&0\\0&1&4&0\end{pmatrix}.$$

利用分块矩阵计算 AB.

2. 设

$$A=\begin{pmatrix}1&2&1&0\\0&1&0&1\\0&0&2&1\\0&0&0&3\end{pmatrix},B=\begin{pmatrix}1&0&3&1\\0&1&2&-1\\0&0&-2&3\\0&0&0&-3\end{pmatrix}.$$

利用分块矩阵计算 AB.

3. 设

$$A=\begin{pmatrix}3&4&1&0\\4&-3&0&1\\0&0&2&0\\0&0&2&2\end{pmatrix},$$

求 A^4.

1.4 方阵的行列式

掌握了矩阵的乘积运算之后，很自然地会考虑矩阵是否有除法. 在数的运算中，除法可以视为乘法的“逆运算”. 我们将在 1.5 节中学习和讨论逆矩阵. 为此，本节引入方阵的行列式. 行列式决定了矩阵的许多性质，在数学的其他分支中也有着广泛的应用.

1.4.1 排列及行列式的定义

为给出方阵行列式的定义及性质，需要排列的相关概念及性质.

定义 1.4.1 (1) 由

$$1, 2, \cdots, n$$

这 n 个数排成的任一个有序数组

$$i_1, i_2, \cdots, i_n$$

(或记为 $i_1 i_2 \cdots i_n$) 称为一个 (n 级)**排列**. 排列

$$12 \cdots n$$

称为**自然排列**.

(2) 在排列

$$i_1 i_2 \cdots i_n$$

中，如果一对数的前后位置与大小顺序相反，即前面的数大于后面的数，那么就称它们构成一个**逆序**，排列中的逆序总数称为这个排列的**逆序数**，记为

$$\tau(i_1 i_2 \cdots i_n).$$

(3) 逆序数为奇数的排列称为**奇排列**，逆序数为偶数的排列称为**偶排列**.

例 1.4.2 排列

$$2431$$

是一个四级排列，

$$45321$$

是一个 5 级排列. 由

$$\tau(2431) = 4,$$

知 2431 是偶排列，类似地

$$\tau(45321) = 9,$$

故 45321 是奇排列. 显然

$$\tau(12 \cdots n) = 0,$$

故自然排列是偶排列. 另外有

$$\tau(n, n-1, \cdots, 1) = \frac{n(n-1)}{2}.$$

把一个排列中某两个数的位置互换，而其余的数位置不变，就得到另一个排列，这样一个变换称为一个**对换**.

定理 1.4.3　排列经过一次对换后其奇偶性改变.

证明　若对换的是排列中相邻的两个数，不妨设为

$$i_k, i_{k+1},$$

则改变前后次序的只有一个数对 i_k, i_{k+1}，因此排列的逆序数增加或减少 1，排列的奇偶性改变；若对换的不是排列中相邻的两个数，不妨设对换

$$i_k, i_{k+s}.$$

这个对换可以用一系列相邻对换来实现，先把 i_k 与 i_{k+1} 对换，再与 i_{k+2} 对换，则经过 s 相邻对换后数 i_k 移到 i_{k+s} 的右邻位. 再把 i_{k+s} 经相邻对换向左移，经过 $s-1$ 次移到 i_{k+1} 左邻位，这样经过 $2s-1$ 次相邻对换后实现了 i_k 与 i_{k+s} 的对换. 由于每次相邻对换改变排列的奇偶性，故经过奇数次 $2s-1$ 次相邻对换也改变排列的奇偶性. □

定理 1.4.4　任一排列

$$i_1 i_2 \cdots i_n$$

总可由自然排列

$$12 \cdots n$$

经一系列对换得到，且对换的次数与

$$\tau(i_1 i_2 \cdots i_n)$$

的奇偶性相同.

证明　若 $1 \neq i_1$, 则对换自然排列中的 1 与 i_1 得新的排列；若新的排列中 $i_2 \neq 2$, 则再对换新的排列中 2 与 i_2，如此继续下去可得到排列 $i_1 i_2 \cdots i_n$，自然排列是偶排列，且对换一次改变排列奇偶性，故对换的次数与 $\tau(i_1 i_2 \cdots i_n)$ 的奇偶性相同. □

思考　一共有多少个 n 级排列？其中奇偶排列各有多少？

定义 1.4.5　$n \times n$ 方阵

$$\boldsymbol{A} = (a_{ij})_{n\times n} = \begin{pmatrix} a_{11} & a_{12} & \cdots & a_{1n} \\ a_{21} & a_{22} & \cdots & a_{2n} \\ \vdots & \vdots & & \vdots \\ a_{n1} & a_{n2} & \cdots & a_{nn} \end{pmatrix}$$

的行列式定义为数

$$\sum_{j_1j_2\cdots j_n}(-1)^{\tau(j_1j_2\cdots j_n)}a_{1j_1}a_{2j_2}\cdots a_{nj_n},$$

这里 $\sum\limits_{j_1j_2\cdots j_n}$ 取遍所有 n 级排列. $\boldsymbol{A}$ 的行列式记为 $\det\boldsymbol{A}$，或者

$$\begin{vmatrix} a_{11} & a_{12} & \cdots & a_{1n} \\ a_{21} & a_{22} & \cdots & a_{2n} \\ \vdots & \vdots & & \vdots \\ a_{n1} & a_{n2} & \cdots & a_{nn} \end{vmatrix},$$

即

$$\det\boldsymbol{A}=\begin{vmatrix} a_{11} & a_{12} & \cdots & a_{1n} \\ a_{21} & a_{22} & \cdots & a_{2n} \\ \vdots & \vdots & & \vdots \\ a_{n1} & a_{n2} & \cdots & a_{nn} \end{vmatrix}=\sum_{j_1j_2\cdots j_n}(-1)^{\tau(j_1j_2\cdots j_n)}a_{1j_1}a_{2j_2}\cdots a_{nj_n}.$$

n 阶方阵的行列式简称为 n 阶行列式.

注 1.4.6 一阶方阵的行列式就是该方阵的元素.

例 1.4.7 由定义可知二阶行列式与三阶行列式为

$$\begin{aligned}\begin{vmatrix} a_{11} & a_{12} \\ a_{21} & a_{22} \end{vmatrix} &= (-1)^{\tau(12)}a_{11}a_{22}+(-1)^{\tau(21)}a_{12}a_{21} \\ &= a_{11}a_{22}-a_{12}a_{21}.\end{aligned}$$

$$\begin{aligned}&\begin{vmatrix} a_{11} & a_{12} & a_{13} \\ a_{21} & a_{22} & a_{23} \\ a_{31} & a_{32} & a_{33} \end{vmatrix} \\ =&(-1)^{\tau(123)}a_{11}a_{22}a_{33}+(-1)^{\tau(231)}a_{12}a_{23}a_{31}+(-1)^{\tau(312)}a_{13}a_{21}a_{32} \\ &+(-1)^{\tau(321)}a_{13}a_{22}a_{31}+(-1)^{\tau(132)}a_{11}a_{23}a_{32}+(-1)^{\tau(213)}a_{12}a_{21}a_{33} \\ =&a_{11}a_{22}a_{33}+a_{12}a_{23}a_{31}+a_{13}a_{21}a_{32}-a_{13}a_{22}a_{31}-a_{11}a_{23}a_{32}-a_{12}a_{21}a_{33}.\end{aligned}$$

例 1.4.8 上三角形行列式 (即上三角方阵的行列式)

$$\det \boldsymbol{A}=\begin{vmatrix} a_{11} & a_{12} & \cdots & a_{1n} \\ 0 & a_{22} & \cdots & a_{2n} \\ \vdots & \vdots & & \vdots \\ 0 & 0 & \cdots & a_{nn} \end{vmatrix}$$

$$=\sum_{j_1j_2\cdots j_n}(-1)^{\tau(j_1j_2\cdots j_n)}a_{1j_1}a_{2j_2}\cdots a_{nj_n}$$

$$=(-1)^{\tau(12\cdots n)}a_{11}a_{22}\cdots a_{nn}+0\cdots+0$$

$$=a_{11}a_{22}\cdots a_{nn}.$$

特别地, 对角行列式

$$\begin{vmatrix} d_1 & 0 & \cdots & 0 \\ 0 & d_2 & \cdots & 0 \\ \vdots & \vdots & & \vdots \\ 0 & 0 & \cdots & d_n \end{vmatrix}=d_1d_2\cdots d_n.$$

定理 1.4.9　$n\times n$ 矩阵 $\boldsymbol{A}=(a_{ij})$ 的行列式

$$\det \boldsymbol{A}=\sum(-1)^{\tau(i_1i_2\cdots i_n)+\tau(j_1j_2\cdots j_n)}a_{i_1j_1}a_{i_2j_2}\cdots a_{i_nj_n},$$

其中和式为对行指标 (或列指标) 的所有可能排列 $i_1i_2\cdots i_n(j_1j_2\cdots j_n)$ 求和.

证明　设

$$a_{1j_1'}a_{2j_2'}\cdots a_{nj_n'}$$

经过一系列对换变成

$$a_{i_1j_1}a_{i_2j_2}\cdots a_{i_nj_n},$$

故

$$i_1i_2\cdots i_n$$

是自然排列 $12\cdots n$ 经一系列对换得到，不妨设经过了 l 次，由前面的定理可知 l 与 $\tau(i_1i_2\cdots i_n)$ 同奇偶. 另外注意到 $j_1j_2\cdots j_n$ 是 $j_1'j_2'\cdots j_n'$ 经过了 l 次对换得到，故

$$(-1)^{\tau(j_1'\cdots j_n')}=(-1)^{\tau(i_1i_2\cdots i_n)+\tau(j_1j_2\cdots j_n)},$$

所以

$$\det \boldsymbol{A}=\sum_{j_1'j_2'\cdots j_n'}(-1)^{\tau(j_1'j_2'\cdots j_n')}a_{1j_1'}a_{2j_2'}\cdots a_{nj_n'}$$

$$= \sum (-1)^{\tau(i_1 i_2 \cdots i_n)+\tau(j_1 j_2 \cdots j_n)} a_{i_1 j_1} a_{i_2 j_2} \cdots a_{i_n j_n}. \qquad \square$$

由定理我们不难得到如下两个推论.

推论 1.4.10

$$\det A = \begin{vmatrix} a_{11} & a_{12} & \cdots & a_{1n} \\ a_{21} & a_{22} & \cdots & a_{2n} \\ \vdots & \vdots & & \vdots \\ a_{n1} & a_{n2} & \cdots & a_{nn} \end{vmatrix} = \sum_{i_1 i_2 \cdots i_n} (-1)^{\tau(i_1 i_2 \cdots i_n)} a_{i_1 1} a_{i_2 2} \cdots a_{i_n n}.$$

推论 1.4.11

$$\det \boldsymbol{A} = \det \boldsymbol{A}^{\mathrm{T}}.$$

由推论, 下三角行列式等于主对角线上元素的乘积.

注 1.4.12 推论 1.4.11 表明, 对于方阵的行列式, 方阵中行与列的地位是对称的. 因此凡是有关行的性质, 对列也同样成立. 下面所谈的行列式的性质大多对行进行描述, 对于列也有相同的性质, 就不重复了.

1.4.2 行列式性质

行列式计算是行列式理论的一个重要课题. 在一般情况下, 直接由定义计算行列式的计算量非常大. 我们先讨论行列式的性质, 然后利用这些性质给出行列式计算方法.

定理 1.4.13 (1) 行列式对行 (列) 有线性性质:

$$\begin{vmatrix} a_{11} & a_{12} & \cdots & a_{1n} \\ \vdots & \vdots & & \vdots \\ ka_{i1} & ka_{i2} & \cdots & ka_{in} \\ \vdots & \vdots & & \vdots \\ a_{n1} & a_{n2} & \cdots & a_{nn} \end{vmatrix} = k \begin{vmatrix} a_{11} & a_{12} & \cdots & a_{1n} \\ \vdots & \vdots & & \vdots \\ a_{i1} & a_{i2} & \cdots & a_{in} \\ \vdots & \vdots & & \vdots \\ a_{n1} & a_{n2} & \cdots & a_{nn} \end{vmatrix},$$

$$\begin{vmatrix} a_{11} & a_{12} & \cdots & a_{1n} \\ \vdots & \vdots & & \vdots \\ b_1+c_1 & b_2+c_2 & \cdots & b_n+c_n \\ \vdots & \vdots & & \vdots \\ a_{n1} & a_{n2} & \cdots & a_{nn} \end{vmatrix} = \begin{vmatrix} a_{11} & a_{12} & \cdots & a_{1n} \\ \vdots & \vdots & & \vdots \\ b_1 & b_2 & \cdots & b_n \\ \vdots & \vdots & & \vdots \\ a_{n1} & a_{n2} & \cdots & a_{nn} \end{vmatrix} + \begin{vmatrix} a_{11} & a_{12} & \cdots & a_{1n} \\ \vdots & \vdots & & \vdots \\ c_1 & c_2 & \cdots & c_n \\ \vdots & \vdots & & \vdots \\ a_{n1} & a_{n2} & \cdots & a_{nn} \end{vmatrix};$$

(2) 交错性: 若方阵 $\boldsymbol{A}$ 有两行 (列) 相同, 则

$$\det \boldsymbol{A} = 0;$$

(3) 规范性: 单位矩阵 $\boldsymbol{E}$ 的行列式

$$\det \boldsymbol{E} = 1.$$

证明 利用行列式的定义直接可得 (1) 和 (3). 下面证明 (2).

不妨设 $\boldsymbol{A}$ 的第 i 行与第 k 行相同, 即

$$(a_{i1} \cdots a_{in}) = (a_{k1} \cdots a_{kn}),$$

将 $\det \boldsymbol{A}$ 的 $n!$ 项成对分组为

$$(-1)^{\tau(j_1 \cdots j_i \cdots j_k \cdots j_n)} a_{1j_1} \cdots a_{ij_i} \cdots a_{kj_k} \cdots a_{nj_n}$$

与

$$(-1)^{\tau(j_1 \cdots j_k \cdots j_i \cdots j_n)} a_{1j_1} \cdots a_{ij_k} \cdots a_{kj_i} \cdots a_{nj_n},$$

这两项在第 i 行及第 k 行选的元素分别来自第 j_i 列和 j_k 列, 及第 j_k 和 j_i 列, 其余元素相同, 由于

$$a_{ij_i} = a_{kj_i}, \quad a_{kj_k} = a_{ij_k},$$

而排列 $j_1 \cdots j_i \cdots j_k \cdots j_n$ 与 $j_1 \cdots j_k \cdots j_i \cdots j_n$ 奇偶性相反, 故这两项和为 0, 从而 $\det \boldsymbol{A} = 0$. □

推论 1.4.14 (1) *若方阵 $\boldsymbol{A}$ 有零行 (列), 则 $\det \boldsymbol{A} = 0$;*

(2) *若方阵 $\boldsymbol{A}$ 有两行 (列) 成比例, 则 $\det \boldsymbol{A} = 0$.*

源于求解方程组的消元法, 我们可以引入矩阵的初等变换, 它也是研究矩阵的重要工具. 这里给出矩阵的初等变换的概念, 并研究它对方阵行列式的影响, 初等变换的深入研究及应用见第 1.6 节.

定义 1.4.15 下述三种变换称为矩阵的**初等行变换**.

(1) 用非零常数 k 乘矩阵 $\boldsymbol{A}$ 的第 i 行, 称为**倍乘变换**, 记为 kr_i:

$$\begin{pmatrix} a_{11} & a_{12} & \cdots & a_{1n} \\ \vdots & \vdots & & \vdots \\ a_{i1} & a_{i2} & \cdots & a_{in} \\ \vdots & \vdots & & \vdots \\ a_{s1} & a_{s2} & \cdots & a_{sn} \end{pmatrix} \xrightarrow{kr_i} \begin{pmatrix} a_{11} & a_{12} & \cdots & a_{1n} \\ \vdots & \vdots & & \vdots \\ ka_{i1} & ka_{i2} & \cdots & ka_{in} \\ \vdots & \vdots & & \vdots \\ a_{s1} & a_{s2} & \cdots & a_{sn} \end{pmatrix}.$$

(2) 把矩阵 $\boldsymbol{A}$ 的第 i 行的 k 倍加到 $\boldsymbol{A}$ 的第 j 行，称为**倍加变换**，记为 r_j+kr_i:

$$\begin{pmatrix} a_{11} & a_{12} & \cdots & a_{1n} \\ \vdots & \vdots & & \vdots \\ a_{j1} & a_{j2} & \cdots & a_{jn} \\ \vdots & \vdots & & \vdots \\ a_{s1} & a_{s2} & \cdots & a_{sn} \end{pmatrix} \xrightarrow{r_j+kr_i} \begin{pmatrix} a_{11} & a_{12} & \cdots & a_{1n} \\ \vdots & \vdots & & \vdots \\ a_{j1}+ka_{i1} & a_{j2}+ka_{i2} & \cdots & a_{jn}+ka_{in} \\ \vdots & \vdots & & \vdots \\ a_{s1} & a_{s2} & \cdots & a_{sn} \end{pmatrix}.$$

(3) 交换矩阵 $\boldsymbol{A}$ 的第 i 行与第 j 行，称为**交换变换**，记为 $r_i \leftrightarrow r_j$:

$$\begin{pmatrix} a_{11} & a_{12} & \cdots & a_{1n} \\ \vdots & \vdots & & \vdots \\ a_{i1} & a_{i2} & \cdots & a_{in} \\ \vdots & \vdots & & \vdots \\ a_{j1} & a_{j2} & \cdots & a_{jn} \\ \vdots & \vdots & & \vdots \\ a_{s1} & a_{s2} & \cdots & a_{sn} \end{pmatrix} \xrightarrow{r_i \leftrightarrow r_j} \begin{pmatrix} a_{11} & a_{12} & \cdots & a_{1n} \\ \vdots & \vdots & & \vdots \\ a_{j1} & a_{j2} & \cdots & a_{jn} \\ \vdots & \vdots & & \vdots \\ a_{i1} & a_{i2} & \cdots & a_{in} \\ \vdots & \vdots & & \vdots \\ a_{s1} & a_{s2} & \cdots & a_{sn} \end{pmatrix}.$$

类似地，若把定义中的“行”换为列，就得到矩阵的初等列变换，并分别记为 kc_i，c_j+kc_i，$c_i \leftrightarrow c_j$. 初等行变换与初等列变换统称为**矩阵的初等变换**.

利用上述性质不难得出方阵的行列式随矩阵初等变换的变化情况.

定理 1.4.16　(1)

$$\det \boldsymbol{A}(kr_i) = k \det \boldsymbol{A},$$

其中 $\boldsymbol{A}(kr_i)$ 表示方阵 $\boldsymbol{A}$ 第 i 行乘以 k 得到的矩阵;

(2)

$$\det \boldsymbol{A}(r_i \leftrightarrow r_j) = -\det \boldsymbol{A},$$

其中 $\boldsymbol{A}(r_i \leftrightarrow r_j)$ 表示方阵 $\boldsymbol{A}$ 第 i 行与 j 行互换得到的矩阵;

(3)

$$\det \boldsymbol{A}(r_j+kr_i) = \det \boldsymbol{A},$$

其中 $\boldsymbol{A}(r_j+kr_i)$ 表示方阵 $\boldsymbol{A}$ 第 i 行乘以 k 加到第 j 行而其他行不变得到的矩阵.

证明 设

$$\boldsymbol{A}=\begin{pmatrix}\boldsymbol{A}_1\\ \vdots\\ \boldsymbol{A}_{i-1}\\ \boldsymbol{A}_i\\ \vdots\\ \boldsymbol{A}_{j-1}\\ \boldsymbol{A}_j\\ \vdots\\ \boldsymbol{A}_n\end{pmatrix}.$$

(1) 由行列式线性性质可得.

(2) 由交错性和线性性质可知

$$0=\begin{vmatrix}\boldsymbol{A}_1\\ \vdots\\ \boldsymbol{A}_{i-1}\\ \boldsymbol{A}_i+\boldsymbol{A}_j\\ \vdots\\ \boldsymbol{A}_{j-1}\\ \boldsymbol{A}_i+\boldsymbol{A}_j\\ \vdots\\ \boldsymbol{A}_n\end{vmatrix}=\begin{vmatrix}\boldsymbol{A}_1\\ \vdots\\ \boldsymbol{A}_{i-1}\\ \boldsymbol{A}_i\\ \vdots\\ \boldsymbol{A}_{j-1}\\ \boldsymbol{A}_i\\ \vdots\\ \boldsymbol{A}_n\end{vmatrix}+\begin{vmatrix}\boldsymbol{A}_1\\ \vdots\\ \boldsymbol{A}_{i-1}\\ \boldsymbol{A}_i\\ \vdots\\ \boldsymbol{A}_{j-1}\\ \boldsymbol{A}_j\\ \vdots\\ \boldsymbol{A}_n\end{vmatrix}+\begin{vmatrix}\boldsymbol{A}_1\\ \vdots\\ \boldsymbol{A}_{i-1}\\ \boldsymbol{A}_j\\ \vdots\\ \boldsymbol{A}_{j-1}\\ \boldsymbol{A}_i\\ \vdots\\ \boldsymbol{A}_n\end{vmatrix}+\begin{vmatrix}\boldsymbol{A}_1\\ \vdots\\ \boldsymbol{A}_{i-1}\\ \boldsymbol{A}_j\\ \vdots\\ \boldsymbol{A}_{j-1}\\ \boldsymbol{A}_j\\ \vdots\\ \boldsymbol{A}_n\end{vmatrix}=\det\boldsymbol{A}+\det\boldsymbol{A}(r_i\leftrightarrow r_j),$$

$$\det\boldsymbol{A}(r_i\leftrightarrow r_j)=-\det\boldsymbol{A}.$$

(3) 由交错性和线性性质可知

$$\det\boldsymbol{A}(r_j+kr_i)=\begin{vmatrix}\boldsymbol{A}_1\\ \vdots\\ \boldsymbol{A}_i\\ \vdots\\ \boldsymbol{A}_j+k\boldsymbol{A}_i\\ \vdots\\ \boldsymbol{A}_n\end{vmatrix}=\det\boldsymbol{A}+k\begin{vmatrix}\boldsymbol{A}_1\\ \vdots\\ \boldsymbol{A}_i\\ \vdots\\ \boldsymbol{A}_i\\ \vdots\\ \boldsymbol{A}_n\end{vmatrix}=\det\boldsymbol{A}.$$

□

注 1.4.17 (1) $\det \boldsymbol{A}(kc_i) = k \det \boldsymbol{A}$;

(2) $\det \boldsymbol{A}(c_i \leftrightarrow c_j) = -\det \boldsymbol{A}$;

(3) $\det \boldsymbol{A}(c_j + kc_i) = \det \boldsymbol{A}$;

其中 $\boldsymbol{A}(kc_i)$ 表示方阵 $\boldsymbol{A}$ 第 i 列乘以 k 得到的矩阵; $\boldsymbol{A}(c_i \leftrightarrow c_j)$ 表示方阵 $\boldsymbol{A}$ 第 i 列与 j 列互换得到的矩阵; $\boldsymbol{A}(c_j + kc_i)$ 表示方阵 $\boldsymbol{A}$ 第 i 列乘以 k 加到第 j 列而其他列不变得到的矩阵;

推论 1.4.18 设 $\boldsymbol{A}$ 是 n 阶方阵, k 是任意数, 则

$$\det k\boldsymbol{A} = k^n \det \boldsymbol{A}.$$

接下来分析高阶行列式与低阶行列式的关系. 注意到

$$\begin{aligned}
&\begin{vmatrix} a_{11} & a_{12} & a_{13} \\ a_{21} & a_{22} & a_{23} \\ a_{31} & a_{32} & a_{33} \end{vmatrix} \\
=& a_{11}a_{22}a_{33} + a_{12}a_{23}a_{31} + a_{13}a_{21}a_{32} - a_{13}a_{22}a_{31} - a_{11}a_{23}a_{32} - a_{12}a_{21}a_{33} \\
=& a_{11}(a_{22}a_{33} - a_{23}a_{32}) - a_{12}(a_{21}a_{33} - a_{23}a_{31}) + a_{13}(a_{21}a_{32} - a_{22}a_{31}) \\
=& a_{11}\begin{vmatrix} a_{22} & a_{23} \\ a_{32} & a_{33} \end{vmatrix} - a_{12}\begin{vmatrix} a_{21} & a_{23} \\ a_{31} & a_{33} \end{vmatrix} + a_{13}\begin{vmatrix} a_{21} & a_{22} \\ a_{31} & a_{32} \end{vmatrix}.
\end{aligned}$$

即三阶行列式可以由三阶行列式某行的元素及一些二阶行列式得到，这个结论可以推广到任意阶行列式. 为此引入如下概念.

定义 1.4.19 n 方阵 $\boldsymbol{A} = (a_{ij})$ 划去 a_{ij} 所在的第 i 行与第 j 列，剩下的元素保持位置不变得到的 $n-1$ 阶矩阵的行列式，称为元素 a_{ij} 的**余子式**, 记为 $\boldsymbol{M}_{ij}$; 并称

$$\boldsymbol{A}_{ij} = (-1)^{i+j}\boldsymbol{M}_{ij}$$

为元素 a_{ij} 的**代数余子式**.

利用上面的术语有

$$\begin{vmatrix} a_{11} & a_{12} & a_{13} \\ a_{21} & a_{22} & a_{23} \\ a_{31} & a_{32} & a_{33} \end{vmatrix} = a_{11}\boldsymbol{M}_{11} - a_{12}\boldsymbol{M}_{12} + a_{13}\boldsymbol{M}_{13} = a_{11}\boldsymbol{A}_{11} + a_{12}\boldsymbol{A}_{12} + a_{13}\boldsymbol{A}_{13},$$

即三阶行列式等于第一行的元素与其代数余子式乘积之和，这个结论对任何阶行列式均成立. 证明这一事实，这需要下述引理.

引理 1.4.20

$$\begin{vmatrix} a_{11} & a_{12} & \cdots & a_{1,n-1} & a_{1n} \\ a_{21} & a_{22} & \cdots & a_{2,n-1} & a_{2n} \\ \vdots & \vdots & & \vdots & \vdots \\ a_{n-1,1} & a_{n-1,2} & \cdots & a_{n-1,n-1} & a_{n-1,n} \\ 0 & 0 & \cdots & 0 & 1 \end{vmatrix} = \begin{vmatrix} a_{11} & a_{12} & \cdots & a_{1,n-1} \\ a_{21} & a_{22} & \cdots & a_{2,n-1} \\ \vdots & \vdots & & \vdots \\ a_{n-1,1} & a_{n-1,2} & \cdots & a_{n-1,n-1} \end{vmatrix}.$$

证明

$$\begin{vmatrix} a_{11} & a_{12} & \cdots & a_{1,n-1} & a_{1n} \\ a_{21} & a_{22} & \cdots & a_{2,n-1} & a_{2n} \\ \vdots & \vdots & & \vdots & \vdots \\ a_{n-1,1} & a_{n-1,2} & \cdots & a_{n-1,n-1} & a_{n-1,n} \\ 0 & 0 & \cdots & 0 & 1 \end{vmatrix} = \sum (-1)^{\tau(j_1 j_2 \cdots j_{n-1})} a_{1j_1} a_{2j_2} \cdots a_{n-1,j_{n-1}}$$

$$= \begin{vmatrix} a_{11} & a_{12} & \cdots & a_{1,n-1} \\ a_{21} & a_{22} & \cdots & a_{2,n-1} \\ \vdots & \vdots & & \vdots \\ a_{n-1,1} & a_{n-1,2} & \cdots & a_{n-1,n-1} \end{vmatrix}. \quad \square$$

由此，我们有

定理 1.4.21 设 $\boldsymbol{A}$ 为 n 阶方阵，则

$$\det \boldsymbol{A} = \begin{vmatrix} a_{11} & a_{12} & \cdots & a_{1j} & \cdots & a_{1n} \\ \vdots & \vdots & & \vdots & & \vdots \\ a_{i1} & a_{i2} & \cdots & a_{ij} & \cdots & a_{in} \\ \vdots & \vdots & & \vdots & & \vdots \\ a_{n1} & a_{n2} & \cdots & a_{nj} & \cdots & a_{nn} \end{vmatrix} = a_{i1}\boldsymbol{A}_{i1} + a_{i2}\boldsymbol{A}_{i2} + \cdots + a_{in}\boldsymbol{A}_{in}.$$

即方阵 $\boldsymbol{A}$ 的行列式等于第 i 行的元素与其代数余子式的乘积之和.

证明 设

$$\det \boldsymbol{A} = \begin{vmatrix} a_{11} & a_{12} & \cdots & a_{1j} & \cdots & a_{1n} \\ \vdots & \vdots & & \vdots & & \vdots \\ a_{i1} & a_{i2} & \cdots & a_{ij} & \cdots & a_{in} \\ \vdots & \vdots & & \vdots & & \vdots \\ a_{n1} & a_{n2} & \cdots & a_{nj} & \cdots & a_{nn} \end{vmatrix}$$

$$= \sum_{j_1 j_2 \cdots j_n} (-1)^{\tau(j_1 j_2 \cdots j_n)} a_{1j_1} a_{2j_2} \cdots a_{nj_n}$$

$$= a_{i1}\boldsymbol{X}_{i1} + a_{i2}\boldsymbol{X}_{i2} + \cdots + a_{in}\boldsymbol{X}_{in},$$

我们的目标是证明 $\boldsymbol{X}_{ij}$ 就是元素 a_{ij} 的代数余子式 $\boldsymbol{A}_{ij}$.

由于 $\boldsymbol{X}_{ij}$ 与第 i 行的元素的取值无关，令

$$a_{i1} = \cdots = a_{i,j-1} = a_{i,j+1} = \cdots = a_{in} = 0, a_{ij} = 1,$$

那么有

$$\boldsymbol{X}_{ij} = \begin{vmatrix} a_{11} & a_{12} & \cdots & a_{1j} & \cdots & a_{1n} \\ \vdots & \vdots & & \vdots & & \vdots \\ 0 & 0 & \cdots & 1 & \cdots & 0 \\ \vdots & \vdots & & \vdots & & \vdots \\ a_{n1} & a_{n2} & \cdots & a_{nj} & \cdots & a_{nn} \end{vmatrix}$$

$$= (-1)^{n-i} \begin{vmatrix} a_{11} & a_{12} & \cdots & a_{1j} & \cdots & a_{1n} \\ \vdots & \vdots & & \vdots & & \vdots \\ a_{i-1,1} & a_{i-1,2} & \cdots & a_{i-1,j} & \cdots & a_{i-1,n} \\ a_{i+1,1} & a_{i+1,2} & \cdots & a_{i+1,j} & \cdots & a_{i+1,n} \\ \vdots & \vdots & & \vdots & & \vdots \\ a_{n1} & a_{n2} & \cdots & a_{nj} & \cdots & a_{nn} \\ 0 & 0 & \cdots & 1 & \cdots & 0 \end{vmatrix}$$

$$
= (-1)^{(n-i)+(n-j)} \begin{vmatrix} a_{11} & \cdots & a_{1,j-1} & a_{1,j+1} & \cdots & a_{1n} & a_{1j} \\ \vdots & & \vdots & \vdots & & \vdots & \vdots \\ a_{i-1,1} & \cdots & a_{i-1,j-1} & a_{i-1,j+1} & \cdots & a_{i-1,n} & a_{i-1,j} \\ a_{i+1,1} & \cdots & a_{i+1,j-1} & a_{i+1,j+1} & \cdots & a_{i+1,n} & a_{i+1,j} \\ \vdots & & \vdots & \vdots & & \vdots & \vdots \\ a_{n1} & \cdots & a_{n,j-1} & a_{n,j+1} & \cdots & a_{nn} & a_{nj} \\ 0 & \cdots & 0 & 0 & \cdots & 0 & 1 \end{vmatrix},
$$

由引理可得

$$
\boldsymbol{X}_{ij} = (-1)^{(n-i)+(n-j)} \begin{vmatrix} a_{11} & \cdots & a_{1,j-1} & a_{1,j+1} & \cdots & a_{1n} & a_{1j} \\ \vdots & & \vdots & \vdots & & \vdots & \vdots \\ a_{i-1,1} & \cdots & a_{i-1,j-1} & a_{i-1,j+1} & \cdots & a_{i-1,n} & a_{i-1,j} \\ a_{i+1,1} & \cdots & a_{i+1,j-1} & a_{i+1,j+1} & \cdots & a_{i+1,n} & a_{i+1,j} \\ \vdots & & \vdots & \vdots & & \vdots & \vdots \\ a_{n1} & \cdots & a_{n,j-1} & a_{n,j+1} & \cdots & a_{nn} & a_{nj} \\ 0 & \cdots & 0 & 0 & \cdots & 0 & 1 \end{vmatrix}
$$

$$
= (-1)^{i+j} \begin{vmatrix} a_{11} & \cdots & a_{1,j-1} & a_{1,j+1} & \cdots & a_{1n} \\ \vdots & & \vdots & \vdots & & \vdots \\ a_{i-1,1} & \cdots & a_{i-1,j-1} & a_{i-1,j+1} & \cdots & a_{i-1,n} \\ a_{i+1,1} & \cdots & a_{i+1,j-1} & a_{i+1,j+1} & \cdots & a_{i+1,n} \\ \vdots & & \vdots & \vdots & & \vdots \\ a_{n1} & \cdots & a_{n,j-1} & a_{n,j+1} & \cdots & a_{nn} \end{vmatrix} = \boldsymbol{A}_{ij}. \qquad \square
$$

注 1.4.22 上面这个结论称为行列式按一行展开的公式，它提供把高阶行列式转化为低阶行列式的依据. 若设 $\boldsymbol{A}_{ij}$ 是 n 阶方阵 $\boldsymbol{A} = (a_{ij})$ 中 a_{ij} 的代数余子式，则

$$
d_1\boldsymbol{A}_{i1} + d_2\boldsymbol{A}_{i2} + \cdots + d_n\boldsymbol{A}_{in},
$$

可以看成一个 n 阶行列式按第 i 行展开所得的展开式. 这个新的行列式与 $\det \boldsymbol{A}$

相比较，除第 i 行外均相同，而第 i 行元素依次为 $d_1, d_2, \cdots, d_n$，即

$$d_1\boldsymbol{A}_{i1}+d_2\boldsymbol{A}_{i2}+\cdots+d_n\boldsymbol{A}_{in}=\begin{vmatrix} a_{11} & a_{12} & \cdots & a_{1n} \\ \vdots & \vdots & & \vdots \\ a_{i-1,1} & a_{i-1,2} & \cdots & a_{i-1,n} \\ d_1 & d_2 & \cdots & d_n \\ a_{i+1,1} & a_{i+1,2} & \cdots & a_{i+1,n} \\ \vdots & \vdots & & \vdots \\ a_{n1} & a_{n2} & \cdots & a_{nn} \end{vmatrix}.$$

特别的，当 $i \neq j$ 时，由于

$$0=\begin{vmatrix} a_{11} & a_{12} & \cdots & a_{1n} \\ \vdots & \vdots & & \vdots \\ a_{i-1,1} & a_{i-1,2} & \cdots & a_{i-1,n} \\ a_{j1} & a_{j2} & \cdots & a_{jn} \\ a_{i+1,1} & a_{i+1,2} & \cdots & a_{i+1,n} \\ \vdots & \vdots & & \vdots \\ a_{j-1,1} & a_{j-1,2} & \cdots & a_{j-1,n} \\ a_{j1} & a_{j2} & \cdots & a_{jn} \\ a_{j+1,1} & a_{j+1,2} & \cdots & a_{j+1,n} \\ \vdots & \vdots & & \vdots \\ a_{n1} & a_{n2} & \cdots & a_{nn} \end{vmatrix}=a_{j1}\boldsymbol{A}_{i1}+a_{j2}\boldsymbol{A}_{i2}+\cdots+a_{in}\boldsymbol{A}_{jn},$$

这就是说，在行列式中，**一行的元素与另一行相应元素的代数余子式的乘积之和为零**.

结合上述定理与注记，有如下结论:

推论 1.4.23 设 $\boldsymbol{A}=(a_{ij})$ 是 n 阶方阵，$\boldsymbol{A}_{ij}$ 是 a_{ij} 的代数余子式，则

$$\sum_{s=1}^{n} a_{ks}\boldsymbol{A}_{is}=\begin{cases} \det \boldsymbol{A}, & k=i, \\ 0, & k\neq i; \end{cases} \qquad \sum_{s=1}^{n} a_{sl}\boldsymbol{A}_{sj}=\begin{cases} \det \boldsymbol{A}, & l=j, \\ 0, & l\neq j. \end{cases}$$

例 1.4.24 设

$$\det \boldsymbol{A} = \begin{vmatrix} 1 & 0 & 0 & 3 \\ 2 & 2 & 0 & 0 \\ 0 & 0 & 0 & 1 \\ 3 & 3 & 3 & 0 \end{vmatrix},$$

$\boldsymbol{A}_{ij}$ 是 a_{ij} 的代数余子式. 计算

(1) $\det \boldsymbol{A}$;

(2) $3\boldsymbol{A}_{41}+3\boldsymbol{A}_{42}+3\boldsymbol{A}_{43}$;

(3) $2\boldsymbol{A}_{41}+2\boldsymbol{A}_{42}$;

(4) $\boldsymbol{A}_{31}+\boldsymbol{A}_{32}+\boldsymbol{A}_{33}+2\boldsymbol{A}_{34}$;

(5) $2\boldsymbol{A}_{12}+4\boldsymbol{A}_{22}+6\boldsymbol{A}_{42}$.

解 (1) 按第三行展开

$$\begin{aligned}\det \boldsymbol{A} &= a_{31}\boldsymbol{A}_{31}+a_{32}\boldsymbol{A}_{32}+a_{33}\boldsymbol{A}_{33}+a_{34}\boldsymbol{A}_{34}\\ &= (-1)^{3+4}\boldsymbol{A}_{34} = -\begin{vmatrix} 1 & 0 & 0 \\ 2 & 2 & 0 \\ 3 & 3 & 3 \end{vmatrix} = -(-1)^{1+1}\begin{vmatrix} 2 & 0 \\ 3 & 3 \end{vmatrix} = -6.\end{aligned}$$

(2)

$$\begin{aligned}3\boldsymbol{A}_{41}+3\boldsymbol{A}_{42}+3\boldsymbol{A}_{43} &= a_{41}\boldsymbol{A}_{41}+a_{42}\boldsymbol{A}_{42}+a_{43}\boldsymbol{A}_{43}+a_{44}\boldsymbol{A}_{44}\\ &= \det \boldsymbol{A} = -6.\end{aligned}$$

(3)

$$\begin{aligned}2\boldsymbol{A}_{41}+2\boldsymbol{A}_{42} &= 2\boldsymbol{A}_{41}+2\boldsymbol{A}_{42}+0\boldsymbol{A}_{43}+0\boldsymbol{A}_{44}\\ &= a_{21}\boldsymbol{A}_{41}+a_{22}\boldsymbol{A}_{42}+a_{23}\boldsymbol{A}_{43}+a_{24}\boldsymbol{A}_{44} = 0.\end{aligned}$$

(4)

$$\begin{aligned}&\boldsymbol{A}_{31}+\boldsymbol{A}_{32}+\boldsymbol{A}_{33}+2\boldsymbol{A}_{34}\\ =&\frac{1}{3}(3\boldsymbol{A}_{31}+3\boldsymbol{A}_{32}+3\boldsymbol{A}_{33}+0\boldsymbol{A}_{34})+2(0\boldsymbol{A}_{31}+0\boldsymbol{A}_{32}+0\boldsymbol{A}_{33}+\boldsymbol{A}_{34})\\ =&\frac{1}{3}(a_{41}\boldsymbol{A}_{31}+a_{42}\boldsymbol{A}_{32}+a_{43}\boldsymbol{A}_{33}+a_{44}\boldsymbol{A}_{34})\\ &+2(a_{31}\boldsymbol{A}_{31}+a_{32}\boldsymbol{A}_{32}+a_{33}\boldsymbol{A}_{33}+a_{34}\boldsymbol{A}_{34})\\ =&0+2\det \boldsymbol{A} = -12.\end{aligned}$$

(5)

$$\begin{aligned}&2\boldsymbol{A}_{12}+4\boldsymbol{A}_{22}+6\boldsymbol{A}_{42}=2(\boldsymbol{A}_{12}+2\boldsymbol{A}_{22}+0\boldsymbol{A}_{32}+3\boldsymbol{A}_{42})\\=&2(a_{11}\boldsymbol{A}_{12}+a_{21}\boldsymbol{A}_{22}+a_{31}\boldsymbol{A}_{32}+a_{41}\boldsymbol{A}_{42})=0.\end{aligned}$$

定理表明行列式可以按某一行 (列) 展开. 事实上，行列式还可按若干行展开. 为此需要推广余子式和代数余子式的概念.

定义 1.4.25 设

$$1\leqslant i_1<i_2<\cdots<i_k\leqslant n,\quad 1\leqslant j_1<j_2<\cdots<j_k\leqslant n.$$

n 阶方阵 $\boldsymbol{A}=(a_{ij})$ 中位于第 $i_1,\cdots,i_k$ 行和第 $j_1,\cdots,j_k$ 列交叉处的元素按照它们在 $\boldsymbol{A}$ 中的相对位置构成的方阵称为 $\boldsymbol{A}$ 的一个 k**阶子方阵**，其行列式称为 $\det\boldsymbol{A}$ 的一个 k**阶子式**. 记为

$$\det\boldsymbol{A}\begin{bmatrix}i_1, & \cdots, & i_k\\ j_1, & \cdots, & j_k\end{bmatrix}.$$

从 $\boldsymbol{A}$ 中删除第 $i_1,\cdots,i_k$ 行和第 $j_1,\cdots,j_k$ 列余下的元素按照它们在 $\boldsymbol{A}$ 中的相对位置构成的 $n-k$ 阶行列式称为 $\det\boldsymbol{A}\begin{bmatrix}i_1, & \cdots, & i_k\\ j_1, & \cdots, & j_k\end{bmatrix}$ 的**余子式**，记为

$$\det\boldsymbol{A}^c\begin{bmatrix}i_1, & \cdots, & i_k\\ j_1, & \cdots, & j_k\end{bmatrix}$$

称

$$(-1)^{i_1+\cdots+i_k+j_1+\cdots+j_k}\det\boldsymbol{A}^c\begin{bmatrix}i_1, & \cdots, & i_k\\ j_1, & \cdots, & j_k\end{bmatrix}$$

为 $\det\boldsymbol{A}\begin{bmatrix}i_1, & \cdots, & i_k\\ j_1, & \cdots, & j_k\end{bmatrix}$ 的**代数余子式**. 记为

$$\det\boldsymbol{A}^{ac}\begin{bmatrix}i_1, & \cdots, & i_k\\ j_1, & \cdots, & j_k\end{bmatrix},$$

容易看到位于 $i_1,\cdots,i_k$ 行的 k 阶子式共有

$$\mathrm{C}_n^k=\frac{n!}{k!(n-k)!}$$

个. 前面定义的余子式与代数余子式是一阶子式的余子式与代数余子式.

我们不经证明的给出 Laplace 定理

定理 1.4.26 (Laplace 定理) 任意取定行列式的某 k 行，位于这些行上的所有可能的 C_n^k 个 k 阶子式与各自的代数余子式乘积的和，等于原行列式. 即对任意固定的 $i_1, \cdots, i_k$ 行，有

$$\det \boldsymbol{A} = \sum_{1\leqslant j_1<j_2\cdots<j_k\leqslant n} \det \boldsymbol{A}\begin{bmatrix} i_1, & \cdots, & i_k \\ j_1, & \cdots, & j_k \end{bmatrix} \det \boldsymbol{A}^{ac}\begin{bmatrix} i_1, & \cdots, & i_k \\ j_1, & \cdots, & j_k \end{bmatrix}$$

例 1.4.27　证明

$$\det\begin{pmatrix} \boldsymbol{A} & \boldsymbol{B} \\ \boldsymbol{O} & \boldsymbol{C} \end{pmatrix} = \det \boldsymbol{A} \det \boldsymbol{C}$$

其中 $\boldsymbol{A}$、$\boldsymbol{B}$、$\boldsymbol{C}$ 分别是 $n\times n$、$n\times m$、$m\times m$ 阶矩阵，$\boldsymbol{O}$ 是零矩阵.

证明　首先取定矩阵 $\begin{pmatrix} \boldsymbol{A} & \boldsymbol{B} \\ \boldsymbol{O} & \boldsymbol{C} \end{pmatrix}$ 的前 n 行. 接着，当取前 n 列时得到的 n 阶子式为 $\det \boldsymbol{A}$，其对应的代数余子式为

$$(-1)^{1+\cdots+n+1+\cdots+n}\det \boldsymbol{C} = \det \boldsymbol{C}.$$

若取的不是前 n 列，则这个 n 阶子式的代数余子式必有零列，故为 0. 由 Laplace 定理有

$$\det\begin{pmatrix} \boldsymbol{A} & \boldsymbol{B} \\ \boldsymbol{O} & \boldsymbol{C} \end{pmatrix} = \det \boldsymbol{A}\det \boldsymbol{C} + 0\cdots + 0 = \det \boldsymbol{A}\det \boldsymbol{C}.$$ □

类似地可以证明

(1) $\det\begin{pmatrix} \boldsymbol{A} & \boldsymbol{O} \\ \boldsymbol{B} & \boldsymbol{C} \end{pmatrix} = \det \boldsymbol{A}\det \boldsymbol{C}$, 其中 $\boldsymbol{A}$、$\boldsymbol{B}$、$\boldsymbol{C}$ 分别是 $n\times n$、$m\times n$、$m\times m$ 阶矩阵.

(2) $\det \mathrm{diag}(\boldsymbol{A}_1, \cdots, \boldsymbol{A}_s) = \det \boldsymbol{A}_1 \cdots \det \boldsymbol{A}_s$, 其中 $\boldsymbol{A}_i$ 是 n_i 阶方阵,$1\leqslant i\leqslant s$.

由 Laplace 定理可以得到方阵乘积的行列式公式.

定理 1.4.28　设 $\boldsymbol{A}$、$\boldsymbol{B}$ 均是 n 阶方阵，则

$$\det \boldsymbol{AB} = \det \boldsymbol{A}\det \boldsymbol{B}.$$

证明　设 $\boldsymbol{A} = (a_{ij})$、$\boldsymbol{B} = (b_{ij})$, 作

$$\boldsymbol{D} = \begin{pmatrix} \boldsymbol{A} & \boldsymbol{O} \\ -\boldsymbol{E} & \boldsymbol{B} \end{pmatrix},$$

其中 $\boldsymbol{E}$ 是 n 阶单位方阵. 由 Laplace 定理可知

$$\det \boldsymbol{D} = \det \boldsymbol{A} \det \boldsymbol{B},$$

另一方面作矩阵

$$\boldsymbol{T} = \begin{pmatrix} \boldsymbol{E} & \boldsymbol{A} \\ \boldsymbol{O} & \boldsymbol{E} \end{pmatrix},$$

则

$$\boldsymbol{TD} = \begin{pmatrix} \boldsymbol{O} & \boldsymbol{AB} \\ -\boldsymbol{E} & \boldsymbol{B} \end{pmatrix}.$$

由 Laplace 定理可得

$$\begin{aligned} \det \boldsymbol{TD} &= \det \boldsymbol{AB} \times (-1)^{1+\cdots+n+(n+1)+\cdots+2n} \det(-\boldsymbol{E}) \\ &= \det \boldsymbol{AB} \times (-1)^{2(n^2+n)} = \det \boldsymbol{AB}. \end{aligned}$$

注意到在矩阵 $\boldsymbol{D}$ 的左边乘上矩阵 $\boldsymbol{T}$ 相当于对矩阵 $\boldsymbol{D}$ 进行若干次形如 $r_j + kr_i$ 的初等行变换，由行列式性质可知

$$\det \boldsymbol{TD} = \det \boldsymbol{D},$$

综上所述有

$$\det \boldsymbol{AB} = \det \boldsymbol{A} \det \boldsymbol{B}.$$ □

1.4.3 行列式的计算

给出一个方阵, 如何快速计算其行列式是行列式理论中的一个重要问题. 本节给出一些常见的计算行列式的方法，包括降阶法、转化为容易计算的行列式、归纳法、递推法等.

例 1.4.29 计算

$$\boldsymbol{D} = \begin{vmatrix} 2 & 1 & 1 & 1 \\ 1 & 2 & 1 & 1 \\ 2 & 1 & 3 & 1 \\ 1 & 2 & 1 & 3 \end{vmatrix}.$$

解

$$D \xlongequal{r_1+r_k;k=2,3,4} \begin{vmatrix} 6 & 6 & 6 & 6 \\ 1 & 2 & 1 & 1 \\ 2 & 1 & 3 & 1 \\ 1 & 2 & 1 & 3 \end{vmatrix} = 6 \begin{vmatrix} 1 & 1 & 1 & 1 \\ 1 & 2 & 1 & 1 \\ 2 & 1 & 3 & 1 \\ 1 & 2 & 1 & 3 \end{vmatrix}$$

$$\xlongequal{c_k-c_1;k=2,3,4} 6 \begin{vmatrix} 1 & 0 & 0 & 0 \\ 1 & 1 & 0 & 0 \\ 2 & -1 & 1 & -1 \\ 1 & 1 & 0 & 2 \end{vmatrix}$$

$$\xlongequal{\text{按第一行展开}} 6 \begin{vmatrix} 1 & 0 & 0 \\ -1 & 1 & -1 \\ 1 & 0 & 2 \end{vmatrix}$$

$$\xlongequal{\text{按第一行展开}} 6 \begin{vmatrix} 1 & -1 \\ 0 & 2 \end{vmatrix} = 12.$$

例 1.4.30 计算 n 阶行列式

$$D_n = \begin{vmatrix} a & b & 0 & \cdots & 0 & 0 \\ 0 & a & b & \cdots & 0 & 0 \\ \vdots & \vdots & \vdots & & \vdots & \vdots \\ 0 & 0 & 0 & \cdots & a & b \\ b & 0 & 0 & \cdots & 0 & a \end{vmatrix}.$$

解

$$D_n \xlongequal{\text{按第一列展开}} a \times (-1)^{1+1} \begin{vmatrix} a & b & 0 & \cdots & 0 & 0 \\ 0 & a & b & \cdots & 0 & 0 \\ \vdots & \vdots & \vdots & & \vdots & \vdots \\ 0 & 0 & 0 & \cdots & a & b \\ 0 & 0 & 0 & \cdots & 0 & a \end{vmatrix}$$

$$+ b \times (-1)^{n+1} \begin{vmatrix} b & 0 & 0 & \cdots & 0 & 0 \\ a & b & 0 & \cdots & 0 & 0 \\ \vdots & \vdots & \vdots & & \vdots & \vdots \\ 0 & 0 & 0 & \cdots & b & 0 \\ 0 & 0 & 0 & \cdots & a & b \end{vmatrix}$$

$$= a^n + (-1)^{n+1}b^n.$$

例 1.4.31 计算 n 阶行列式

$$\boldsymbol{D}_n = \begin{vmatrix} 1 & 2 & 2 & \cdots & 2 & 2 \\ 2 & 2 & 2 & \cdots & 2 & 2 \\ \vdots & \vdots & \vdots & & \vdots & \vdots \\ 2 & 2 & 2 & \cdots & n-1 & 2 \\ 2 & 2 & 2 & \cdots & 2 & n \end{vmatrix}.$$

解

$$\boldsymbol{D}_n \xlongequal{r_i - r_2;i=1,3,\cdots,n} \begin{vmatrix} -1 & 0 & 0 & \cdots & 0 & 0 \\ 2 & 2 & 2 & \cdots & 2 & 2 \\ 0 & 0 & 1 & \cdots & 0 & 0 \\ \vdots & \vdots & \vdots & & \vdots & \vdots \\ 0 & 0 & 0 & \cdots & n-3 & 0 \\ 0 & 0 & 0 & \cdots & 0 & n-2 \end{vmatrix}$$

$$\xlongequal{\text{按第一行展开}} - \begin{vmatrix} 2 & 2 & 2 & \cdots & 2 & 2 \\ 0 & 1 & 0 & \cdots & 0 & 0 \\ 0 & 0 & 2 & \cdots & 0 & 0 \\ \vdots & \vdots & \vdots & & \vdots & \vdots \\ 0 & 0 & 0 & \cdots & n-3 & 0 \\ 0 & 0 & 0 & \cdots & 0 & n-2 \end{vmatrix} = -2(n-2)!.$$

上 (下) 三角形行列式等于主对角线上元素的积. 通过初等变换能把任何方阵的行列式变为上 (下) 三角形行列式, 这样给我们提供了另一种计算行列式的方法: 化为上 (下) 三角形行列式.

例 1.4.32 计算

$$\boldsymbol{D} = \begin{vmatrix} -1 & 1 & 2 & 1 \\ 1 & -1 & 2 & 1 \\ 2 & 0 & 2 & -1 \\ 3 & 1 & -2 & 1 \end{vmatrix}.$$

解

$$D \xlongequal{r_2+r_1;r_3+2r_1;r_4+3r_1} \begin{vmatrix} -1 & 1 & 2 & 1 \\ 0 & 0 & 4 & 2 \\ 0 & 2 & 6 & 1 \\ 0 & 4 & 4 & 4 \end{vmatrix}$$

$$= 4\begin{vmatrix} -1 & 1 & 2 & 1 \\ 0 & 0 & 4 & 2 \\ 0 & 2 & 6 & 1 \\ 0 & 1 & 1 & 1 \end{vmatrix}$$

$$\xlongequal{r_2 \leftrightarrow r_4} -4\begin{vmatrix} -1 & 1 & 2 & 1 \\ 0 & 1 & 1 & 1 \\ 0 & 2 & 6 & 1 \\ 0 & 0 & 4 & 2 \end{vmatrix}$$

$$\xlongequal{r_3-2r_2} -4\begin{vmatrix} -1 & 1 & 2 & 1 \\ 0 & 1 & 1 & 1 \\ 0 & 0 & 4 & -1 \\ 0 & 0 & 4 & 2 \end{vmatrix}$$

$$\xlongequal{r_4-r_3} -4\begin{vmatrix} -1 & 1 & 2 & 1 \\ 0 & 1 & 1 & 1 \\ 0 & 0 & 4 & -1 \\ 0 & 0 & 0 & 3 \end{vmatrix} = 48.$$

在计算行列式时，应根据行列式结构特征灵活选择化行列式为上 (下) 三角形行列式的方法.

例 1.4.33 计算箭形行列式

$$D_n = \begin{vmatrix} a_{11} & a_{12} & a_{13} & \cdots & a_{1n} \\ a_{21} & a_{22} & 0 & \cdots & 0 \\ a_{31} & 0 & a_{33} & \cdots & 0 \\ \vdots & \vdots & \vdots & & \vdots \\ a_{n1} & 0 & 0 & \cdots & a_{nn} \end{vmatrix},$$

其中，$a_{22}a_{33}\cdots a_{nn} \neq 0$.

解

$$D_n \xlongequal{c_1-\frac{a_{21}}{a_{22}}c_2} \begin{vmatrix} a_{11}-\dfrac{a_{21}a_{12}}{a_{22}} & a_{12} & a_{13} & \cdots & a_{1n} \\ 0 & a_{22} & 0 & \cdots & 0 \\ a_{31} & 0 & a_{33} & \cdots & 0 \\ \vdots & \vdots & \vdots & & \vdots \\ a_{n1} & 0 & 0 & \cdots & a_{nn} \end{vmatrix}$$

$$\xlongequal{c_1-\frac{a_{31}}{a_{33}}c_3} \begin{vmatrix} a_{11}-\dfrac{a_{21}a_{12}}{a_{22}}-\dfrac{a_{31}a_{13}}{a_{33}} & a_{12} & a_{13} & \cdots & a_{1n} \\ 0 & a_{22} & 0 & \cdots & 0 \\ 0 & 0 & a_{33} & \cdots & 0 \\ \vdots & \vdots & \vdots & & \vdots \\ a_{n1} & 0 & 0 & \cdots & a_{nn} \end{vmatrix}$$

$$= \cdots\cdots$$

$$= \begin{vmatrix} a_{11}-\displaystyle\sum_{k=2}^{n}\frac{a_{k1}a_{1k}}{a_{kk}} & a_{12} & a_{13} & \cdots & a_{1n} \\ 0 & a_{22} & 0 & \cdots & 0 \\ 0 & 0 & a_{33} & \cdots & 0 \\ \vdots & \vdots & \vdots & & \vdots \\ 0 & 0 & 0 & \cdots & a_{nn} \end{vmatrix}$$

$$= \left(a_{11}-\sum_{k=2}^{n}\frac{a_{k1}a_{1k}}{a_{kk}}\right)a_{22}a_{33}\cdots a_{nn}.$$

例 1.4.34 计算行列式

$$D_n = \begin{vmatrix} x+1 & x & x & \cdots & x \\ x & x+2 & x & \cdots & x \\ x & x & x+3 & \cdots & x \\ \vdots & \vdots & \vdots & & \vdots \\ x & x & x & \cdots & x+n \end{vmatrix}.$$

解

$$
\boldsymbol{D}_n \xlongequal{r_k-r_1,k=2,\cdots,n} \begin{vmatrix} x+1 & x & x & \cdots & x \\ -1 & 2 & 0 & \cdots & 0 \\ -1 & 0 & 3 & \cdots & 0 \\ \vdots & \vdots & \vdots & & \vdots \\ -1 & 0 & 0 & \cdots & n \end{vmatrix}
$$

$$
\xlongequal{c_1+\frac{1}{j}c_j,j=2,\cdots,n} \begin{vmatrix} 1+\sum\limits_{j=1}^{n}\dfrac{x}{j} & x & x & \cdots & x \\ 0 & 2 & 0 & \cdots & 0 \\ 0 & 0 & 3 & \cdots & 0 \\ \vdots & \vdots & \vdots & & \vdots \\ 0 & 0 & 0 & \cdots & n \end{vmatrix}
$$

$$
= \left(1+\sum_{j=1}^{n}\frac{x}{j}\right) n!.
$$

例 1.4.35 计算行列式

$$
\boldsymbol{D}_{n+1} = \begin{vmatrix} x & a_1 & a_2 & \cdots & a_n \\ a_1 & x & a_2 & \cdots & a_n \\ a_1 & a_2 & x & \cdots & a_n \\ \vdots & \vdots & \vdots & & \vdots \\ a_1 & a_2 & a_3 & \cdots & x \end{vmatrix}
$$

解

$$
\boldsymbol{D}_{n+1} \xlongequal{c_1+c_k,k=2,\cdots,n+1} \begin{vmatrix} x+\sum\limits_{k=1}^{n}a_k & a_1 & a_2 & \cdots & a_n \\ x+\sum\limits_{k=1}^{n}a_k & x & a_2 & \cdots & a_n \\ x+\sum\limits_{k=1}^{n}a_k & a_2 & x & \cdots & a_n \\ \vdots & \vdots & \vdots & & \vdots \\ x+\sum\limits_{k=1}^{n}a_k & a_2 & a_3 & \cdots & x \end{vmatrix}
$$

$$= \left(x + \sum_{k=1}^{n} a_k\right) \begin{vmatrix} 1 & a_1 & a_2 & \cdots & a_n \\ 1 & x & a_2 & \cdots & a_n \\ 1 & a_2 & x & \cdots & a_n \\ \vdots & \vdots & \vdots & & \vdots \\ 1 & a_2 & a_3 & \cdots & x \end{vmatrix}$$

$$\xlongequal{c_k - a_{k-1}c_1, k=2,\cdots,n+1} \left(x + \sum_{k=1}^{n} a_k\right) \begin{vmatrix} 1 & 0 & 0 & \cdots & 0 \\ 1 & x-a_1 & 0 & \cdots & 0 \\ 1 & a_2-a_1 & x-a_2 & \cdots & 0 \\ \vdots & \vdots & \vdots & & \vdots \\ 1 & a_2-a_1 & a_3-a_2 & \cdots & x-a_n \end{vmatrix}$$

$$= \left(x + \sum_{k=1}^{n} a_k\right)(x-a_1)\cdots(x-a_n).$$

例 1.4.36 证明范德蒙德 (Vandermonde) 行列式

$$\boldsymbol{V}_n = \begin{vmatrix} 1 & 1 & 1 & \cdots & 1 \\ a_1 & a_2 & a_3 & \cdots & a_n \\ a_1^2 & a_2^2 & a_3^2 & \cdots & a_n^2 \\ \vdots & \vdots & \vdots & & \vdots \\ a_1^{n-1} & a_2^{n-1} & a_3^{n-1} & \cdots & a_n^{n-1} \end{vmatrix} = \prod_{1 \leqslant j < i \leqslant n} (a_i - a_j).$$

证明 当 $n=2$ 时,

$$\boldsymbol{V}_2 = \begin{vmatrix} 1 & 1 \\ a_1 & a_2 \end{vmatrix} = a_2 - a_1,$$

结论成立. 设对于 $n-1$ 阶的范德蒙德行列式结论成立, 现在来看 n 阶的情形.

第 n 行减去第 $n-1$ 行的 a_1 倍, 第 $n-1$ 行减去第 $n-2$ 行的 a_1 倍, 也就是由下而上依次从每一行减去它上一行的 a_1 倍, 则

$$
\begin{aligned}
\boldsymbol{V}_n &= \begin{vmatrix} 1 & 1 & 1 & \cdots & 1 \\ 0 & a_2-a_1 & a_3-a_1 & \cdots & a_n-a_1 \\ 0 & a_2^2-a_1a_2 & a_3^2-a_1a_3 & \cdots & a_n^2-a_1a_n \\ \vdots & \vdots & \vdots & & \cdots \\ 0 & a_2^{n-1}-a_1a_2^{n-2} & a_3^{n-1}-a_1a_3^{n-2} & \cdots & a_n^{n-1}-a_1a_n^{n-2} \end{vmatrix} \\
&= \begin{vmatrix} a_2-a_1 & a_3-a_1 & \cdots & a_n-a_1 \\ a_2^2-a_1a_2 & a_3^2-a_1a_3 & \cdots & a_n^2-a_1a_n \\ \vdots & \vdots & & \vdots \\ a_2^{n-1}-a_1a_2^{n-2} & a_3^{n-1}-a_1a_3^{n-2} & \cdots & a_n^{n-1}-a_1a_n^{n-2} \end{vmatrix} \\
&= (a_2-a_1)(a_3-a_1)\cdots(a_n-a_1)\begin{vmatrix} 1 & 1 & \cdots & 1 \\ a_2 & a_3 & \cdots & a_n \\ a_2^2 & a_3^2 & \cdots & a_n^2 \\ \vdots & \vdots & & \vdots \\ a_2^{n-2} & a_3^{n-2} & \cdots & a_n^{n-2} \end{vmatrix} \\
&= (a_2-a_1)(a_3-a_1)\cdots(a_n-a_1)\left(\prod_{2\leqslant j<i\leqslant n}(a_i-a_j)\right) \\
&= \prod_{1\leqslant j<i\leqslant n}(a_i-a_j).
\end{aligned}
$$

□

有些方阵的特殊结构使得采用递归的方法来计算比较方便.

例 1.4.37　计算行列式

$$
\boldsymbol{D}_n = \begin{vmatrix} x & -1 & 0 & \cdots & 0 & 0 \\ 0 & x & -1 & \cdots & 0 & 0 \\ \vdots & \vdots & \vdots & & \vdots & \vdots \\ 0 & 0 & 0 & \cdots & x & -1 \\ a_n & a_{n-1} & a_{n-2} & \cdots & a_2 & a_1+x \end{vmatrix}.
$$

解

$$
\boldsymbol{D}_n \xlongequal{\text{按第一列展开}} x\begin{vmatrix} x & -1 & 0 & \cdots & 0 & 0 \\ 0 & x & -1 & \cdots & 0 & 0 \\ \vdots & \vdots & \vdots & & \vdots & \vdots \\ 0 & 0 & 0 & \cdots & x & -1 \\ a_{n-1} & a_{n-2} & a_{n-2} & \cdots & a_2 & a_1+x \end{vmatrix}
$$

$$+a_n(-1)^{n+1}\begin{vmatrix} -1 & 0 & \cdots & 0 & 0 \\ x & -1 & \cdots & 0 & 0 \\ \vdots & \vdots & & \vdots & \vdots \\ 0 & 0 & \cdots & x & -1 \end{vmatrix}$$

$$=x\boldsymbol{D}_{n-1}+a_n,$$

故

$$\begin{aligned}\boldsymbol{D}_n &= x\boldsymbol{D}_{n-1}+a_n \\ &= x(x\boldsymbol{D}_{n-2}+a_{n-1})+a_n \\ &= \boldsymbol{D}_{n-2}x^2+a_{n-1}x+a_n \\ &= \cdots\cdots \\ &= x^{n-2}\boldsymbol{D}_2+a_3x^{n-3}+\cdots+a_{n-1}x+a_n \\ &= x^n+a_1x^{n-1}+\cdots+a_{n-1}x+a_n.\end{aligned}$$

习　题　1.4

1. 确定下列 6 级排列中的 n, m 使得

(a) $14m3n5$ 为偶排列;

(b) $2m53n6$ 为奇排列.

2. 确定 5 阶行列式展开式中项 $a_{21}a_{13}a_{32}a_{54}a_{45}$ 的符号.

3. 确定多项式

$$f(x)=\begin{vmatrix} 3x & 2x & 3 & 1 \\ 1 & x & 1 & -2 \\ 3 & 2 & 3x & 1 \\ 1 & 0 & 1 & x \end{vmatrix}$$

中 x^4, x^3 的系数.

4. 求 a, b 使得

$$\begin{vmatrix} a & b & 0 \\ -b & a & 0 \\ -1 & 0 & -1 \end{vmatrix}=0.$$

5. 若

$$\begin{vmatrix} 3 & 0 & 2 \\ x & y & z \\ 1 & 1 & 1 \end{vmatrix}=3,$$

计算以下行列式.

(a)

$$\begin{vmatrix} x & y & z \\ 12 & 0 & 8 \\ 1 & 1 & 1 \end{vmatrix};$$

(b)

$$\begin{vmatrix} 9 & 0 & 2 \\ -6x & -2y & -2z \\ 3 & 1 & 1 \end{vmatrix};$$

(c)

$$\begin{vmatrix} 1 & -2 & 0 \\ x-1 & y-1 & z-1 \\ 1 & 1 & 1 \end{vmatrix}.$$

6. 设 A 是四阶矩阵且 $\det \boldsymbol{A}=2$, $\boldsymbol{A}$ 按列分块为 $\boldsymbol{A}=(\boldsymbol{A}_1,\boldsymbol{A}_2,\boldsymbol{A}_3,\boldsymbol{A}_4)$，计算

$$\det(\boldsymbol{A}_1+\boldsymbol{A}_2, 2\boldsymbol{A}_1, \boldsymbol{A}_4, \boldsymbol{A}_3).$$

7. 证明奇数阶反对称矩阵的行列式为零.

8. 已知 1365，2743，4056，6695，5356 都能被 13 整除，证明行列式

$$\begin{vmatrix} 1 & 1 & 3 & 6 & 5 \\ 2 & 2 & 7 & 4 & 3 \\ 3 & 4 & 0 & 5 & 6 \\ 4 & 6 & 6 & 9 & 5 \\ 5 & 5 & 3 & 5 & 6 \end{vmatrix}$$

也能被 13 整除.

9. 证明

$$\begin{vmatrix} ax+by & ay+bz & az+bx \\ ay+bz & az+bx & ax+by \\ az+bx & ax+by & ay+bz \end{vmatrix} = (a^3+b^3)\begin{vmatrix} x & y & z \\ y & z & x \\ z & x & y \end{vmatrix}.$$

10. 设行列式 $\det \boldsymbol{A}$ 的第一行元素分别为 1，-1，3，4，第一行的余子式依次为 2，-3，4，1，第二行的余子式依次为 1，a，3，2，计算 $\det \boldsymbol{A}$ 及 a 的值.

11. 已知

$$\begin{vmatrix} 1 & 2 & 3 & 4 & 5 \\ 2 & 2 & 2 & 1 & 1 \\ 3 & 1 & 2 & 4 & 5 \\ 1 & 1 & 1 & 2 & 2 \\ 4 & 3 & 1 & 5 & 0 \end{vmatrix} = 27,$$

又设 $\boldsymbol{A}_{ij}$ 是行列式第 i 行第 j 列元素的代数余子式，计算

(a) $3\boldsymbol{A}_{12} + 2\boldsymbol{A}_{22} + 2\boldsymbol{A}_{32} + \boldsymbol{A}_{42} + \boldsymbol{A}_{52}$;

(b) $\boldsymbol{A}_{41} + \boldsymbol{A}_{42} + \boldsymbol{A}_{43}$ 和 $\boldsymbol{A}_{44} + \boldsymbol{A}_{45}$;

(c) $\boldsymbol{A}_{31} + \boldsymbol{A}_{32} + \boldsymbol{A}_{33}$ 和 $\boldsymbol{A}_{34} + \boldsymbol{A}_{35}$.

12. 已知 n 阶方阵 $\boldsymbol{A}$、$\boldsymbol{B}$ 的行列式值分别为 2、3，计算

$$\det \begin{pmatrix} \boldsymbol{O} & \boldsymbol{A} \\ \boldsymbol{B} & \boldsymbol{D} \end{pmatrix},$$

其中 $\boldsymbol{D}$ 是 n 阶方阵.

13. 计算下列行列式.

(a) $\begin{vmatrix} 1 & 2 & 3 & 4 \\ 2 & 3 & 4 & 1 \\ 3 & 4 & 1 & 2 \\ 4 & 1 & 2 & 3 \end{vmatrix}$;

(b) $\begin{vmatrix} 1 & -1 & 1 & 1 \\ 1 & -1 & -1 & -1 \\ 1 & 1 & -1 & -1 \\ 1 & 1 & 1 & -1 \end{vmatrix}$;

(c) $\begin{vmatrix} 2 & 1 & 3 & 2 \\ 3 & 0 & 1 & -2 \\ 1 & -1 & 4 & 3 \\ 2 & 2 & -1 & 1 \end{vmatrix}$.

14. 计算 $n(n \geqslant 3)$ 阶行列式 $\begin{vmatrix} x & 0 & 0 & \cdots & 0 & y \\ y & x & 0 & \cdots & 0 & 0 \\ 0 & y & x & \cdots & 0 & 0 \\ \vdots & \vdots & \vdots & & \vdots & \vdots \\ 0 & 0 & 0 & \cdots & x & 0 \\ 0 & 0 & 0 & \cdots & y & x \end{vmatrix}$.

15. 计算行列式

$$\begin{vmatrix} 1+a_1 & 1 & \cdots & 1 \\ 2 & 2+a_2 & \cdots & 2 \\ \vdots & \vdots & & \vdots \\ n & n & \cdots & n+a_n \end{vmatrix},$$

其中, $a_1a_2\cdots a_n \neq 0$.

16. 求 n 阶行列式 $\begin{vmatrix} x & a & \cdots & a \\ a & x & \cdots & a \\ \vdots & \vdots & & \vdots \\ a & a & \cdots & x \end{vmatrix}$ 的第 i 行代数余子式之和，其中

$$(n-1)a+x \neq 0.$$

17. 计算下列行列式.

(a) $\begin{vmatrix} a_1^n & a_1^{n-1}b_1 & a_1^{n-2}b_1^2 & \cdots & a_1b_1^{n-1} & b_1^n \\ a_2^n & a_2^{n-1}b_2 & a_2^{n-2}b_2^2 & \cdots & a_2b_2^{n-1} & b_2^n \\ \vdots & \vdots & \vdots & & \vdots & \vdots \\ a_{n+1}^n & a_{n+1}^{n-1}b_{n+1} & a_{n+1}^{n-2}b_{n+1}^2 & \cdots & a_{n+1}b_{n+1}^{n-1} & b_{n+1}^n \end{vmatrix}$;

(b) $\begin{vmatrix} a^n & (a-1)^n & \cdots & (a-n)^n \\ a^{n-1} & (a-1)^{n-1} & \cdots & (a-n)^{n-1} \\ \vdots & \vdots & & \vdots \\ a & a-1 & \cdots & a-n \\ 1 & 1 & \cdots & 1 \end{vmatrix}$;

(c) $\begin{vmatrix} 1 & 1 & 1 & 1 \\ a & b & c & d \\ a^2 & b^2 & c^2 & d^2 \\ a^4 & b^4 & c^4 & d^4 \end{vmatrix}$.

18. 计算行列式 $\begin{vmatrix} \cos\theta & 1 & 0 & \cdots & 0 & 0 \\ 1 & 2\cos\theta & 1 & \cdots & 0 & 0 \\ 0 & 1 & 2\cos\theta & \cdots & 0 & 0 \\ \vdots & \vdots & \vdots & & \vdots & \vdots \\ 0 & 0 & 0 & \cdots & 2\cos\theta & 1 \\ 0 & 0 & 0 & \cdots & 1 & 2\cos\theta \end{vmatrix}$.

19. 计算行列式 $\begin{vmatrix} a+b & ab & 0 & \cdots & 0 & 0 & 0 \\ 1 & a+b & ab & \cdots & 0 & 0 & 0 \\ 0 & 1 & a+b & \cdots & 0 & 0 & 0 \\ \vdots & \vdots & \vdots & & \vdots & \vdots & \vdots \\ 0 & 0 & 0 & \cdots & 1 & a+b & ab \\ 0 & 0 & 0 & \cdots & 0 & 1 & a+b \end{vmatrix}$.

1.5 逆 矩 阵

本节首先给出矩阵可逆的定义，然后用行列式给出矩阵可逆的充分必要条件以及求逆矩阵的方法.

1.5.1 逆矩阵的定义

定义 1.5.1 对于 n 阶方阵 $\boldsymbol{A}$, 如果存在 n 阶方阵 $\boldsymbol{B}$, 使得

$$\boldsymbol{AB}=\boldsymbol{BA}=\boldsymbol{E}.$$

则称矩阵 $\boldsymbol{A}$**可逆**，并把矩阵 $\boldsymbol{B}$ 称为 $\boldsymbol{A}$ 的**逆矩阵**. 否则就称矩阵 $\boldsymbol{A}$ **不可逆**.

如果矩阵 $\boldsymbol{A}$ 是可逆的，则 $\boldsymbol{A}$ 的逆矩阵唯一. 这是因为，若 $\boldsymbol{B}_1,\boldsymbol{B}_2$ 都是 $\boldsymbol{A}$ 的逆矩阵，即 $\boldsymbol{AB}_1=\boldsymbol{B}_1\boldsymbol{A}=\boldsymbol{E}, \boldsymbol{AB}_2=\boldsymbol{B}_2\boldsymbol{A}=\boldsymbol{E}$, 则

$$\boldsymbol{B}_1=\boldsymbol{B}_1\boldsymbol{E}=\boldsymbol{B}_1(\boldsymbol{AB}_2)=(\boldsymbol{B}_1\boldsymbol{A})\boldsymbol{B}_2=\boldsymbol{EB}_2=\boldsymbol{B}_2.$$

今后记矩阵 $\boldsymbol{A}$ 的逆矩阵为 $\boldsymbol{A}^{-1}$, 即若 $\boldsymbol{AB}=\boldsymbol{BA}=\boldsymbol{E}$，则 $\boldsymbol{B}=\boldsymbol{A}^{-1}$.

注 1.5.2 (1) 只有当 $\boldsymbol{A}$ 为方阵时，才讨论 $\boldsymbol{A}$ 的可逆性.

(2) 这里的定义要求 $\boldsymbol{AB}=\boldsymbol{BA}=\boldsymbol{E}$，由定义可知 $\boldsymbol{A}$ 可逆且其逆矩阵为 $\boldsymbol{B}$，同时也说明 $\boldsymbol{B}$ 可逆且 $\boldsymbol{B}$ 的逆矩阵 $\boldsymbol{A}$，即 $\boldsymbol{A},\boldsymbol{B}$ 互为逆矩阵.

(3) 由定义，n 阶单位矩阵 $\boldsymbol{E}$ 的逆矩阵就是其自身，这是因为 $\boldsymbol{EE}=\boldsymbol{E}$.

(4) 一般情况下由 $\boldsymbol{AB}=\boldsymbol{AC}$ 不能得出 $\boldsymbol{B}=\boldsymbol{C}$，但若 $\boldsymbol{A}$ 可逆，则有 $\boldsymbol{B}=\boldsymbol{C}$. 这是因为 $\boldsymbol{A}$ 可逆，则 $\boldsymbol{A}^{-1}$ 存在，故 $\boldsymbol{A}^{-1}(\boldsymbol{AB})=\boldsymbol{A}^{-1}(\boldsymbol{AC})$，运用结合律有 $(\boldsymbol{A}^{-1}\boldsymbol{A})\boldsymbol{B}=(\boldsymbol{A}^{-1}\boldsymbol{A})\boldsymbol{C}$，得 $\boldsymbol{EB}=\boldsymbol{EC}$，即 $\boldsymbol{B}=\boldsymbol{C}$. 同理由 $\boldsymbol{BA}=\boldsymbol{CA}$ 且 $\boldsymbol{A}$ 可逆可得 $\boldsymbol{B}=\boldsymbol{C}$，但不能由 $\boldsymbol{A}$ 可逆且 $\boldsymbol{BA}=\boldsymbol{AC}$ 得 $\boldsymbol{B}=\boldsymbol{C}$.

例 1.5.3　矩阵 $\boldsymbol{A}=\begin{pmatrix}1&1\\0&1\end{pmatrix},\boldsymbol{B}=\begin{pmatrix}1&-1\\0&1\end{pmatrix}$ 满足 $\boldsymbol{AB}=\boldsymbol{BA}=\boldsymbol{E}$，故 $\boldsymbol{A}$ 可逆且其逆矩阵为 $\boldsymbol{B}$.

显然零方阵是不可逆的. 也存在非零方阵不可逆，例如由

$$\begin{pmatrix}1&0\\0&0\end{pmatrix}\begin{pmatrix}a&b\\c&d\end{pmatrix}=\begin{pmatrix}a&b\\0&0\end{pmatrix}\neq\boldsymbol{E},$$

可知非零方阵 $\begin{pmatrix}1&0\\0&0\end{pmatrix}$ 不可逆. 一般地，若矩阵的某一行 (列) 全为零，那么它一定不可逆.

1.5.2　方阵的可逆性

方阵 $\boldsymbol{A}$ 满足什么条件时是可逆的呢? 对 2×2 矩阵 $\begin{pmatrix}a&b\\c&d\end{pmatrix}$ 而言，容易算出

$$\begin{pmatrix}a&b\\c&d\end{pmatrix}^{-1}=\frac{1}{ad-bc}\begin{pmatrix}d&-b\\-c&a\end{pmatrix},$$

其中分母 $ad-bc$ 是它的行列式. 如果行列式为零，则矩阵不可逆. 为利用行列式研究方阵的可逆性，对任意一个方阵引入其伴随矩阵.

定义 1.5.4　设 $\boldsymbol{A}=(a_{ij})_{n\times n}$，$\boldsymbol{A}_{ij}$ 是元素 a_{ij} 的代数余子式，矩阵

$$\boldsymbol{A}^*=\begin{pmatrix}\boldsymbol{A}_{11}&\boldsymbol{A}_{21}&\cdots&\boldsymbol{A}_{n1}\\\boldsymbol{A}_{12}&\boldsymbol{A}_{22}&\cdots&\boldsymbol{A}_{n2}\\\vdots&\vdots&&\vdots\\\boldsymbol{A}_{1n}&\boldsymbol{A}_{2n}&\cdots&\boldsymbol{A}_{nn}\end{pmatrix}$$

称为 $\boldsymbol{A}$ 的**伴随矩阵**.

例 1.5.5　设

$$\boldsymbol{A}=\begin{pmatrix}2&0&0\\1&2&1\\0&1&1\end{pmatrix},$$

求 $\boldsymbol{A}^*$.

解 计算可得

$$\begin{aligned}
&\boldsymbol{A}_{11}=1, \quad \boldsymbol{A}_{12}=-1, \quad \boldsymbol{A}_{13}=1\\
&\boldsymbol{A}_{21}=0, \quad \boldsymbol{A}_{22}=2, \quad \boldsymbol{A}_{23}=-2\\
&\boldsymbol{A}_{31}=0, \quad \boldsymbol{A}_{32}=-2, \quad \boldsymbol{A}_{33}=4
\end{aligned}$$

故

$$\boldsymbol{A}^*=\begin{pmatrix}1 & 0 & 0\\ -1 & 2 & -2\\ 1 & -2 & 4\end{pmatrix}.$$

利用行列式的性质我们可以得到方阵与其伴随矩阵有如下关系.

定理 1.5.6 设 $\boldsymbol{A}^*$ 是 $\boldsymbol{A}$ 的伴随矩阵, 则

$$\boldsymbol{A}\boldsymbol{A}^*=\boldsymbol{A}^*\boldsymbol{A}=\begin{pmatrix}\det\boldsymbol{A} & 0 & \cdots & 0\\ 0 & \det\boldsymbol{A} & \cdots & 0\\ \vdots & \vdots & & \vdots\\ 0 & 0 & \cdots & \det\boldsymbol{A}\end{pmatrix}=(\det\boldsymbol{A})\boldsymbol{E}.$$

由该定理可以从行列式角度给出方阵可逆的充分必要条件, 同时也给出求可逆矩阵的逆矩阵的方法.

定理 1.5.7 方阵 $\boldsymbol{A}$ 可逆当且仅当 $\det\boldsymbol{A}\neq 0$, 且 $\boldsymbol{A}$ 可逆时有

$$\boldsymbol{A}^{-1}=\frac{1}{\det\boldsymbol{A}}\boldsymbol{A}^*,$$

其中 $\boldsymbol{A}^*$ 是 $\boldsymbol{A}$ 的伴随矩阵.

证明 若 $\det\boldsymbol{A}\neq 0$, 由 $\boldsymbol{A}\boldsymbol{A}^*=\boldsymbol{A}^*\boldsymbol{A}=(\det\boldsymbol{A})\boldsymbol{E}$ 可得

$$\boldsymbol{A}\left(\frac{1}{\det\boldsymbol{A}}\boldsymbol{A}^*\right)=\left(\frac{1}{\det\boldsymbol{A}}\boldsymbol{A}^*\right)\boldsymbol{A}=\boldsymbol{E}.$$

即 $\boldsymbol{A}$ 可逆且

$$\boldsymbol{A}^{-1}=\frac{1}{\det\boldsymbol{A}}\boldsymbol{A}^*.$$

反之若 $\boldsymbol{A}$ 可逆, 则存在方阵 $\boldsymbol{B}$ 满足 $\boldsymbol{A}\boldsymbol{B}=\boldsymbol{E}$, 又

$$\det\boldsymbol{A}\det\boldsymbol{B}=\det\boldsymbol{A}\boldsymbol{B}=\det\boldsymbol{E}=1,$$

这表明

$$\det\boldsymbol{A}\neq 0.$$ □

由定理证明不难得出

推论 1.5.8　*若矩阵 $\boldsymbol{A}$ 可逆, 则 $\det(\boldsymbol{A}^{-1}) = (\det \boldsymbol{A})^{-1}$.*

例 1.5.9　设

$$\boldsymbol{A} = \begin{pmatrix} 2 & 0 & 0 \\ 1 & 2 & 1 \\ 0 & 1 & 1 \end{pmatrix},$$

判断 $\boldsymbol{A}$ 是否可逆，若可逆求出其逆矩阵 $\boldsymbol{A}^{-1}$.

解　计算可得 $\det \boldsymbol{A} = 2 \neq 0$，故 $\boldsymbol{A}$ 可逆，且由于

$$\boldsymbol{A}^* = \begin{pmatrix} 1 & 0 & 0 \\ -1 & 2 & -2 \\ 1 & -2 & 4 \end{pmatrix},$$

故

$$\boldsymbol{A}^{-1} = \frac{1}{2}\begin{pmatrix} 1 & 0 & 0 \\ -1 & 2 & -2 \\ 1 & -2 & 4 \end{pmatrix}.$$

思考

(1) 若 $\boldsymbol{A}$ 可逆，其伴随矩阵 $\boldsymbol{A}^*$ 是否可逆？

(2) 若 $\boldsymbol{A}$ 不可逆，其伴随矩阵 $\boldsymbol{A}^*$ 可逆吗？

1.5.3　逆矩阵的性质

命题 1.5.10　*n 阶方阵 $\boldsymbol{A}$ 可逆当且仅当存在 n 阶方阵 $\boldsymbol{B}$ 满足*

$$\boldsymbol{AB} = \boldsymbol{E},$$

且

$$\boldsymbol{A}^{-1} = \boldsymbol{B}.$$

证明　必要性显然，现证明充分性.

由 $\boldsymbol{AB} = \boldsymbol{E}$ 得到 $\det \boldsymbol{A} \neq 0$，故 $\boldsymbol{A}$ 可逆，从而 $\boldsymbol{A}^{-1}$ 存在. 于是有 $\boldsymbol{A}^{-1}(\boldsymbol{AB}) = \boldsymbol{A}^{-1}\boldsymbol{E}$, 即

$$\boldsymbol{A}^{-1} = \boldsymbol{B}.$$ □

注意该定理与方阵可逆定义的不同.

例 1.5.11　设方阵 $\boldsymbol{A}$ 满足 $\boldsymbol{A}^2 - 2\boldsymbol{A} - 3\boldsymbol{E} = \boldsymbol{O}$, 试证 $\boldsymbol{A}, \boldsymbol{A} - 2\boldsymbol{E}, \boldsymbol{A} + 2\boldsymbol{E}$ 和 $\boldsymbol{A} - 4\boldsymbol{E}$ 都是可逆矩阵，并求它们的逆矩阵.

证明 由 $\boldsymbol{A}^2-2\boldsymbol{A}-3\boldsymbol{E}=\boldsymbol{O}$ 得 $\boldsymbol{A}(\boldsymbol{A}-2\boldsymbol{E})=3\boldsymbol{E}$，即

$$\boldsymbol{A}\left[\frac{1}{3}(\boldsymbol{A}-2\boldsymbol{E})\right]=\boldsymbol{E},\quad \left(\frac{1}{3}\boldsymbol{A}\right)(\boldsymbol{A}-2\boldsymbol{E})=\boldsymbol{E}.$$

由命题可知 $\boldsymbol{A},\boldsymbol{A}-2\boldsymbol{E}$ 可逆，且

$$\boldsymbol{A}^{-1}=\frac{1}{3}(\boldsymbol{A}-2\boldsymbol{E}),\quad (\boldsymbol{A}-2\boldsymbol{E})^{-1}=\frac{1}{3}\boldsymbol{A}.$$

另外，由 $\boldsymbol{A}^2-2\boldsymbol{A}-3\boldsymbol{E}=\boldsymbol{O}$ 得

$$(\boldsymbol{A}+2\boldsymbol{E})(\boldsymbol{A}-4\boldsymbol{E})=\boldsymbol{A}^2-2\boldsymbol{A}-8\boldsymbol{E}=-5\boldsymbol{E},$$

即

$$\left[\left(-\frac{1}{5}\right)(\boldsymbol{A}+2\boldsymbol{E})\right](\boldsymbol{A}-4\boldsymbol{E})=\boldsymbol{E},\quad (\boldsymbol{A}+2\boldsymbol{E})\left[\left(-\frac{1}{5}\right)(\boldsymbol{A}-4\boldsymbol{E})\right]=\boldsymbol{E}.$$

于是 $\boldsymbol{A}+2\boldsymbol{E}$ 和 $\boldsymbol{A}-4\boldsymbol{E}$ 都是可逆矩阵，且

$$(\boldsymbol{A}-4\boldsymbol{E})^{-1}=-\frac{1}{5}(\boldsymbol{A}+2\boldsymbol{E}),\quad (\boldsymbol{A}+2\boldsymbol{E})^{-1}=-\frac{1}{5}(\boldsymbol{A}-4\boldsymbol{E}).$$ □

例 1.5.12 设 $\boldsymbol{A}$、$\boldsymbol{B}$、$\boldsymbol{C}$ 分别是 $n\times n$、$m\times n$、$m\times m$ 阶矩阵，$\boldsymbol{O}$ 是零矩阵，$\boldsymbol{A}$、$\boldsymbol{C}$ 可逆. 证明 $\begin{pmatrix}\boldsymbol{A} & \boldsymbol{O}\\ \boldsymbol{B} & \boldsymbol{C}\end{pmatrix}$ 可逆，并求其逆矩阵.

证明 由 Laplace 定理及 $\boldsymbol{A}$、$\boldsymbol{C}$ 可逆知

$$\det\begin{pmatrix}\boldsymbol{A} & \boldsymbol{O}\\ \boldsymbol{B} & \boldsymbol{C}\end{pmatrix}=\det\boldsymbol{A}\det\boldsymbol{C}\neq 0,$$

可逆性得证.

设其逆矩阵为 $\begin{pmatrix}\boldsymbol{X}_{11} & \boldsymbol{X}_{12}\\ \boldsymbol{X}_{21} & \boldsymbol{X}_{22}\end{pmatrix}$，则

$$\begin{pmatrix}\boldsymbol{A} & \boldsymbol{O}\\ \boldsymbol{B} & \boldsymbol{C}\end{pmatrix}\begin{pmatrix}\boldsymbol{X}_{11} & \boldsymbol{X}_{12}\\ \boldsymbol{X}_{21} & \boldsymbol{X}_{22}\end{pmatrix}=\begin{pmatrix}\boldsymbol{A}\boldsymbol{X}_{11} & \boldsymbol{A}\boldsymbol{X}_{12}\\ \boldsymbol{B}\boldsymbol{X}_{11}+\boldsymbol{C}\boldsymbol{X}_{21} & \boldsymbol{B}\boldsymbol{X}_{12}+\boldsymbol{C}\boldsymbol{X}_{22}\end{pmatrix}=\begin{pmatrix}\boldsymbol{E}_n & \boldsymbol{O}\\ \boldsymbol{O} & \boldsymbol{E}_m\end{pmatrix},$$

于是有

$$\boldsymbol{A}\boldsymbol{X}_{11}=\boldsymbol{E}_n;\boldsymbol{A}\boldsymbol{X}_{12}=\boldsymbol{O};\boldsymbol{B}\boldsymbol{X}_{11}+\boldsymbol{C}\boldsymbol{X}_{21}=\boldsymbol{O};\boldsymbol{B}\boldsymbol{X}_{12}+\boldsymbol{C}\boldsymbol{X}_{22}=\boldsymbol{E}_m.$$

这表明

$$X_{11}=A^{-1}; X_{12}=O; X_{22}=C^{-1}; X_{21}=-C^{-1}BA^{-1}.$$

所以

$$\begin{pmatrix} A & O \\ B & C \end{pmatrix}^{-1}=\begin{pmatrix} A^{-1} & O \\ -C^{-1}BA^{-1} & C^{-1} \end{pmatrix}.$$

□

注 1.5.13 类似地，分块对角阵 $\mathrm{diag}(A_1,\cdots,A_s)$ 可逆当且仅当 $A_1,\cdots,A_s$ 都可逆，且其逆矩阵为

$$\mathrm{diag}(A_1^{-1},\cdots,A_s^{-1}).$$

例 1.5.14 已知 $A=\begin{pmatrix} 1 & 0 & 1 \\ 0 & 2 & 0 \\ 1 & 0 & 1 \end{pmatrix}$，$AB+E=A^2+B$，求 B.

解 由条件可得 $AB-B=A^2-E$，进一步有

$$(A-E)B=A^2-E.$$

注意到

$$\det(A-E)=\begin{vmatrix} 0 & 0 & 1 \\ 0 & 1 & 0 \\ 1 & 0 & 0 \end{vmatrix}=-1\neq 0,$$

可知 $A-E$ 可逆，从而有

$$(A-E)^{-1}(A-E)B=(A-E)^{-1}(A^2-E),$$

即有

$$B=(A-E)^{-1}(A-E)(A+E)=A+E=\begin{pmatrix} 2 & 0 & 1 \\ 0 & 3 & 0 \\ 1 & 0 & 2 \end{pmatrix}.$$

命题 1.5.15 (1) 若 A 可逆，则 A^{-1} 亦可逆，且 $(A^{-1})^{-1}=A$.

(2) 若 A 可逆，数 $\lambda\neq 0$，则 λA 亦可逆，且 $(\lambda A)^{-1}=\frac{1}{\lambda}A^{-1}$.

(3) 若 A, B 为同阶方阵且都可逆，则 AB 亦可逆，且 $(AB)^{-1}=B^{-1}A^{-1}$.

(4) 若 A 可逆，则 A^{T} 亦可逆，且 $(A^{\mathrm{T}})^{-1}=(A^{-1})^{\mathrm{T}}$.

证明 (1) 和 (2) 由定义可得. 对于 (3),

$$(AB)(B^{-1}A^{-1})=A(BB^{-1})A^{-1}=AEA^{-1}=AA^{-1}=E.$$

于是

$$(\boldsymbol{AB})^{-1}=\boldsymbol{B}^{-1}\boldsymbol{A}^{-1}.$$

特别地，若 $\boldsymbol{A}_1,\boldsymbol{A}_2,\cdots,\boldsymbol{A}_s$ 为 n 阶可逆方阵，则

$$(\boldsymbol{A}_1\boldsymbol{A}_2\cdots\boldsymbol{A}_s)^{-1}=\boldsymbol{A}_s^{-1}\boldsymbol{A}_{s-1}^{-1}\cdots\boldsymbol{A}_1^{-1}.$$

最后我们证明 (4)，由

$$\boldsymbol{A}^{\mathrm{T}}(\boldsymbol{A}^{-1})^{\mathrm{T}}=(\boldsymbol{A}^{-1}\boldsymbol{A})^{\mathrm{T}}=\boldsymbol{E}^{\mathrm{T}}=\boldsymbol{E},$$

得 $(\boldsymbol{A}^{\mathrm{T}})^{-1}=(\boldsymbol{A}^{-1})^{\mathrm{T}}$. □

习 题 1.5

1. 求下列矩阵的逆矩阵.

(1) $\begin{pmatrix}1&2\\2&5\end{pmatrix}$;

(2) $\begin{pmatrix}1&2&-1\\3&4&-2\\5&4&-1\end{pmatrix}$;

(3) $\begin{pmatrix}a_1&0&\cdots&0\\0&a_2&\cdots&0\\\vdots&\vdots&&\vdots\\0&0&\cdots&a_n\end{pmatrix}$, $\quad(a_1a_2\cdots a_n\neq 0)$.

2. 证明: 分块对角矩阵

$$\boldsymbol{A}=\begin{pmatrix}\boldsymbol{A}_1&&&\\&\boldsymbol{A}_2&&\\&&\ddots&\\&&&\boldsymbol{A}_s\end{pmatrix}$$

可逆当且仅当 $\boldsymbol{A}_1,\cdots,\boldsymbol{A}_s$ 都可逆，且

$$\boldsymbol{A}^{-1}=\begin{pmatrix}\boldsymbol{A}_1^{-1}&&&\\&\boldsymbol{A}_2^{-1}&&\\&&\ddots&\\&&&\boldsymbol{A}_s^{-1}\end{pmatrix}.$$

3. 求方阵

$$A=\begin{pmatrix}1&2&0&0\\0&3&0&0\\0&0&4&5\\0&0&5&6\end{pmatrix}$$

的逆矩阵.

4. 设 $\boldsymbol{A}$ 为 n 阶可逆方阵，其伴随矩阵为 $\boldsymbol{A}^*$. $\boldsymbol{A}_1$ 为 $n\times 1$ 阶矩阵，b 为常数,

$$\boldsymbol{P}=\begin{pmatrix}\boldsymbol{E}&\boldsymbol{O}\\-\boldsymbol{A}_1^{\mathrm{T}}\boldsymbol{A}^*&|\boldsymbol{A}|\end{pmatrix},\quad \boldsymbol{Q}=\begin{pmatrix}\boldsymbol{A}&\boldsymbol{A}_1\\\boldsymbol{A}_1^{\mathrm{T}}&b\end{pmatrix}.$$

(1) 计算 PQ;

(2) 证明: $\boldsymbol{Q}$ 可逆当且仅当 $\boldsymbol{A}_1^{\mathrm{T}}\boldsymbol{A}^{-1}\boldsymbol{A}_1\neq b$.

5. 方阵 $\boldsymbol{A}$、$\boldsymbol{B}$ 及伴随矩阵 $\boldsymbol{A}^*$、$\boldsymbol{B}^*$ 是已知量，设

$$\boldsymbol{C}=\begin{pmatrix}\boldsymbol{A}&\boldsymbol{O}\\\boldsymbol{O}&\boldsymbol{B}\end{pmatrix},$$

其中 $\boldsymbol{O}$ 是零矩阵，求 $\boldsymbol{C}$ 的伴随矩阵 $\boldsymbol{C}^*$.

6. 证明: 方阵 $\boldsymbol{A}$ 可逆当且仅当 $\boldsymbol{A}$ 的伴随矩阵 $\boldsymbol{A}^*$ 可逆.

7. 设 $\boldsymbol{A}$ 为 n 阶方阵，且满足 $\boldsymbol{A}\boldsymbol{A}^{\mathrm{T}}=\boldsymbol{E}$，$|\boldsymbol{A}|<0$. 证明: $\boldsymbol{A}+\boldsymbol{E}$ 不可逆.

8. 已知 $\boldsymbol{A}$、$\boldsymbol{B}$ 为三阶方阵，且 $|\boldsymbol{A}|=-2$, $|\boldsymbol{B}|=2$. 计算 $|\boldsymbol{A}^*|$，$|2\boldsymbol{A}^*+8\boldsymbol{A}^{-1}|$，$|-2(\boldsymbol{A}^*\boldsymbol{B})^2|$.

9. 设 $\boldsymbol{AB}=\boldsymbol{A}+2\boldsymbol{B}$, 其中

$$\boldsymbol{A}=\begin{pmatrix}0&3&3\\1&1&0\\-1&2&3\end{pmatrix},$$

求 $\boldsymbol{B}$.

10. 设方阵 $\boldsymbol{A}$ 满足 $\boldsymbol{A}^2-\boldsymbol{A}-2\boldsymbol{E}=\boldsymbol{O}$. 证明: $\boldsymbol{A}$ 及 $\boldsymbol{A}+2\boldsymbol{E}$ 都是可逆矩阵，并求它们的逆.

11. 设 $\boldsymbol{A}^k=\boldsymbol{O}$($k$ 为正整数). 证明:

$$(\boldsymbol{E}-\boldsymbol{A})^{-1}=\boldsymbol{E}+\boldsymbol{A}+\boldsymbol{A}^2+\cdots+\boldsymbol{A}^{k-1}.$$

12. 设 $\boldsymbol{A},\boldsymbol{B},\boldsymbol{A}+\boldsymbol{B},\boldsymbol{A}^{-1}+\boldsymbol{B}^{-1}$ 可逆，求 $(\boldsymbol{A}^{-1}+\boldsymbol{B}^{-1})^{-1}$.

13. 设 n 阶矩阵 $\boldsymbol{A}$ 及 s 阶矩阵 $\boldsymbol{B}$ 都可逆，求

(1) $\begin{pmatrix} \boldsymbol{O} & \boldsymbol{A} \\ \boldsymbol{B} & \boldsymbol{O} \end{pmatrix}^{-1}$；

(2) $\begin{pmatrix} \boldsymbol{A} & \boldsymbol{O} \\ \boldsymbol{C} & \boldsymbol{B} \end{pmatrix}^{-1}$.

14. 设 $\boldsymbol{P}^{-1}\boldsymbol{A}\boldsymbol{P} = \Delta$, 其中

$$\boldsymbol{P} = \begin{pmatrix} -1 & -4 \\ 1 & 1 \end{pmatrix}, \Delta = \begin{pmatrix} -1 & 0 \\ 0 & 2 \end{pmatrix},$$

求 $\boldsymbol{A}^{10}$.

15. 设 $\boldsymbol{A}\boldsymbol{P} = \boldsymbol{P}\Delta$, 其中

$$\boldsymbol{P} = \begin{pmatrix} 1 & 1 & 1 \\ 1 & 0 & -2 \\ 1 & -1 & 1 \end{pmatrix}, \Delta = \begin{pmatrix} -1 & 0 & 0 \\ 0 & 1 & 0 \\ 0 & 0 & 5 \end{pmatrix},$$

求 $\boldsymbol{A}^8(5\boldsymbol{E} - 6\boldsymbol{A} + \boldsymbol{A}^2)$.

16. 若可逆矩阵 $\boldsymbol{A}$ 的每行元素之和均为 a. 证明: $\boldsymbol{A}^{-1}$ 的每行元素之和为 a^{-1}.

1.6 矩阵的初等变换

矩阵的初等变换在矩阵理论中扮演着非常重要的角色. 本节首先回顾矩阵初等变换的定义，通过初等矩阵讨论矩阵的初等变换与矩阵乘法的联系. 然后介绍矩阵的初等变换的主要应用——把矩阵化为阶梯形矩阵，从而使可用矩阵形式表述的数学问题得到简化.

1.6.1 矩阵的初等变换与初等矩阵

求解线性方程组的基本方法是高斯消元法. 在消元的过程中，使用下面三种变换：

(1) 用一非零的数乘某一方程；

(2) 把一个方程的倍数加到另一个方程；

(3) 互换两个方程的位置.

我们把上述三种变换成为**线性方程组的初等变换**.

线性方程组完全由其增广矩阵决定，增广矩阵的行对应着方程组的方程，线性方程组的初等变换反映在矩阵上就是矩阵的初等行变换 (定义 1.4.15).

(1) 用非零常数 k 乘矩阵 $\boldsymbol{A}$ 的第 i 行，称为**倍乘变换**，记为 kr_i，并记所得的矩阵为 $\boldsymbol{A}(kr_i)$. 即

$$\boldsymbol{A}=\begin{pmatrix} a_{11} & a_{12} & \cdots & a_{1n} \\ \vdots & \vdots & & \vdots \\ a_{i1} & a_{i2} & \cdots & a_{in} \\ \vdots & \vdots & & \vdots \\ a_{s1} & a_{s2} & \cdots & a_{sn} \end{pmatrix} \xrightarrow{kr_i} \begin{pmatrix} a_{11} & a_{12} & \cdots & a_{1n} \\ \vdots & \vdots & & \vdots \\ ka_{i1} & ka_{i2} & \cdots & ka_{in} \\ \vdots & \vdots & & \vdots \\ a_{s1} & a_{s2} & \cdots & a_{sn} \end{pmatrix} = \boldsymbol{A}(kr_i).$$

(2) 把矩阵 $\boldsymbol{A}$ 的第 i 行的 k 倍加到 $\boldsymbol{A}$ 的第 j 行，称为**倍加变换**，记为 r_j+kr_i，并记所得的矩阵为 $\boldsymbol{A}(r_j+kr_i)$. 即

$$\boldsymbol{A}=\begin{pmatrix} a_{11} & a_{12} & \cdots & a_{1n} \\ \vdots & \vdots & & \vdots \\ a_{j1} & a_{j2} & \cdots & a_{jn} \\ \vdots & \vdots & & \vdots \\ a_{s1} & a_{s2} & \cdots & a_{sn} \end{pmatrix} \xrightarrow{r_j+kr_i} \begin{pmatrix} a_{11} & a_{12} & \cdots & a_{1n} \\ \vdots & \vdots & & \vdots \\ a_{j1}+ka_{i1} & a_{j2}+ka_{i2} & \cdots & a_{jn}+ka_{in} \\ \vdots & \vdots & & \vdots \\ a_{s1} & a_{s2} & \cdots & a_{sn} \end{pmatrix}$$
$$= \boldsymbol{A}(r_j+kr_i).$$

(3) 交换矩阵 $\boldsymbol{A}$ 的第 i 行与第 j 行，称为**交换变换**，记为 $r_i \leftrightarrow r_j$，并记所得的矩阵为 $\boldsymbol{A}(r_i \leftrightarrow r_j)$. 即

$$\boldsymbol{A}=\begin{pmatrix} a_{11} & a_{12} & \cdots & a_{1n} \\ \vdots & \vdots & & \vdots \\ a_{i1} & a_{i2} & \cdots & a_{in} \\ \vdots & \vdots & & \vdots \\ a_{j1} & a_{j2} & \cdots & a_{jn} \\ \vdots & \vdots & & \vdots \\ a_{s1} & a_{s2} & \cdots & a_{sn} \end{pmatrix} \xrightarrow{r_i \leftrightarrow r_j} \begin{pmatrix} a_{11} & a_{12} & \cdots & a_{1n} \\ \vdots & \vdots & & \vdots \\ a_{j1} & a_{j2} & \cdots & a_{jn} \\ \vdots & \vdots & & \vdots \\ a_{i1} & a_{i2} & \cdots & a_{in} \\ \vdots & \vdots & & \vdots \\ a_{s1} & a_{s2} & \cdots & a_{sn} \end{pmatrix}$$
$$= \boldsymbol{A}(r_i \leftrightarrow r_j).$$

提醒读者注意，初等行变换把矩阵 $\boldsymbol{A}=(a_{ij})_{s\times n}$ 变为矩阵 $\boldsymbol{B}=(b_{ij})_{s\times n}$，简记为 $\boldsymbol{A}\to\boldsymbol{B}$, 但 $\boldsymbol{A}\neq\boldsymbol{B}$.

类似地，若把定义中的“行”换为列，就得到矩阵的**初等列变换**，并分别记为 kc_i，c_j+kc_i，$c_i\leftrightarrow c_j$. 初等行变换与初等列变换统称为矩阵的**初等变换**.

定义 1.6.1 如果矩阵 $\boldsymbol{B}$ 可以由矩阵 $\boldsymbol{A}$ 经过一系列初等变换得到，我们就称矩阵 $\boldsymbol{A}$ 与矩阵 $\boldsymbol{B}$**等价**，记为 $\boldsymbol{A}\sim\boldsymbol{B}$.

矩阵的等价关系具有下列性质.

(1) 反身性：$\boldsymbol{A}\sim\boldsymbol{A}$；

(2) 对称性：若 $\boldsymbol{A}\sim\boldsymbol{B}$，则 $\boldsymbol{B}\sim\boldsymbol{A}$；

(3) 传递性：若 $\boldsymbol{A}\sim\boldsymbol{B}$，$\boldsymbol{B}\sim\boldsymbol{C}$，则 $\boldsymbol{A}\sim\boldsymbol{C}$.

矩阵的初等变换与矩阵的乘积看似完全不同，但在引入了初等矩阵后，两者可以紧密的联系起来.

定义 1.6.2 对单位矩阵 $\boldsymbol{E}$ 实行一次初等变换得到的矩阵叫作初等矩阵. 有以下三种初等矩阵.

(1) 交换单位矩阵 $\boldsymbol{E}$ 的第 i 行 (列) 与第 j 行 (列) 所得初等矩阵，记为 $\boldsymbol{E}(r_i\leftrightarrow r_j)(\boldsymbol{E}(c_i\leftrightarrow c_j))$，例如，

$$\boldsymbol{E}_3(r_1\leftrightarrow r_3)=\begin{pmatrix}0&0&1\\0&1&0\\1&0&0\end{pmatrix}.$$

(2) 用非零数 λ 乘单位矩阵 $\boldsymbol{E}$ 的第 i 行 (列) 所得初等矩阵，记为 $\boldsymbol{E}(\lambda r_i)$ $(\boldsymbol{E}(\lambda c_i))$，例如，

$$\boldsymbol{E}_3(2r_1)=\begin{pmatrix}2&0&0\\0&1&0\\0&0&1\end{pmatrix}.$$

(3) 把单位矩阵 $\boldsymbol{E}$ 的第 j 行的 λ 倍加到第 i 行，或者把 $\boldsymbol{E}$ 的第 i 列的 λ 倍加到 j 列，所得初等矩阵记为 $\boldsymbol{E}(r_i+\lambda r_j)$(或者记为 $\boldsymbol{E}(c_j+\lambda c_i)$)，例如，

$$\boldsymbol{E}_3(r_1+2r_2)=\begin{pmatrix}1&2&0\\0&1&0\\0&0&1\end{pmatrix}.$$

根据初等矩阵的定义，有

$$\boldsymbol{E}(r_i\leftrightarrow r_j)=\boldsymbol{E}(c_i\leftrightarrow c_j);$$

$$\boldsymbol{E}(\lambda r_i)=\boldsymbol{E}(\lambda c_i);$$

$$\boldsymbol{E}(r_i + \lambda r_j) = \boldsymbol{E}(c_j + \lambda c_i).$$

利用初等矩阵，矩阵的初等变换可通过矩阵的乘法运算实现.

定理 1.6.3　对一个 $m \times n$ 矩阵 $\boldsymbol{A}$ 作一次初等行变换就相当于在 $\boldsymbol{A}$ 的左边乘上相应的 $m \times m$ 初等矩阵; 对 $\boldsymbol{A}$ 作一次初等列变换就相当于在 $\boldsymbol{A}$ 的右边乘上相应的 $n \times n$ 的初等矩阵. 即

$$\begin{aligned}
\boldsymbol{A}(kr_i) &= \boldsymbol{E}_m(kr_i)\boldsymbol{A};\\
\boldsymbol{A}(r_j + kr_i) &= \boldsymbol{E}_m(r_j + kr_i)\boldsymbol{A};\\
\boldsymbol{A}(r_i \leftrightarrow r_j) &= \boldsymbol{E}_m(r_i \leftrightarrow r_j)\boldsymbol{A};\\
\boldsymbol{A}(kc_i) &= \boldsymbol{A}\boldsymbol{E}_n(kc_i);\\
\boldsymbol{A}(c_j + kc_i) &= \boldsymbol{A}\boldsymbol{E}_n(c_j + kc_i);\\
\boldsymbol{A}(c_i \leftrightarrow c_j) &= \boldsymbol{A}\boldsymbol{E}_n(c_i \leftrightarrow c_j).
\end{aligned}$$

证明　利用在分块矩阵中得到的结论很容易证明该定理，以 $\boldsymbol{A}(c_j + kc_i) = \boldsymbol{A}\boldsymbol{E}_n(c_j + kc_i)$ 为例证明. 设 $\boldsymbol{A} = (\boldsymbol{A}_1 \cdots \boldsymbol{A}_i \cdots \boldsymbol{A}_j \cdots \boldsymbol{A}_n)$, 则

$$\begin{aligned}
\boldsymbol{A}\boldsymbol{E}_n(c_j + kc_i) &= \boldsymbol{A}(e_1 \cdots e_i \cdots e_j + ke_i \ldots e_n)\\
&= (\boldsymbol{A}e_1 \cdots \boldsymbol{A}e_i \cdots \boldsymbol{A}(e_j + ke_i) \cdots \boldsymbol{A}e_n)\\
&= (\boldsymbol{A}_1 \cdots \boldsymbol{A}_i \cdots \boldsymbol{A}_j + k\boldsymbol{A}_i \cdots \boldsymbol{A}_n) = \boldsymbol{A}(c_j + kc_i).
\end{aligned}$$

其他同理可证. □

例 1.6.4

$$\boldsymbol{A} = \begin{pmatrix} 1 & 1 & 1 & 2\\ 2 & 3 & 4 & 0\\ 1 & 0 & 2 & 1 \end{pmatrix} \xrightarrow{r_1 \leftrightarrow r_2} \begin{pmatrix} 2 & 3 & 4 & 0\\ 1 & 1 & 1 & 2\\ 1 & 0 & 2 & 1 \end{pmatrix}.$$

另一方面, 对矩阵 $\boldsymbol{A}$ 左乘初等矩阵 $\boldsymbol{E}(r_1 \leftrightarrow r_2)$, 即

$$\begin{pmatrix} 0 & 1 & 0\\ 1 & 0 & 0\\ 0 & 0 & 1 \end{pmatrix}\begin{pmatrix} 1 & 1 & 1 & 2\\ 2 & 3 & 4 & 0\\ 1 & 0 & 2 & 1 \end{pmatrix} = \begin{pmatrix} 2 & 3 & 4 & 0\\ 1 & 1 & 1 & 2\\ 1 & 0 & 2 & 1 \end{pmatrix}.$$

可以看出，对 $\boldsymbol{A}$ 左乘初等矩阵 $\boldsymbol{E}(r_1 \leftrightarrow r_2)$，其结果就相当于交换了矩阵 $\boldsymbol{A}$ 的第一行与第二行.

例 1.6.5

$$A=\begin{pmatrix}1&1&1&2\\2&3&4&0\\1&0&2&1\end{pmatrix}\xrightarrow{c_1\leftrightarrow c_3}\begin{pmatrix}1&1&1&2\\4&3&2&0\\2&0&1&1\end{pmatrix}.$$

另一方面，对矩阵 A 右乘初等矩阵 $E(c_1\leftrightarrow c_3)$，即

$$\begin{pmatrix}1&1&1&2\\2&3&4&0\\1&0&2&1\end{pmatrix}\begin{pmatrix}0&0&1&0\\0&1&0&0\\1&0&0&0\\0&0&0&1\end{pmatrix}=\begin{pmatrix}1&1&1&2\\4&3&2&0\\2&0&1&1\end{pmatrix}.$$

可以看出，对 A 右乘初等矩阵 $E(c_1\leftrightarrow c_3)$，其结果就相当于交换了矩阵 A 的第一列与第三列.

例 1.6.6

$$A=\begin{pmatrix}1&1&1&2\\2&3&4&0\\1&0&2&1\end{pmatrix}\xrightarrow{2r_2}\begin{pmatrix}1&1&1&2\\4&6&8&0\\1&0&2&1\end{pmatrix}.$$

另一方面，对矩阵 A 左乘初等矩阵 $E(2r_2)$，即

$$\begin{pmatrix}1&0&0\\0&2&0\\0&0&1\end{pmatrix}\begin{pmatrix}1&1&1&2\\2&3&4&0\\1&0&2&1\end{pmatrix}=\begin{pmatrix}1&1&1&2\\4&6&8&0\\1&0&2&1\end{pmatrix}.$$

可以看出，对 A 左乘初等矩阵 $E(2r_2)$，其结果就相当于用数 2 乘以矩阵 A 的第二行.

例 1.6.7

$$A=\begin{pmatrix}1&1&1&2\\2&3&4&0\\1&0&2&1\end{pmatrix}\xrightarrow{r_2+2r_1}\begin{pmatrix}1&1&1&2\\4&5&6&4\\1&0&2&1\end{pmatrix}.$$

另一方面，对 A 左乘初等矩阵 $E(r_2+2r_1)$，即

$$\begin{pmatrix}1&0&0\\2&1&0\\0&0&1\end{pmatrix}\begin{pmatrix}1&1&1&2\\2&3&4&0\\1&0&2&1\end{pmatrix}=\begin{pmatrix}1&1&1&2\\4&5&6&4\\1&0&2&1\end{pmatrix}.$$

可以看出，对 $\boldsymbol{A}$ 左乘初等矩阵 $\boldsymbol{E}(r_2+2r_1)$，其结果就相当于将矩阵 $\boldsymbol{A}$ 的第一行的 2 倍加到第二行.

利用定理可以得到

$$\begin{aligned} \boldsymbol{E}(kr_i)\boldsymbol{E}\left(\frac{1}{k}r_i\right) &= \boldsymbol{E}; \\ \boldsymbol{E}(r_j+kr_i)\boldsymbol{E}(r_j-kr_i) &= \boldsymbol{E}; \\ \boldsymbol{E}(r_i \leftrightarrow r_j)\boldsymbol{E}(r_i \leftrightarrow r_j) &= \boldsymbol{E}, \\ \boldsymbol{E}(cr_i)\boldsymbol{E}\left(\frac{1}{k}c_i\right) &= \boldsymbol{E}; \\ \boldsymbol{E}(c_j+kc_i)\boldsymbol{E}(c_j-kc_i) &= \boldsymbol{E}; \\ \boldsymbol{E}(c_i \leftrightarrow c_j)\boldsymbol{E}(c_i \leftrightarrow c_j) &= \boldsymbol{E}. \end{aligned}$$

这表明初等矩阵都是可逆的，且初等矩阵的逆矩阵也是初等矩阵，具体有

$$\begin{aligned} \boldsymbol{E}(kr_i)^{-1} &= \boldsymbol{E}\left(\frac{1}{k}r_i\right); \\ \boldsymbol{E}(r_j+kr_i)^{-1} &= \boldsymbol{E}(r_j-kr_i); \\ \boldsymbol{E}(r_i \leftrightarrow r_j)^{-1} &= \boldsymbol{E}(r_i \leftrightarrow r_j), \\ \boldsymbol{E}(kc_i)^{-1} &= \boldsymbol{E}\left(\frac{1}{k}c_i\right); \\ \boldsymbol{E}(c_j+kc_i)^{-1} &= \boldsymbol{E}(c_j-kc_i); \\ \boldsymbol{E}(c_i \leftrightarrow c_j)^{-1} &= \boldsymbol{E}(c_i \leftrightarrow c_j). \end{aligned}$$

1.6.2 矩阵的初等变换与行阶梯形矩阵

定义 1.6.8 矩阵 $\boldsymbol{A}$ 叫作 **(行) 阶梯形矩阵**，如果 $\boldsymbol{A}$ 满足下列条件:

(1) $\boldsymbol{A}$ 的“零行”(如果有的话) 在“非零行”的下方；

(2) 每个非零行的第一个非零元素 (**主元**) 位于上一行的第一个非零元素 (主元) 的右边.

例 1.6.9 下述三个矩阵都是阶梯形矩阵：

$$\begin{pmatrix} 0 & 1 & 2 & -1 \\ 0 & 0 & 0 & 1 \\ 0 & 0 & 0 & 0 \end{pmatrix}, \begin{pmatrix} 1 & 1 & 2 & -1 & 2 \\ 0 & 0 & 1 & 0 & 2 \\ 0 & 0 & 0 & 2 & 3 \end{pmatrix}, \begin{pmatrix} 1 & 0 & -1 \\ 0 & 2 & 1 \\ 0 & 0 & 3 \end{pmatrix}.$$

定义 1.6.10 矩阵 $\boldsymbol{A}$ 叫做**行最简形矩阵**，如果 $\boldsymbol{A}$ 满足下列条件:

(1) $\boldsymbol{A}$ 是行阶梯形的；

(2) $\boldsymbol{A}$ 的每个非零行的主元为 1；

(3) 主元所在列的其余的元素全为零.

例 1.6.11 下述三个矩阵都是行最简形矩阵:

$$\begin{pmatrix} 0 & 1 & 2 & 0 \\ 0 & 0 & 0 & 1 \\ 0 & 0 & 0 & 0 \end{pmatrix}, \begin{pmatrix} 1 & 1 & 0 & 0 & 0 \\ 0 & 0 & 1 & 0 & 0 \\ 0 & 0 & 0 & 0 & 1 \end{pmatrix}, \begin{pmatrix} 1 & 0 & 0 \\ 0 & 1 & 0 \\ 0 & 0 & 1 \end{pmatrix}.$$

同型矩阵按是否等价可以分成很多类，每一类里面希望找到最简单的矩阵作为代表，由此提出了标准形矩阵的概念.

定义 1.6.12 矩阵 $\boldsymbol{A}$ 叫作**标准形矩阵**，如果 A 的左上角为 r 阶单位矩阵，其余元素全为零. 即

$$\boldsymbol{A} = \begin{pmatrix} \boldsymbol{E}_r & \boldsymbol{O} \\ \boldsymbol{O} & \boldsymbol{O} \end{pmatrix}.$$

例 1.6.13 下述矩阵都是标准形矩阵:

$$\begin{pmatrix} 1 & 0 & 0 & 0 \\ 0 & 1 & 0 & 0 \\ 0 & 0 & 0 & 0 \end{pmatrix}, \begin{pmatrix} 1 & 0 & 0 & 0 & 0 \\ 0 & 1 & 0 & 0 & 0 \\ 0 & 0 & 1 & 0 & 0 \end{pmatrix}, \begin{pmatrix} 1 & 0 & 0 \\ 0 & 1 & 0 \\ 0 & 0 & 1 \end{pmatrix}.$$

例 1.6.14 下述矩阵都不是标准形矩阵:

$$\begin{pmatrix} 1 & 0 & 1 & 0 \\ 0 & 1 & 0 & 0 \\ 0 & 0 & 0 & 0 \end{pmatrix}, \begin{pmatrix} 1 & 0 & 0 & 0 & 0 \\ 0 & 0 & 0 & 1 & 0 \\ 0 & 0 & 1 & 0 & 0 \end{pmatrix}, \begin{pmatrix} 0 & 0 & 0 \\ 0 & 1 & 0 \\ 0 & 0 & 1 \end{pmatrix}.$$

一个矩阵通过初等变换是否一定能变成阶梯形呢？通过回顾高斯消元法给予回答.

对线性方程组

$$(1)\begin{cases} a_{11}x_1 + a_{12}x_2 + \cdots + a_{1n}x_n = b_1, \\ a_{21}x_1 + a_{22}x_2 + \cdots + a_{2n}x_n = b_2, \\ \cdots\cdots \\ a_{m1}x_1 + a_{m2}x_2 + \cdots + a_{mn}x_n = b_m. \end{cases}$$

首先检查 x_1 的系数. 如果 x_1 的系数 $a_{11}, a_{21}, \cdots, a_{m1}$ 全为零，那么方程组 (1) 对 x_1 没有任何限制，x_1 就可以取任意值，而方程组 (1) 就可以看成未知量为 $x_2, \cdots, x_n$ 的方程组来求解. 如果 x_1 的系数不全为零，那么利用初等变换 3，可以设 $a_{11} \neq 0$.

利用初等变换 2，分别把第一个方程的 $-\frac{a_{i1}}{a_{11}}$ 倍加到第 i 个方程 $(i=2,\cdots,m)$. 于是方程组 (1) 就变成

$$(2)\left\{\begin{aligned} a_{11}x_1+a_{12}x_2+\cdots+a_{1n}x_n&=b_1,\\ a'_{22}x_2+\cdots+a'_{2n}x_n&=b'_2,\\ \cdots\cdots&\\ a'_{m2}x_2+\cdots+a'_{mn}x_n&=b'_m.\end{aligned}\right.$$

其中

$$a'_{ij}=a_{ij}-\frac{a_{i1}}{a_{11}}\cdot a_{1j},\quad i=2,\cdots,m,j=2,\cdots,n.$$

对 (2) 再按上面的方法从第二个方程开始继续进行变换，并且这样一步步作下去，最后就得到一个 **“阶梯形”** 方程组. 为了讨论起来方便，(如果必要) 将未知量重新编号，方程组能变为

$$(3)\left\{\begin{aligned} c_{11}x_1+c_{12}x_2+\cdots+c_{1r}x_r+\cdots+c_{1n}x_n&=d_1,\\ c_{22}x_2+\cdots+c_{2r}x_r+\cdots+c_{2n}x_n&=d_2,\\ \cdots\cdots&\\ c_{rr}x_r+\cdots+c_{rn}x_n&=d_r,\\ 0&=d_{r+1},\\ 0&=0,\\ \cdots\cdots&\\ 0&=0.\end{aligned}\right.$$

其中 $c_{ii}\neq 0, i=1,2,\cdots,r$.

最后一个方程组的增广矩阵就是行阶梯形矩阵.

命题 1.6.15 (高斯消元法) 任一个 $s\times n$ 矩阵 $\boldsymbol{A}$ 可经过一系列初等行变换变成一个行阶梯形矩阵.

证明 对数 $s+n$ 用归纳法.

设

$$\boldsymbol{A}=\begin{pmatrix} a_{11} & a_{12} & \cdots & a_{1n}\\ a_{21} & a_{22} & \cdots & a_{2n}\\ \vdots & \vdots & & \vdots\\ a_{s1} & a_{s2} & \cdots & a_{sn}\end{pmatrix}.$$

情形一，第一列中没有主元，亦即 $a_{11}=a_{21}=\cdots=a_{s1}=0$.

根据归纳假设，可经过一系列初等变换把 $s\times(n-1)$ 矩阵

$$\begin{pmatrix} a_{12} & a_{13} & \cdots & a_{1n} \\ a_{22} & a_{23} & \cdots & a_{2n} \\ \vdots & \vdots & & \vdots \\ a_{s2} & a_{s3} & \cdots & a_{sn} \end{pmatrix}$$

变成阶梯形，显然上述一系列初等行变换导出 $\boldsymbol{A}$ 的一系列相应的初等行变换，且把 $\boldsymbol{A}$ 变成阶梯形.

情形二，至少有一个 $a_{i1}\neq 0\quad(1\leqslant i\leqslant s)$.

这时用 (3) 型初等行变换可以设 $a_{11}\neq 0$. 将 $\boldsymbol{A}$ 的第一行的 $-\dfrac{a_{i1}}{a_{11}}$ 倍加到第 i 行 $(i=2,3,\cdots,s)$，于是 $\boldsymbol{A}$ 变为

$$\boldsymbol{B}=\begin{pmatrix} a'_{11} & a'_{12} & \cdots & a'_{1n} \\ 0 & a'_{22} & \cdots & a'_{2n} \\ \vdots & \vdots & & \vdots \\ 0 & a'_{s2} & \cdots & a'_{sn} \end{pmatrix},$$

现在考虑 $(s-1)\times n$ 矩阵

$$\begin{pmatrix} 0 & a'_{22} & \cdots & a'_{2n} \\ 0 & a'_{32} & \cdots & a'_{3n} \\ \vdots & \vdots & & \vdots \\ 0 & a'_{s2} & \cdots & a'_{sn} \end{pmatrix}.$$

据情形一，可经过一系列初等行变换将其变为阶梯形. 显然上述一系列初等行变换导出 $\boldsymbol{B}$ 的一系列相应的初等行变换把 $\boldsymbol{B}$ 变成阶梯形. □

在此基础上，继续通过初等行变换可以将行阶梯形化为行最简形矩阵，具体做法为：

通过初等行变换将每一行的主元都变成 1，然后从最后一个非零行开始，通过初等行变换将主元所在列的其他元素变为 0, 可得行最简形矩阵.

更进一步，对行最简形矩阵做适当的初等变换 (可能使用列变换) 可将其变为标准形矩阵. 下面通过例子来说明.

例 1.6.16 设矩阵

$$A=\begin{pmatrix}1&1&3&1\\1&3&2&5\\2&2&6&7\\2&4&5&6\end{pmatrix},$$

求矩阵 A 的行阶梯形、行最简形以及标准形.

解 将矩阵 A 的第一行的 -1 倍、-2 倍、-2 倍分别加到第二、三、四行，有

$$A=\begin{pmatrix}1&1&3&1\\1&3&2&5\\2&2&6&7\\2&4&5&6\end{pmatrix}\xrightarrow[r_4+(-2)r_1]{r_2+(-1)r_1,r_3+(-2)r_1}\begin{pmatrix}1&1&3&1\\0&2&-1&4\\0&0&0&5\\0&2&-1&4\end{pmatrix},$$

将上述矩阵的第二行的 -1 倍加到第四行，得到阶梯形矩阵

$$\begin{pmatrix}1&1&3&1\\0&2&-1&4\\0&0&0&5\\0&0&0&0\end{pmatrix}.$$

下面继续将矩阵化为行最简形. 将上述矩阵的第二行乘以 $\dfrac{1}{2}$，第三行乘以 $\dfrac{1}{5}$，得

$$\begin{pmatrix}1&1&3&1\\0&1&-\dfrac{1}{2}&2\\0&0&0&1\\0&0&0&0\end{pmatrix}.$$

将上述矩阵的第三行的 -2 倍加到第二行，第三行的 -1 倍加到第一行，再将第二行的 -1 倍加到第一行，得行最简形矩阵

$$\begin{pmatrix}1&0&\dfrac{7}{2}&0\\0&1&-\dfrac{1}{2}&0\\0&0&0&1\\0&0&0&0\end{pmatrix}.$$

将上述矩阵的第二列的 $\frac{1}{2}$ 倍加到第三列，第一列的 $-\frac{7}{2}$ 倍加到第三列，然后交换第三列与第四列，得矩阵 $\boldsymbol{A}$ 的标准形

$$\begin{pmatrix} 1 & 0 & 0 & 0 \\ 0 & 1 & 0 & 0 \\ 0 & 0 & 1 & 0 \\ 0 & 0 & 0 & 0 \end{pmatrix}.$$

根据初等矩阵与初等变换的关系，由于任意矩阵均可通过初等变换变成标准形，于是有

定理 1.6.17　*对于任意 $m \times n$ 矩阵 $\boldsymbol{A}$，存在 m 阶初等矩阵 $\boldsymbol{P}_1, \boldsymbol{P}_2, \cdots, \boldsymbol{P}_s$ 和 n 阶初等矩阵 $\boldsymbol{Q}_1, \boldsymbol{Q}_2, \cdots, \boldsymbol{Q}_t$，使得*

$$\boldsymbol{P}_1\boldsymbol{P}_2\cdots\boldsymbol{P}_s\boldsymbol{A}\boldsymbol{Q}_1\boldsymbol{Q}_2\cdots\boldsymbol{Q}_t = \boldsymbol{F},$$

其中

$$\boldsymbol{F} = \begin{pmatrix} \boldsymbol{E}_r & \boldsymbol{O} \\ \boldsymbol{O} & \boldsymbol{O} \end{pmatrix}$$

为矩阵 $\boldsymbol{A}$ 的标准形.

1.6.3　矩阵的初等变换在判断方阵可逆及求逆矩阵中的应用

矩阵的初等变换有着广泛的应用. 下面给出利用矩阵的初等变换判断方阵是否可逆以及求逆矩阵的方法.

引理 1.6.18　*若方阵 $\boldsymbol{A}$ 与 $\boldsymbol{B}$ 等价，则 $\boldsymbol{A}$ 可逆当且仅当 $\boldsymbol{B}$ 可逆.*

证明　因方阵 $\boldsymbol{A}, \boldsymbol{B}$ 等价，故方阵 $\boldsymbol{A}$ 可经一系列初等变换得到 $\boldsymbol{B}$, 故存在初等矩阵 $\boldsymbol{P}_1, \boldsymbol{P}_2, \cdots, \boldsymbol{P}_s$ 和 $\boldsymbol{Q}_1, \boldsymbol{Q}_2, \cdots, \boldsymbol{Q}_t$ 使得

$$\boldsymbol{P}_1\boldsymbol{P}_2\cdots\boldsymbol{P}_s\boldsymbol{A}\boldsymbol{Q}_1\boldsymbol{Q}_2\cdots\boldsymbol{Q}_t = \boldsymbol{B},$$

于是

$$(\det \boldsymbol{P}_1)(\det \boldsymbol{P}_2)\cdots(\det \boldsymbol{P}_s)(\det \boldsymbol{A})(\det \boldsymbol{Q}_1)(\det \boldsymbol{Q}_2)\cdots(\det \boldsymbol{Q}_t) = \det \boldsymbol{B},$$

注意到 $\boldsymbol{P}_1, \boldsymbol{P}_2, \cdots, \boldsymbol{P}_s$ 和 $\boldsymbol{Q}_1, \boldsymbol{Q}_2, \cdots, \boldsymbol{Q}_t$ 为初等矩阵，所以它们的行列式均不为零，这说明

$$\det \boldsymbol{A} \neq 0 \Longleftrightarrow \det \boldsymbol{B} \neq 0$$

即 $\boldsymbol{A}$ 可逆当且仅当 $\boldsymbol{B}$ 可逆. □

引理表明初等变换不改变矩阵的可逆性.

定理 1.6.19 矩阵可逆当且仅当其行最简形矩阵是单位矩阵.

证明 由引理可知，若矩阵经初等变换后得到的行最简形矩阵是单位矩阵，则原矩阵可逆.

反过来，若任意矩阵 $\boldsymbol{A}$ 的行最简形矩阵 $\boldsymbol{F}$ 不是单位矩阵，那么 $\boldsymbol{F}$ 的最后一个非零行的主元不在最后一列. 亦即 F 的最后一行为零. 因此 $\boldsymbol{F}$ 不可逆，由引理可知 $\boldsymbol{A}$ 也不可逆，与条件矛盾. □

思考 任何两个 n 阶可逆方阵是等价的，这个说法是否正确?

由定理可知方阵 $\boldsymbol{A}$ 可逆，则必存在初等矩阵设为 $\boldsymbol{P}_1, \boldsymbol{P}_2, \cdots, \boldsymbol{P}_s$ 使得

$$\boldsymbol{P}_1\boldsymbol{P}_2\cdots\boldsymbol{P}_s\boldsymbol{A} = \boldsymbol{E},$$

由它可得

$$\boldsymbol{A} = \boldsymbol{P}_s^{-1}\cdots\boldsymbol{P}_2^{-1}\boldsymbol{P}_1^{-1}\boldsymbol{E} = \boldsymbol{P}_s^{-1}\cdots\boldsymbol{P}_2^{-1}\boldsymbol{P}_1^{-1},$$

而 $\boldsymbol{P}_s^{-1}, \cdots, \boldsymbol{P}_2^{-1}, \boldsymbol{P}_1^{-1}$ 也是初等矩阵，于是有如下推论.

推论 1.6.20 方阵 $\boldsymbol{A}$ 可逆当且仅当它是有限个初等矩阵的乘积.

由此可知, 可逆矩阵 $\boldsymbol{A}$ 左乘 $\boldsymbol{B}$, 其积矩阵 $\boldsymbol{AB}$ 可由 $\boldsymbol{B}$ 做一系列初等行变换而得到; 可逆矩阵 $\boldsymbol{A}$ 右乘 $\boldsymbol{B}$, 其积矩阵 $\boldsymbol{BA}$ 可由 $\boldsymbol{B}$ 做一系列初等列变换而得到.

矩阵 $\boldsymbol{A}$ 可逆，则存在可逆矩阵 $\boldsymbol{B}$，使得 $\boldsymbol{BA} = \boldsymbol{E}$. 由于 $\boldsymbol{B}$ 可逆，故它是有限个初等矩阵的乘积，即有初等矩阵 $\boldsymbol{P}_1, \boldsymbol{P}_2, \cdots, \boldsymbol{P}_t$ 使得 $\boldsymbol{B} = \boldsymbol{P}_1\boldsymbol{P}_2\cdots\boldsymbol{P}_t$，所以有

$$\boldsymbol{P}_1\boldsymbol{P}_2\cdots\boldsymbol{P}_t\boldsymbol{A} = \boldsymbol{E}. \tag{1.6.i}$$

这表明可逆矩阵可以仅通过初等行变换化为单位矩阵. 类似地，若矩阵 $\boldsymbol{A}$ 可逆，则 $\boldsymbol{A}$ 可以仅通过初等列变换化为单位矩阵.

同时，注意到等式 1.6.1 表明

$$\boldsymbol{A}^{-1} = \boldsymbol{P}_1\boldsymbol{P}_2\cdots\boldsymbol{P}_t = \boldsymbol{P}_1\boldsymbol{P}_2\cdots\boldsymbol{P}_t\boldsymbol{E}. \tag{1.6.ii}$$

换句话说，把可逆矩阵 $\boldsymbol{A}$ 变成单位矩阵的一系列初等行变换可把单位矩阵变成 $\boldsymbol{A}$ 的逆矩阵. 因此

$$\boldsymbol{P}_1\boldsymbol{P}_2\cdots\boldsymbol{P}_s(\boldsymbol{A}, \boldsymbol{E}) = (\boldsymbol{P}_1\boldsymbol{P}_2\cdots\boldsymbol{P}_s\boldsymbol{A}, \boldsymbol{P}_1\boldsymbol{P}_2\cdots\boldsymbol{P}_s\boldsymbol{E}) = (\boldsymbol{E}, \boldsymbol{A}^{-1}).$$

至此得到利用初等行变换判断矩阵是否可逆以及求逆矩阵的方法.

将 n 阶矩阵 $\boldsymbol{A}$ 与 n 阶单位矩阵 $\boldsymbol{E}$ 作为子块构成分块矩阵 $(\boldsymbol{A}, \boldsymbol{E})$，使用初等行变换将 $(\boldsymbol{A}, \boldsymbol{E})$ 变为行最简形 $(\boldsymbol{F}, \boldsymbol{B})$.

(1) 若 $\boldsymbol{F} \neq \boldsymbol{E}$，由定理 1.6.19 可知 $\boldsymbol{A}$ 不可逆；

(2) 若 $\boldsymbol{F} = \boldsymbol{E}$，则 $\boldsymbol{A}$ 可逆，且 $\boldsymbol{B} = \boldsymbol{A}^{-1}$.

即对 $(\boldsymbol{A}, \boldsymbol{E})$ 施行初等行变换，当把 $\boldsymbol{A}$ 变为 $\boldsymbol{E}$ 时，$\boldsymbol{E}$ 就变为 $\boldsymbol{A}^{-1}$.

对偶地，我们也可利用初等列变换求逆矩阵.

将 n 阶矩阵 $\boldsymbol{A}$ 与 n 阶单位矩阵 $\boldsymbol{E}$ 作为子块构成分块矩阵 $\begin{pmatrix} \boldsymbol{A} \\ \boldsymbol{E} \end{pmatrix}$，使用初等列变换将 $\begin{pmatrix} \boldsymbol{A} \\ \boldsymbol{E} \end{pmatrix}$ 化为 $\begin{pmatrix} \boldsymbol{E} \\ \boldsymbol{B} \end{pmatrix}$，此时 $\boldsymbol{B} = \boldsymbol{A}^{-1}$.

例 1.6.21 判断矩阵

$$\boldsymbol{A} = \begin{pmatrix} 1 & 0 & 1 \\ 1 & 2 & 0 \\ 1 & 2 & 1 \end{pmatrix}$$

是否可逆，若可逆，求 $\boldsymbol{A}$ 的逆矩阵.

解 对 $(\boldsymbol{A}, \boldsymbol{E})$ 施行初等行变换变为行最简形

$$(\boldsymbol{A}, \boldsymbol{E}) = \begin{pmatrix} 1 & 0 & 1 & 1 & 0 & 0 \\ 1 & 2 & 0 & 0 & 1 & 0 \\ 1 & 2 & 1 & 0 & 0 & 1 \end{pmatrix} \xrightarrow[r_3+(-1)r_1]{r_2+(-1)r_1} \begin{pmatrix} 1 & 0 & 1 & 1 & 0 & 0 \\ 0 & 2 & -1 & -1 & 1 & 0 \\ 0 & 2 & 0 & -1 & 0 & 1 \end{pmatrix}$$

$$\xrightarrow{r_3+(-1)r_2} \begin{pmatrix} 1 & 0 & 1 & 1 & 0 & 0 \\ 0 & 2 & -1 & -1 & 1 & 0 \\ 0 & 0 & 1 & 0 & -1 & 1 \end{pmatrix} \xrightarrow[r_1+(-1)r_3]{r_2+r_3} \begin{pmatrix} 1 & 0 & 0 & 1 & 1 & -1 \\ 0 & 2 & 0 & -1 & 0 & 1 \\ 0 & 0 & 1 & 0 & -1 & 1 \end{pmatrix}$$

$$\xrightarrow{\frac{1}{2}r_2} \begin{pmatrix} 1 & 0 & 0 & 1 & 1 & -1 \\ 0 & 1 & 0 & -\dfrac{1}{2} & 0 & \frac{1}{2} \\ 0 & 0 & 1 & 0 & -1 & 1 \end{pmatrix},$$

由此知，$\boldsymbol{A}$ 可逆，且

$$\boldsymbol{A}^{-1} = \begin{pmatrix} 1 & 1 & -1 \\ -\dfrac{1}{2} & 0 & \dfrac{1}{2} \\ 0 & -1 & 1 \end{pmatrix}.$$

解矩阵方程 $\boldsymbol{AX} = \boldsymbol{B}$ 时，若 $\boldsymbol{A}$ 可逆，则 $\boldsymbol{X} = \boldsymbol{A}^{-1}\boldsymbol{B}$. 此时可先计算出 $\boldsymbol{A}^{-1}$. 然后计算 $\boldsymbol{A}^{-1}\boldsymbol{B}$ 即可，也可利用初等行变换求 $\boldsymbol{A}^{-1}\boldsymbol{B}$. 与利用初等行变换求逆矩阵同样道理，由

$$\boldsymbol{A}^{-1}(\boldsymbol{A}, \boldsymbol{B}) = (\boldsymbol{E}, \boldsymbol{A}^{-1}\boldsymbol{B})$$

可知，若对 $(\boldsymbol{A},\boldsymbol{B})$ 施行初等行变换，当把 $\boldsymbol{A}$ 变为 $\boldsymbol{E}$ 时，后面的分块就是矩阵方程 $\boldsymbol{AX}=\boldsymbol{B}$ 的解 $\boldsymbol{X}=\boldsymbol{A}^{-1}\boldsymbol{B}$.

同理，对于矩阵方程 $\boldsymbol{XA}=\boldsymbol{B}$，对 $\begin{pmatrix}\boldsymbol{A}\\ \boldsymbol{B}\end{pmatrix}$ 施行初等列变换，当把 $\boldsymbol{A}$ 变为 $\boldsymbol{E}$ 时，下面的分块就是矩阵方程 $\boldsymbol{XA}=\boldsymbol{B}$ 的解 $\boldsymbol{X}=\boldsymbol{BA}^{-1}$.

例 1.6.22 解矩阵方程 $\boldsymbol{AX}=\boldsymbol{B}$，其中

$$\boldsymbol{A}=\begin{pmatrix}1&2&0\\2&2&1\\2&1&1\end{pmatrix},\boldsymbol{B}=\begin{pmatrix}0&-1\\-1&3\\1&-1\end{pmatrix}.$$

解 对矩阵 $(\boldsymbol{A},\boldsymbol{B})$ 施行初等行变换变为行最简形

$$(\boldsymbol{A},\boldsymbol{B})=\begin{pmatrix}1&2&0&0&-1\\2&2&1&-1&3\\2&1&1&1&-1\end{pmatrix}\xrightarrow[r_3+(-2)r_1]{r_2+(-2)r_1}\begin{pmatrix}1&2&0&0&-1\\0&-2&1&-1&5\\0&-3&1&1&1\end{pmatrix}$$

$$\xrightarrow{r_2+(-1)r_3}\begin{pmatrix}1&2&0&0&-1\\0&1&0&-2&4\\0&-3&1&1&1\end{pmatrix}\xrightarrow{r_3+3r_2}\begin{pmatrix}1&2&0&0&-1\\0&1&0&-2&4\\0&0&1&-5&13\end{pmatrix}$$

$$\xrightarrow{r_1+(-2)r_2}\begin{pmatrix}1&0&0&4&-9\\0&1&0&-2&4\\0&0&1&-5&13\end{pmatrix},$$

所以 $\boldsymbol{A}$ 可逆，且矩阵方程 $\boldsymbol{AX}=\boldsymbol{B}$ 的解

$$\boldsymbol{X}=\boldsymbol{A}^{-1}\boldsymbol{B}=\begin{pmatrix}4&-9\\-2&4\\-5&13\end{pmatrix}.$$

习 题 1.6

1. 设 $\boldsymbol{A}$ 是方阵，则 $\boldsymbol{AE}(r_3+2r_1)=(\quad)$.

(A) $\boldsymbol{A}(r_3+2r_1)$;

(B) $\boldsymbol{A}(c_3+2c_1)$;

(C) $\boldsymbol{A}(c_1+2c_2)$;

(D) $\boldsymbol{A}$.

2. 将下列矩阵化为行阶梯形、行最简形与标准形.

(1) $\begin{pmatrix} 1 & 0 & 2 & -1 \\ 2 & 0 & 3 & 1 \\ 3 & 0 & 4 & 3 \end{pmatrix}$;

(2) $\begin{pmatrix} 0 & 2 & -3 & 1 \\ 0 & 3 & -4 & 3 \\ 0 & 4 & -7 & -1 \end{pmatrix}$;

(3) $\begin{pmatrix} 1 & -1 & 3 & -4 & 3 \\ 3 & -3 & 5 & -4 & 1 \\ 2 & -2 & 3 & -2 & 0 \\ 3 & -3 & 4 & -2 & -1 \end{pmatrix}$;

(4) $\begin{pmatrix} 2 & 3 & 1 & -3 & -7 \\ 1 & 2 & 0 & -2 & -4 \\ 3 & -2 & 8 & 3 & 0 \\ 2 & -3 & 7 & 4 & 3 \end{pmatrix}$.

3. 利用初等变换判断下列矩阵是否可逆, 若可逆, 求出逆矩阵.

(1) $\begin{pmatrix} 1 & 1 & 2 \\ 2 & -1 & 3 \\ 4 & 1 & 7 \end{pmatrix}$; (2) $\begin{pmatrix} 1 & 2 & 0 & 0 \\ 2 & 0 & 1 & 2 \\ 1 & 1 & 0 & -1 \\ 1 & 0 & 0 & 0 \end{pmatrix}$.

4. 已知

$$\boldsymbol{A} = \begin{pmatrix} 2 & 2 & 2 & \cdots & 2 \\ 0 & 1 & 1 & \cdots & 1 \\ 0 & 0 & 1 & \cdots & 1 \\ \vdots & \vdots & \vdots & & \vdots \\ 0 & 0 & 0 & \cdots & 1 \end{pmatrix},$$

利用初等变换求 $\boldsymbol{A}^{-1}$, 并求 $\det \boldsymbol{A}$ 的所有代数余子式之和 $\sum\limits_{i,j=1}^{n} \boldsymbol{A}_{ij}$.

5. 解下列矩阵方程.

(1) $\begin{pmatrix} 2 & 5 \\ 1 & 3 \end{pmatrix} \boldsymbol{X} = \begin{pmatrix} 4 & -6 \\ 2 & 1 \end{pmatrix}$;

(2) $\boldsymbol{X}\begin{pmatrix}2&1&-1\\2&1&0\\1&-1&1\end{pmatrix}=\begin{pmatrix}1&-1&3\\4&3&2\end{pmatrix}$;

(3) $\begin{pmatrix}1&4\\-1&2\end{pmatrix}\boldsymbol{X}\begin{pmatrix}2&0\\-1&1\end{pmatrix}=\begin{pmatrix}3&1\\0&-1\end{pmatrix}$;

(4) $\begin{pmatrix}0&1&0\\1&0&0\\0&0&1\end{pmatrix}\boldsymbol{X}\begin{pmatrix}1&0&0\\0&0&1\\0&1&0\end{pmatrix}=\begin{pmatrix}1&-4&3\\2&0&-1\\1&-2&0\end{pmatrix}$.

1.7 矩阵的秩

如何判断两个同型矩阵是否等价?矩阵的标准型中主元的个数有什么含义?另外,在线性方程组中有些方程可能是“多余”的,一个方程组中“真正”起作用的方程个数到底是多少?如何刻画方程组是否有解,以及有解时解是否唯一?这几个问题都与矩阵的秩有密切关系. 在矩阵理论中,矩阵的秩是一个非常重要的概念. 本节给出矩阵秩的定义和它的一些性质,并给出用初等变换求矩阵的秩的方法,最后利用矩阵的秩给出方程组有解的判定定理,并运用矩阵的初等行变换求解线性方程组.

1.7.1 矩阵的秩的定义及性质

与方阵一样,可以对任意矩阵定义子式.

定义 1.7.1 设 $\boldsymbol{A}$ 是 $m\times n$ 矩阵. 在 $\boldsymbol{A}$ 中选取 k 行和 k 列,位于这些选定的行和列的交点上的 k^2 个元素按原来的相对位置所组成的 k 阶行列式,称为 $\boldsymbol{A}$ 的一个 k**阶子式**.

显然,矩阵 $\boldsymbol{A}$ 中共有 $\mathrm{C}_m^k\mathrm{C}_n^k$ 个 k 阶子式.

例 1.7.2 在矩阵

$$\boldsymbol{A}=\begin{pmatrix}1&1&3&1&4\\0&2&-1&4&3\\0&0&0&5&1\\0&0&0&0&7\end{pmatrix}$$

中，选第 1,3 行和第 3,4 列，它们交点上的元素所成的 2 阶行列式

$$\begin{vmatrix} 3 & 1 \\ 0 & 5 \end{vmatrix}$$

就是一个 2 阶子式，又如选第 1,2,3 行和第 1,2,4 列，相应的 3 阶子式就是

$$\begin{vmatrix} 1 & 1 & 1 \\ 0 & 2 & 4 \\ 0 & 0 & 5 \end{vmatrix}.$$

定义 1.7.3 矩阵 $\boldsymbol{A}$ 的不等于零的子式的最高阶数称为矩阵 $\boldsymbol{A}$ 的**秩**，记为 $\operatorname{rank}(\boldsymbol{A})$. 零矩阵的秩是 0.

由矩阵的秩的定义不难得出如下结论.

命题 1.7.4 (1) 设 $\boldsymbol{A}$ 是 $m \times n$ 矩阵，则 $\operatorname{rank}(\boldsymbol{A}) \leqslant \min(m, n)$;

(2) n 阶方阵可逆当且仅当 $\operatorname{rank}(\boldsymbol{A}) = n$;

(3) $\operatorname{rank}(\boldsymbol{A}) \leqslant r$ 当且仅当矩阵 $\boldsymbol{A}$ 的所有 $r+1$ 阶子式都为零;

(4) $\operatorname{rank}(\boldsymbol{A}) \leqslant r$ 当且仅当矩阵 $\boldsymbol{A}$ 的所有大于 r 阶的子式都为零;

(5) $\operatorname{rank}(\boldsymbol{A}) \geqslant r$ 当且仅当矩阵 $\boldsymbol{A}$ 至少有一个 r 阶子式不为零;

(6) $\operatorname{rank}(\boldsymbol{A}) = \operatorname{rank}(\boldsymbol{A}^{\mathrm{T}})$.

直接通过定义来计算矩阵的秩比较麻烦. 下面证明可以通过矩阵的初等变换来计算矩阵的秩. 这需要一个引理.

引理 1.7.5 阶梯形矩阵的秩等于其非零行的个数.

证明 设阶梯形矩阵 $\boldsymbol{A}$ 的非零行的个数为 r. 取非零行主元所在的行与列，得到一个 r 阶子式，这个 r 阶子式是主对角线上元素均为非零元的上三角行列式，故矩阵 $\boldsymbol{A}$ 中有一个 r 阶子式不为零，这样表明 $\operatorname{rank}(\boldsymbol{A}) \geqslant r$.

另一方面，由矩阵 $\boldsymbol{A}$ 的非零行的个数为 r 知任何一个 $r+1$ 阶子式必有零行，即 $r+1$ 阶子式均为零，这表明 $\operatorname{rank}(\boldsymbol{A}) \leqslant r$. 综上所述，阶梯形矩阵的秩等于其非零行的个数. □

注意到任意矩阵都可通过初等变换化为阶梯形，下面证明初等变换不改变矩阵的秩，因此可以通过初等变换来求矩阵的秩.

定理 1.7.6 初等变换不改变矩阵的秩.

证明 这里只对初等行变换进行证明，初等列变换的情形可类似证明. 只需证明矩阵 $\boldsymbol{A}$ 经过一次初等行变换变为矩阵 $\boldsymbol{B}$ 时，有 $\operatorname{rank}(\boldsymbol{A}) = \operatorname{rank}(\boldsymbol{B})$. 由

初等变换的可逆性，又只需证明矩阵 $\boldsymbol{A}$ 经过一次初等行变换变为矩阵 $\boldsymbol{B}$ 时, 有 $\text{rank}(\boldsymbol{A}) \leqslant \text{rank}(\boldsymbol{B})$ 即可.

设 $\text{rank}(\boldsymbol{A}) = r$, 则 $\boldsymbol{A}$ 有一个 r 阶子式 (记为 $\boldsymbol{D}_r$) 不为零. 下面按初等行变换的定义分三种情况讨论.

(1) 假设 $\boldsymbol{B} = \boldsymbol{A}(kr_i)$, 其中 $k \neq 0$. 在 $\boldsymbol{B}$ 中选取 $\boldsymbol{D}_r$ 所对应的行列得到一个 r 阶子式 $\boldsymbol{T}_1$，则 $\boldsymbol{T}_1 = k\boldsymbol{D}_r \neq 0$, 故 $\text{rank}(\boldsymbol{A}) = r \leqslant \text{rank}(\boldsymbol{B})$.

(2) 假设 $\boldsymbol{B} = \boldsymbol{A}(r_i \to r_j)$. 若 $\boldsymbol{D}_r$ 中含有第 i 行与第 j 行，则在 $\boldsymbol{B}$ 中选取 $\boldsymbol{D}_r$ 对应的行列得到一个 r 阶子式 $\boldsymbol{T}_2$，显然 $\boldsymbol{T}_2 = -\boldsymbol{D}_r \neq 0$；若 $\boldsymbol{D}_r$ 不含第 i 行与第 j 行，则在 $\boldsymbol{B}$ 中选取 $\boldsymbol{D}_r$ 对应的行列得到一个 r 阶子式 $\boldsymbol{T}_3$，显然 $\boldsymbol{T}_3 = \boldsymbol{D}_r \neq 0$；若 $\boldsymbol{D}_r$ 中包含第 i 行但不含第 j 行，则在 $\boldsymbol{B}$ 中行选取第 j 行, 另外再选取 $\boldsymbol{D}_r$ 行中除第 i 行以外所对应的 $r-1$ 行，并选取与 $\boldsymbol{D}_r$ 相同的列，得到一个 r 阶子式记为 $\boldsymbol{T}_4$，显然有 $\boldsymbol{T}_4 = \boldsymbol{D}_r$ 或 $\boldsymbol{T}_4 = -\boldsymbol{D}_r$，所以 $\boldsymbol{T}_4 \neq 0$. 这都表明 $\text{rank}(\boldsymbol{A}) = r \leqslant \text{rank}(\boldsymbol{B})$.

(3) 不失一般性，我们假设 $\boldsymbol{B}$ 是将 $\boldsymbol{A}$ 的第二行的 k 倍加到第一行得到

$$\boldsymbol{B} = \boldsymbol{A}(r_1 + kr_2).$$

在 $\boldsymbol{B}$ 中选取 $\boldsymbol{D}_r$ 的行列得所对应的 r 阶子式 $\boldsymbol{T}_5$.

(a) 若 $\boldsymbol{D}_r$ 中不含第一行，显然有 $\boldsymbol{T}_5 = \boldsymbol{D}_r \neq 0$；

(b) 若 $\boldsymbol{D}_r$ 同时包含第一行与第二行，显然有 $\boldsymbol{T}_5 = \boldsymbol{D}_r \neq 0$；

(c) 若 $\boldsymbol{D}_r$ 中含第一行但不含第二行，设

$$\boldsymbol{D}_r = \begin{vmatrix} \boldsymbol{A}_1 \\ \boldsymbol{A}_h \\ \vdots \\ \boldsymbol{A}_r \end{vmatrix},$$

其中 $h > 2$. 于是

$$\boldsymbol{T}_5 = \begin{vmatrix} \boldsymbol{A}_1 + k\boldsymbol{A}_2 \\ \boldsymbol{A}_h \\ \vdots \\ \boldsymbol{A}_r \end{vmatrix}.$$

设

$$\boldsymbol{T}_6 = \begin{vmatrix} \boldsymbol{A}_2 \\ \boldsymbol{A}_h \\ \vdots \\ \boldsymbol{A}_r \end{vmatrix},$$

则 $\boldsymbol{T}_6$ 也是 $\boldsymbol{B}$ 的 r 阶子式，且 $\boldsymbol{T}_5 - k\boldsymbol{T}_6 = \boldsymbol{D}_r \neq 0$，这表明 $\boldsymbol{T}_5$、$\boldsymbol{T}_6$ 不同时为零.

以上都表明

$$\operatorname{rank}(\boldsymbol{A}) = r \leqslant \operatorname{rank}(\boldsymbol{B}). \qquad \square$$

注 1.7.7 (1) 定理 1.7.6 表明等价的矩阵具有相同的秩.

(2) 任何矩阵都可以通过初等变换化为标准形矩阵，并且初等变换保持秩不变. 显然，标准形矩阵 $\begin{pmatrix} \boldsymbol{E}_r & \boldsymbol{O} \\ \boldsymbol{O} & \boldsymbol{O} \end{pmatrix}$ 的秩为 r. 因此，矩阵的标准形由矩阵的秩唯一决定.

进而，由等价的传递性可知以下结论成立.

定理 1.7.8 两个同型矩阵等价当且仅当它们秩相等.

例 1.7.9 求矩阵

$$\boldsymbol{A} = \begin{pmatrix} 1 & 1 & 1 \\ 2 & 3 & 4 \\ 4 & 9 & 6 \end{pmatrix}$$

的秩.

解 用初等变换将矩阵 $\boldsymbol{A}$ 化为行阶梯形

$$\boldsymbol{A} = \begin{pmatrix} 1 & 1 & 1 \\ 2 & 3 & 4 \\ 4 & 9 & 6 \end{pmatrix} \xrightarrow{r_2+(-2)r_1, r_3+(-4)r_1} \begin{pmatrix} 1 & 1 & 1 \\ 0 & 1 & 2 \\ 0 & 5 & 2 \end{pmatrix} \xrightarrow{r_3+(-5)r_2} \begin{pmatrix} 1 & 1 & 1 \\ 0 & 1 & 2 \\ 0 & 0 & -8 \end{pmatrix},$$

故 $\operatorname{rank}(\boldsymbol{A}) = 3$.

例 1.7.10 已知 n 阶矩阵

$$\boldsymbol{A} = \begin{pmatrix} a & b & b & \cdots & b \\ b & a & b & \cdots & b \\ \vdots & \vdots & \vdots & & \vdots \\ b & b & b & \cdots & a \end{pmatrix}$$

求 $\boldsymbol{A}$ 的秩.

解 对矩阵 $\boldsymbol{A}$ 进行初等变换

$$\boldsymbol{A}\xrightarrow[k=2,3,\cdots,n]{r_k-r_1}\begin{pmatrix} a & b & b & \cdots & b \\ b-a & a-b & 0 & \cdots & 0 \\ \vdots & \vdots & \vdots & & \vdots \\ b-a & 0 & 0 & \cdots & a-b \end{pmatrix}$$

$$\xrightarrow[k=2,3,\cdots,n]{c_k+c_1}\begin{pmatrix} a+(n-1)b & b & b & \cdots & b \\ 0 & a-b & 0 & \cdots & 0 \\ \vdots & \vdots & \vdots & & \vdots \\ 0 & 0 & 0 & \cdots & a-b \end{pmatrix}.$$

当 $a=b$ 时,

若 $a=b=0$, 则 $\operatorname{rank}(\boldsymbol{A})=0$;

若 $a=b\neq 0$, 则 $\operatorname{rank}(\boldsymbol{A})=1$.

当 $a\neq b$ 时,

若 $a+(n-1)b=0$, 则 $\operatorname{rank}(\boldsymbol{A})=n-1$;

若 $a+(n-1)b=0\neq 0$, 则 $\operatorname{rank}(\boldsymbol{A})=n$.

最后, 为了读者的方便, 我们罗列矩阵的秩的相关性质如下, 其证明将放在下一章.

命题 1.7.11 (1) $\operatorname{rank}(\boldsymbol{AB})\leqslant\min(\operatorname{rank}(\boldsymbol{A}),\operatorname{rank}(\boldsymbol{B}))$;

(2) 若 $\boldsymbol{A}_{m\times n}\boldsymbol{B}_{n\times l}=\boldsymbol{O}$, 则 $\operatorname{rank}(\boldsymbol{A})+\operatorname{rank}(\boldsymbol{B})\leqslant n$;

(3) $\max(\operatorname{rank}(\boldsymbol{A}),\operatorname{rank}(\boldsymbol{B}))\leqslant\operatorname{rank}(\boldsymbol{A},\boldsymbol{B})\leqslant\operatorname{rank}(\boldsymbol{A})+\operatorname{rank}(\boldsymbol{B})$;

(4) $\operatorname{rank}(\boldsymbol{A}+\boldsymbol{B})\leqslant\operatorname{rank}(\boldsymbol{A})+\operatorname{rank}(\boldsymbol{B})$.

思考 计算 $\det\boldsymbol{A}_{5\times 4}\boldsymbol{B}_{4\times 5}$.

1.7.2 线性方程组有解的充分必要条件

下面利用矩阵的秩讨论线性方程组有解的充分必要条件. 首先, 给出一个引理.

引理 1.7.12 设线性方程组 $\boldsymbol{AX}=\boldsymbol{\beta}$ 的增广矩阵 $\bar{\boldsymbol{A}}=(\boldsymbol{A},\boldsymbol{\beta})$ 通过初等行变换变成矩阵 $\bar{\boldsymbol{A}}'=(\boldsymbol{A}',\boldsymbol{\beta}')$, 则线性方程组 $\boldsymbol{AX}=\boldsymbol{\beta}$ 与 $\boldsymbol{A}'\boldsymbol{X}=\boldsymbol{\beta}'$ 同解.

证明 由条件可知, 存在可逆矩阵 $\boldsymbol{P}$ 使得 $\boldsymbol{P}\bar{\boldsymbol{A}}=\bar{\boldsymbol{A}}'$, 故有

$$\boldsymbol{A}'=\boldsymbol{PA},\quad \boldsymbol{\beta}'=\boldsymbol{P\beta},$$

即

$$A = P^{-1}A', \quad \beta = P^{-1}\beta'.$$

设 α 是 $AX = \beta$ 的解，即 $A\alpha = \beta$. 从而有 $PA\alpha = P\beta$，即

$$A'\alpha = \beta'.$$

这表明 α 也是 $A'X = \beta'$ 的解.

反过来，设 α' 是 $A'X = \beta'$ 的解，即 $A'\alpha' = \beta'$. 从而有 $P^{-1}A'\alpha' = P^{-1}\beta'$，即

$$A\alpha' = \beta.$$

这表明 α' 也是 $AX = \beta$ 的解. 综上所述两个方程组同解. □

推论 1.7.13 齐次线性方程 $AX = O$ 的系数矩阵 A 通过初等行变换变成矩阵 C，则齐次线性方程组 $AX = O$ 与 $CX = O$ 同解.

下面给出线性方程组有解的判定定理.

定理 1.7.14 设 n 元线性方程组 $A_{m\times n}X = \beta$ 的增广矩阵为 $\bar{A}$，则

(1) $A_{m\times n}X = \beta$ 无解当且仅当 $\operatorname{rank}(A) < \operatorname{rank}(\bar{A})$;

(2) $A_{m\times n}X = \beta$ 有唯一解当且仅当 $\operatorname{rank}(A) = \operatorname{rank}(\bar{A}) = n$;

(3) $A_{m\times n}X = \beta$ 有无穷多解当且仅当 $\operatorname{rank}(A) = \operatorname{rank}(\bar{A}) < n$.

证明 只需证明充分性. 对增广矩阵施行初等行变换，不妨设得到的行最简形矩阵为

$$\begin{pmatrix} 1 & \cdots & 0 & b_{1r+1} & \cdots & b_{1n} & d_1 \\ \vdots & & \vdots & \vdots & & \vdots & \vdots \\ 0 & \cdots & 1 & b_{rr+1} & \cdots & b_{rn} & d_r \\ 0 & \cdots & 0 & 0 & \cdots & 0 & d_{r+1} \\ 0 & \cdots & 0 & 0 & \cdots & 0 & 0 \\ \vdots & & \vdots & \vdots & & \vdots & \vdots \\ 0 & \cdots & 0 & 0 & \cdots & 0 & 0 \end{pmatrix}.$$

(1) 若 $\operatorname{rank}(A) < \operatorname{rank}(\bar{A})$，则 $d_{r+1} \neq 0$，此时第 $r+1$ 方程为

$$0 = d_{r+1}.$$

此方程为矛盾方程，故方程组无解.

(2) 若 $\operatorname{rank}(\boldsymbol{A}) = \operatorname{rank}(\bar{\boldsymbol{A}}) = n$, 此时

$$\bar{\boldsymbol{A}} = (\boldsymbol{A}, \boldsymbol{\beta}) \sim \begin{pmatrix} 1 & 0 & \dots & 0 & 0 & d_1 \\ 0 & 1 & \dots & 0 & 0 & d_2 \\ \vdots & \vdots & & \vdots & \vdots & \vdots \\ 0 & 0 & \dots & 0 & 1 & d_n \end{pmatrix}.$$

这表明方程组有唯一解

$$\begin{cases} x_1 = d_1, \\ x_2 = d_2, \\ \quad \vdots \\ x_n = d_n. \end{cases}$$

(3) 当 $\operatorname{rank}(\boldsymbol{A}) = \operatorname{rank}(\bar{\boldsymbol{A}}) < n$, 此时 $d_{r+1} = 0$，且

$$\bar{\boldsymbol{A}} = (\boldsymbol{A}, \boldsymbol{\beta}) \sim \begin{pmatrix} 1 & \cdots & 0 & b_{1r+1} & \cdots & b_{1n} & d_1 \\ \vdots & & \vdots & \vdots & & \vdots & \vdots \\ 0 & \cdots & 1 & b_{rr+1} & \cdots & b_{rn} & d_r \\ 0 & \cdots & 0 & 0 & \cdots & 0 & 0 \\ \vdots & & \vdots & \vdots & & \vdots & \vdots \\ 0 & \cdots & 0 & 0 & \cdots & 0 & 0 \end{pmatrix}.$$

它所对应的方程组为

$$\begin{cases} x_1 + b_{1r+1}x_{r+1} + b_{1r+2}x_{r+2} + \cdots + b_{1n}x_n = d_1, \\ x_2 + b_{2r+1}x_{r+1} + b_{2r+2}x_{r+2} + \cdots + b_{2n}x_n = d_2, \\ \qquad \cdots\cdots \\ x_r + b_{rr+1}x_{r+1} + b_{rr+2}x_{r+2} + \cdots + b_{rn}x_n = d_r. \end{cases}$$

进而原方程组也同解于

$$\begin{cases} x_1 = d_1 - b_{1r+1}x_{r+1} - b_{1r+2}x_{r+2} - \cdots - b_{1n}x_n, \\ x_2 = d_2 - b_{2r+1}x_{r+1} - b_{2r+2}x_{r+2} - \cdots - b_{2n}x_n, \\ \qquad \cdots\cdots \\ x_r = d_r - b_{rr+1}x_{r+1} - b_{rr+2}x_{r+2} - \cdots - b_{rn}x_n, \\ x_{r+1} = x_{r+1}, \\ \qquad \cdots\cdots \\ x_n = x_n. \end{cases}$$

由此看出，未知量 $x_1, x_2, \cdots, x_r$ 完全由 $x_{r+1}, x_{r+2}, \cdots, x_n$ 所确定. 而 $x_{r+1}, x_{r+2}, \cdots, x_n$ 可以任意取值，因此称 $x_{r+1}, x_{r+2}, \cdots, x_n$ 为**自由未知量**.

令

$$\begin{cases} x_{r+1} = k_1, \\ x_{r+2} = k_2, \\ \quad\vdots \\ x_n = k_{n-r}. \end{cases}$$

其中 $k_1, k_2, \cdots, k_{n-r}$ 取任意数，则得方程组的解

$$\begin{cases} x_1 = d_1 - b_{1r+1}k_1 - b_{1r+2}k_2 - \ldots - b_{1n}k_{n-r}, \\ x_2 = d_2 - b_{2r+1}k_1 - b_{2r+2}k_2 - \ldots - b_{2n}k_{n-r}, \\ \qquad\qquad \cdots\cdots \\ x_r = d_r - b_{rr+1}k_1 - b_{rr+2}k_2 - \ldots - b_{rn}k_{n-r}, \\ x_{r+1} = k_1, \\ \qquad\qquad \cdots\cdots \\ x_n = k_{n-r}. \end{cases}$$

写成列矩阵 (向量) 的形式，即

$$\begin{pmatrix} x_1 \\ \vdots \\ x_r \\ x_{r+1} \\ x_{r+2} \\ \vdots \\ x_n \end{pmatrix} = \begin{pmatrix} d_1 \\ \vdots \\ d_r \\ 0 \\ 0 \\ \vdots \\ 0 \end{pmatrix} + k_1 \begin{pmatrix} -b_{1r+1} \\ \vdots \\ -b_{rr+1} \\ 1 \\ 0 \\ \vdots \\ 0 \end{pmatrix} + k_2 \begin{pmatrix} -b_{1r+2} \\ \vdots \\ -b_{rr+2} \\ 0 \\ 1 \\ \vdots \\ 0 \end{pmatrix} + \cdots + k_{n-r} \begin{pmatrix} -b_{1n} \\ \vdots \\ -b_{rn} \\ 0 \\ 0 \\ \vdots \\ 1 \end{pmatrix}.$$

当 $k_1, k_2, \cdots, k_{n-r}$ 取遍所有数就得到方程组所有解，故方程组有无穷多解. □

注 1.7.15 (1) 由定理的证明过程可知，当 n 元线性方程组 $\boldsymbol{AX} = \boldsymbol{\beta}$ 有无穷多解时，自由未知量的个数为 $n - \mathrm{rank}(\boldsymbol{A})$.

(2) 上述证明过程也给出了解方程组 $\boldsymbol{A}_{m\times n}\boldsymbol{X} = \boldsymbol{\beta}$ 的一般步骤:

(a) 通过初等行变换将增广矩阵 $\bar{\boldsymbol{A}}$ 化为行最简形，确定 $\mathrm{rank}(\boldsymbol{A})$ 和 $\mathrm{rank}(\bar{\boldsymbol{A}})$;

(b) 若 $\text{rank}(\boldsymbol{A}) < \text{rank}(\bar{\boldsymbol{A}})$，则方程组无解；若 $\text{rank}(\boldsymbol{A}) = \text{rank}(\bar{\boldsymbol{A}})$，则方程组有解；

(c) 写出行最简形对应的方程组，并把非自由未知量用自由未知量表示；

(d) 令自由未知量为任意常数，将解写成向量的表述形式.

(3) 齐次方程组 $\boldsymbol{A}_{m\times n}\boldsymbol{X} = \boldsymbol{O}$ 只需对系数矩阵进行初等行变换. 这是因为齐次线性方程组的常数项统统为零，因此对应增广矩阵的最后一列所有元素均为零，而初等行变换不会改变这一事实，即对齐次线性方程组，显然有

$$\text{rank}(\boldsymbol{A}) = \text{rank}(\bar{\boldsymbol{A}}).$$

事实上，我们知道齐次线性方程组一定有零解.

推论 1.7.16 (1) n 元齐次线性方程组 $\boldsymbol{A}_{m\times n}\boldsymbol{X} = \boldsymbol{O}$ 只有零解当且仅当 $\text{rank}(\boldsymbol{A}) = n$；

(2) n 元齐次线性方程组 $\boldsymbol{A}_{m\times n}\boldsymbol{X} = \boldsymbol{O}$ 有非零解当且仅当 $\text{rank}(\boldsymbol{A}) < n$；特别地，齐次线性方程组方程个数小于未知量个数时一定有非零解.

例 1.7.17 解齐次线性方程组

$$\begin{cases} 3x_1 + 2x_2 - 2x_3 + x_4 = 0, \\ 6x_1 + 4x_2 + 5x_3 + 2x_4 + 3x_5 = 0, \\ 9x_1 + 6x_2 + 3x_4 + 2x_5 = 0. \end{cases}$$

解 将系数矩阵通过初等行变换化为行最简形矩阵

$$\begin{pmatrix} 3 & 2 & -2 & 1 & 0 \\ 6 & 4 & 5 & 2 & 3 \\ 9 & 6 & 0 & 3 & 2 \end{pmatrix} \sim \begin{pmatrix} 1 & \dfrac{2}{3} & 0 & \dfrac{1}{3} & \dfrac{2}{9} \\ 0 & 0 & 1 & 0 & \dfrac{1}{3} \\ 0 & 0 & 0 & 0 & 0 \end{pmatrix}.$$

方程组同解于

$$\begin{cases} x_1 = -\dfrac{2}{3}x_2 - \dfrac{1}{3}x_4 - \dfrac{2}{9}x_5, \\ x_2 = x_2, \\ x_3 = -\dfrac{1}{3}x_5, \\ x_4 = x_4, \\ x_5 = x_5. \end{cases}$$

故方程组解为

$$\begin{pmatrix} x_1 \\ x_2 \\ x_3 \\ x_4 \\ x_5 \end{pmatrix} = k_1 \begin{pmatrix} -\frac{2}{3} \\ 1 \\ 0 \\ 0 \\ 0 \end{pmatrix} + k_2 \begin{pmatrix} -\frac{1}{3} \\ 0 \\ 0 \\ 1 \\ 0 \end{pmatrix} + k_3 \begin{pmatrix} -\frac{2}{9} \\ 0 \\ -\frac{1}{3} \\ 0 \\ 1 \end{pmatrix},$$

其中, k_1, k_2, k_3 为任意实数.

例 1.7.18 解非齐次线性方程组

$$\begin{cases} x_1 - 2x_2 + 3x_3 - x_4 = 1, \\ 3x_1 - x_2 + 5x_3 - 3x_4 = 4, \\ 2x_1 + x_2 + 2x_3 - 2x_4 = 3. \end{cases}$$

解 将增广矩阵通过初等行变换化为行最简形矩阵

$$\bar{\boldsymbol{A}} = \begin{pmatrix} 1 & -2 & 3 & -1 & 1 \\ 3 & -1 & 5 & -3 & 4 \\ 2 & 1 & 2 & -2 & 3 \end{pmatrix} \sim \begin{pmatrix} 1 & 0 & \frac{7}{5} & -1 & \frac{7}{5} \\ 0 & 1 & -\frac{4}{5} & 0 & \frac{1}{5} \\ 0 & 0 & 0 & 0 & 0 \end{pmatrix}.$$

这说明 $\operatorname{rank}(\bar{\boldsymbol{A}}) = \operatorname{rank}(\bar{\boldsymbol{A}}) = 2$, 方程组有解且同解于方程组

$$\begin{cases} x_1 = \frac{7}{5} - \frac{7}{5}x_3 + x_4, \\ x_2 = \frac{1}{5} + \frac{4}{5}x_3, \\ x_3 = x_3, \\ x_4 = x_4, \end{cases}$$

故方程组的解为

$$\begin{pmatrix} x_1 \\ x_2 \\ x_3 \\ x_4 \end{pmatrix} = \begin{pmatrix} \frac{7}{5} \\ \frac{1}{5} \\ 0 \\ 0 \end{pmatrix} + k_1 \begin{pmatrix} -\frac{7}{5} \\ \frac{4}{5} \\ 1 \\ 0 \end{pmatrix} + k_2 \begin{pmatrix} 1 \\ 0 \\ 0 \\ 1 \end{pmatrix},$$

其中, k_1, k_2 取任意实数.

1.7.3 克拉默法则

当方程个数与未知数个数相同时，可以利用行列式给出方程组有唯一解的充分必要条件，并用行列式表达这个唯一解，这就是克拉默 (Cramer) 法则.

定理 1.7.19 (克拉默法则) 设 $\boldsymbol{A}=(a_{ij})$ 是 n 阶方阵，则 n 元线性方程组 $\boldsymbol{AX}=\boldsymbol{\beta}$ 有唯一解当且仅当 $\det\boldsymbol{A}\neq 0$. 此时,

$$x_i=\frac{\det\boldsymbol{A}_i}{\det\boldsymbol{A}},\quad 1\leqslant i\leqslant n,$$

其中 $\boldsymbol{A}_i$ 是将矩阵 $\boldsymbol{A}$ 的第 i 列用 $\boldsymbol{\beta}$ 替代得到的矩阵.

证明 由定理 1.7.14 可知，方程组 $\boldsymbol{AX}=\boldsymbol{\beta}$ 有唯一解当且仅当 $\operatorname{rank}(\boldsymbol{A})=n$，亦即当且仅当 $\det\boldsymbol{A}\neq 0$.

当 $\det\boldsymbol{A}\neq 0$ 时，$\boldsymbol{A}$ 可逆，则

$$\boldsymbol{X}=\boldsymbol{A}^{-1}\boldsymbol{\beta}=\frac{1}{\det\boldsymbol{A}}\boldsymbol{A}^*\boldsymbol{\beta}.$$

即

$$x_i=\frac{1}{\det\boldsymbol{A}}(b_1\boldsymbol{A}_{1i}+b_2\boldsymbol{A}_{2i}+\cdots+b_n\boldsymbol{A}_{ni})=\frac{\det\boldsymbol{A}_i}{\det\boldsymbol{A}}.\qquad\square$$

推论 1.7.20 (1) 设 $\boldsymbol{A}=(a_{ij})$ 是 n 阶方阵，则 n 元齐次线性方程组 $\boldsymbol{AX}=\boldsymbol{0}$ 只有零解当且仅当 $\det\boldsymbol{A}\neq 0$.

(2) 设 $\boldsymbol{A}=(a_{ij})$ 是 n 阶方阵，则 n 元齐次线性方程组 $\boldsymbol{AX}=\boldsymbol{0}$ 有非零解 (无穷多解) 当且仅当 $\det\boldsymbol{A}=0$.

例 1.7.21 解线性方程组

$$\begin{cases}2x_1+x_2-5x_3+x_4=8,\\ x_1-3x_2-6x_4=9,\\ 2x_2-x_3+2x_4=-5,\\ x_1+4x_2-7x_3+6x_4=0.\end{cases}$$

解 由

$$\det\boldsymbol{A}=\begin{vmatrix}2&1&-5&1\\1&-3&0&-6\\0&2&-1&2\\1&4&-7&6\end{vmatrix}=27\neq 0,$$

知该方程组有唯一解，且

$$x_1=\frac{\det \boldsymbol{A}_1}{\det \boldsymbol{A}}=\frac{1}{27}\begin{vmatrix} 8 & 1 & -5 & 1\\ 9 & -3 & 0 & -6\\ -5 & 2 & -1 & 2\\ 0 & 4 & -7 & 6\end{vmatrix}=3,$$

$$x_2=\frac{\det \boldsymbol{A}_2}{\det \boldsymbol{A}}=\frac{1}{27}\begin{vmatrix} 2 & 8 & -5 & 1\\ 1 & 9 & 0 & -6\\ 0 & -5 & -1 & 2\\ 1 & 0 & -7 & 6\end{vmatrix}=-4,$$

$$x_3=\frac{\det \boldsymbol{A}_3}{\det \boldsymbol{A}}=\frac{1}{27}\begin{vmatrix} 2 & 1 & 8 & 1\\ 1 & -3 & 9 & -6\\ 0 & 2 & -5 & 2\\ 1 & 4 & 0 & 6\end{vmatrix}=-1,$$

$$x_4=\frac{\det \boldsymbol{A}_4}{\det \boldsymbol{A}}=\frac{1}{27}\begin{vmatrix} 2 & 1 & -5 & 8\\ 1 & -3 & 0 & 9\\ 0 & 2 & -1 & -5\\ 1 & 4 & -7 & 0\end{vmatrix}=1.$$

例 1.7.22 问 a,b 为何值时，线性方程组

$$\begin{cases} x_1+ax_2+x_3=3,\\ x_1+2ax_2+x_3=4,\\ x_1+x_2+bx_3=4.\end{cases}$$

有唯一解; 无解; 有无穷多解. 有解时求出相应的解.

解 法一：

$$\det \boldsymbol{A}=\begin{vmatrix} 1 & a & 1\\ 1 & 2a & 1\\ 1 & 1 & b\end{vmatrix}=a(b-1).$$

(1) $\det \boldsymbol{A} \neq 0$, 即 $a(b-1) \neq 0$. 亦即当 $a \neq 0$ 且 $b \neq 1$ 时方程组有唯一解，此时

$$x_1 = \frac{1}{a(1-b)} \begin{vmatrix} 3 & a & 1 \\ 4 & 2a & 1 \\ 4 & 1 & b \end{vmatrix} = \frac{2ab-4a+1}{a(b-1)},$$

$$x_2 = \frac{1}{a(b-1)} \begin{vmatrix} 1 & 3 & 1 \\ 1 & 4 & 1 \\ 1 & 4 & b \end{vmatrix} = \frac{1}{a},$$

$$x_3 = \frac{1}{a(1-b)} \begin{vmatrix} 1 & a & 3 \\ 1 & 2a & 4 \\ 1 & 1 & 4 \end{vmatrix} = \frac{2a-1}{a(b-1)}.$$

(2) $\det \boldsymbol{A} = 0$, 即 $a = 0$, 或 $b = 1$.

(a) 当 $a = 0$ 时，方程组的增广矩阵的行阶梯形为

$$\bar{\boldsymbol{A}} \sim \begin{pmatrix} 1 & 0 & 1 & 3 \\ 0 & 1 & b-1 & 2 \\ 0 & 0 & 0 & 1 \end{pmatrix}.$$

由此知 $\operatorname{rank}(\boldsymbol{A}) = 2 < \operatorname{rank}(\bar{\boldsymbol{A}}) = 3$, 故方程组无解.

(b) 当 $b = 1$ 时，方程组的增广矩阵的行阶梯形为

$$\bar{\boldsymbol{A}} \sim \begin{pmatrix} 1 & a & 1 & 3 \\ 0 & 1 & 0 & 2 \\ 0 & 0 & 0 & 1-2a \end{pmatrix}.$$

当 $1-2a \neq 0$, 即 $a \neq \dfrac{1}{2}$ 时，$\operatorname{rank}(\boldsymbol{A}) = 2 < \operatorname{rank}(\bar{\boldsymbol{A}}) = 3$, 故方程组无解.

当 $1-2a = 0$, 即 $a = \dfrac{1}{2}$ 时，方程组的增广矩阵的行最简形矩阵为

$$\bar{\boldsymbol{A}} \sim \begin{pmatrix} 1 & 0 & 1 & 2 \\ 0 & 1 & 0 & 2 \\ 0 & 0 & 0 & 0 \end{pmatrix}.$$

此时 $\operatorname{rank}(\boldsymbol{A})=2=\operatorname{rank}(\bar{\boldsymbol{A}})<3$, 方程组有无穷多解，且解为

$$\begin{pmatrix} x_1\\ x_2\\ x_3 \end{pmatrix}=\begin{pmatrix} 2\\ 2\\ 0 \end{pmatrix}+k\begin{pmatrix} -1\\ 0\\ 1 \end{pmatrix}.$$

法二：

对方程组的增广矩阵做初等行变换变为行阶梯形

$$\bar{\boldsymbol{A}}=\begin{pmatrix} 1 & a & 1 & 3\\ 1 & 2a & 1 & 4\\ 1 & 1 & b & 4 \end{pmatrix}\xrightarrow[r_3+(-1)r_1]{r_2+(-1)r_1}\begin{pmatrix} 1 & a & 1 & 3\\ 0 & a & 0 & 1\\ 0 & 1-a & b-1 & 1 \end{pmatrix}$$

$$\xrightarrow{r_3+r_2}\begin{pmatrix} 1 & a & 1 & 3\\ 0 & a & 0 & 1\\ 0 & 1 & b-1 & 2 \end{pmatrix}\xrightarrow{r_3\leftrightarrow r_2}\begin{pmatrix} 1 & a & 1 & 3\\ 0 & 1 & b-1 & 2\\ 0 & a & 0 & 1 \end{pmatrix}$$

$$\xrightarrow{r_3+(-a)r_2}\begin{pmatrix} 1 & a & 1 & 3\\ 0 & 1 & b-1 & 2\\ 0 & 0 & a(1-b) & 1-2a \end{pmatrix}.$$

(1) 当 $a(1-b)\neq 0$，即 $a\neq 0$ 且 $b\neq 1$ 时, $\operatorname{rank}(\boldsymbol{A})=\operatorname{rank}(\bar{\boldsymbol{A}})=3$, 故方程组有唯一解. 此时方程组的增广矩阵的行最简形矩阵为

$$\bar{\boldsymbol{A}}\sim\begin{pmatrix} 1 & 0 & 0 & \dfrac{2ab-4a+1}{a(b-1)}\\ 0 & 1 & 0 & \dfrac{1}{a}\\ 0 & 0 & 1 & \dfrac{1-2a}{a(1-b)} \end{pmatrix},$$

即方程组的唯一解为

$$\begin{cases} x_1=\dfrac{2ab-4a+1}{a(b-1)},\\ x_2=\dfrac{1}{a},\\ x_3=\dfrac{2a-1}{a(b-1)}. \end{cases}$$

(2) 若 $a(1-b)=0$，则 $a=0$ 或 $b=1$.

(a) 当 $a=0$ 时，方程组的增广矩阵的行阶梯形为

$$\bar{\boldsymbol{A}} \sim \begin{pmatrix} 1 & 0 & 1 & 3 \\ 0 & 1 & b-1 & 2 \\ 0 & 0 & 0 & 1 \end{pmatrix},$$

由此知 $\operatorname{rank}(\boldsymbol{A})=2<\operatorname{rank}(\bar{\boldsymbol{A}})=3$, 故方程组无解.

(b) 当 $b=1$ 时，方程组的增广矩阵的行阶梯形为

$$\bar{\boldsymbol{A}} \sim \begin{pmatrix} 1 & a & 1 & 3 \\ 0 & 1 & 0 & 2 \\ 0 & 0 & 0 & 1-2a \end{pmatrix}.$$

当 $1-2a\neq 0$, 即 $a\neq\dfrac{1}{2}$ 时，$\operatorname{rank}(\boldsymbol{A})=2<\operatorname{rank}(\bar{\boldsymbol{A}})=3$, 故方程组无解.

当 $1-2a=0$, 即 $a=\dfrac{1}{2}$ 时，方程组的增广矩阵的行最简形矩阵为

$$\bar{\boldsymbol{A}} \sim \begin{pmatrix} 1 & 0 & 1 & 2 \\ 0 & 1 & 0 & 2 \\ 0 & 0 & 0 & 0 \end{pmatrix}.$$

此时 $\operatorname{rank}(\boldsymbol{A})=2=\operatorname{rank}(\bar{\boldsymbol{A}})<3$, 方程组有无穷多解, 且解为

$$\begin{pmatrix} x_1 \\ x_2 \\ x_3 \end{pmatrix}=\begin{pmatrix} 2 \\ 2 \\ 0 \end{pmatrix}+k\begin{pmatrix} -1 \\ 0 \\ 1 \end{pmatrix}.$$

习　题　1.7

1. 已知 $a_1,\cdots,a_n$ 两两不同，且 $m\leqslant n$,

$$\boldsymbol{A}=\begin{pmatrix} 1 & 1 & \cdots & 1 \\ a_1 & a_2 & \cdots & a_n \\ a_1^2 & a_2^2 & \cdots & a_n^2 \\ \vdots & \vdots & & \vdots \\ a_1^{m-1} & a_2^{m-1} & \cdots & a_n^{m-1} \end{pmatrix},$$

求 $\operatorname{rank}(\boldsymbol{A})$.

2. 求矩阵

$$A = \begin{pmatrix} a & a+1 & a+2 \\ a+2 & a & a+1 \\ a+1 & a+2 & a \end{pmatrix}$$

的秩.

3. 已知 A、B 分别为 3×2、2×3 阶矩阵. 证明: AB 不可逆.

4. 证明:

(a) 设 A 是 m 阶方阵且 $\mathrm{rank}(A)=m$，B 是 $m\times n$ 阶矩阵，则 $\mathrm{rank}(AB)=\mathrm{rank}(B)$.

(b) 设 A 是 $m\times n$ 阶矩阵，B 是 n 阶方阵且 $\mathrm{rank}(B)=n$，则 $\mathrm{rank}(AB)=\mathrm{rank}(A)$.

5. 设 A、B 都是 n 阶方阵且 $A^2-2AB=E$，求 $\mathrm{rank}(AB-BA+A)$

6. 计算下列矩阵的秩.

(1) $\begin{pmatrix} 1 & -2 & 4 & -1 & 3 \\ 3 & -7 & 6 & 1 & 5 \\ -1 & 1 & -10 & 5 & -7 \\ 4 & -11 & -2 & 8 & 0 \end{pmatrix}$;

(2) $\begin{pmatrix} 0 & 1 & 1 & -1 & 2 \\ 0 & 2 & -2 & -2 & 0 \\ 0 & -1 & -1 & 1 & 1 \\ 1 & 1 & 0 & 1 & -1 \end{pmatrix}$.

7. 设

$$A = \begin{pmatrix} 1 & \lambda & -1 & 2 \\ 2 & -1 & \lambda & 5 \\ 1 & 10 & -6 & 1 \end{pmatrix}.$$

试确定参数 λ 的值, 使得 $\mathrm{rank}(A)$ 最小.

8. 设 n 阶矩阵

$$A = \begin{pmatrix} 1 & a & a & \cdots & a \\ a & 1 & a & \cdots & a \\ \vdots & \vdots & \vdots & & \vdots \\ a & a & a & \cdots & 1 \end{pmatrix}.$$

已知 A 的秩 $\mathrm{rank}(A)=n-1$, 求 a 的值.

9. 设

$$A=\begin{pmatrix} a_1b_1 & a_1b_2 & \cdots & a_1b_n \\ a_2b_1 & a_2b_2 & \cdots & a_2b_n \\ \vdots & \vdots & & \vdots \\ a_nb_1 & a_nb_2 & \cdots & a_nb_n \end{pmatrix},$$

其中, $a_i(i=1,2,\cdots,n)$ 不全为零, $b_j(j=1,2,\cdots,n)$ 不全为零. 求矩阵 A 的秩.

10. 证明矩阵 A 的秩 $\text{rank}(A)=1$ 的充分必要条件是存在非零列向量 α 及非零行向量 β^{T}，使得 $A=\alpha\beta^{\mathrm{T}}$.

11. 判断下列非齐次线性方程组是否有解，有解时求其解.

(1) $\begin{cases} 4x_1+2x_2-x_3=2, \\ 3x_1-x_2+2x_3=10, \\ 11x_1+3x_2=8; \end{cases}$

(2) $\begin{cases} 2x_1+x_2+2x_3+x_4=1, \\ x_1+x_2+x_3-x_4=2, \\ x_1+x_2+2x_3+x_4=3; \end{cases}$

(3) $\begin{cases} 2x_1+x_2-x_3+x_4=1, \\ 4x_1+2x_2-2x_3+x_4=2, \\ 2x_1+x_2-x_3-x_4=1; \end{cases}$

(4) $\begin{cases} 2x_1+x_2-x_3+x_4=1, \\ 3x_1-2x_2+x_3-3x_4=4, \\ x_1+4x_2-3x_3+5x_4=-2. \end{cases}$

12. 已知方程组

$$\begin{cases} x_1+x_2+x_3=a, \\ x_1+x_2-x_3=b, \\ x_1-x_2+x_3=c. \end{cases}$$

有唯一解且 $x_1=1$，计算

$$\begin{vmatrix} a & b & c \\ 1 & -1 & 1 \\ 1 & 1 & -1 \end{vmatrix}.$$

13. 解方程组

$$\begin{cases} x_1 + a_1x_2 + a_1^2x_3 + \cdots + a_1^{n-1}x_n = 1, \\ x_1 + a_2x_2 + a_2^2x_3 + \cdots + a_2^{n-1}x_n = 1, \\ \cdots\cdots \\ x_1 + a_nx_2 + a_n^2x_3 + \cdots + a_n^{n-1}x_n = 1. \end{cases}$$

其中 $a_1, a_2, \cdots, a_n$ 两两不同.

14. 解方程组

$$\begin{cases} 2x_1 + \lambda x_2 + x_3 = 0, \\ (\lambda - 1)x_1 - x_2 + 2x_3 = 0, \\ 4x_1 + x_2 + 4x_3 = 0. \end{cases}$$

15. 解方程组

$$\begin{cases} ax_1 + x_2 + x_3 = 4, \\ x_1 + bx_2 + x_3 = 3, \\ x_1 + 3bx_2 + x_3 = 4. \end{cases}$$

16. 设

$$\boldsymbol{A} = \begin{pmatrix} 1 & 2 & 3 \\ 0 & 4 & a \\ 1 & a & 9 \end{pmatrix}.$$

已知齐次线性方程组 $\boldsymbol{A}^*\boldsymbol{X} = \boldsymbol{0}$ 有非零解，其中 $\boldsymbol{A}^*$ 是 $\boldsymbol{A}$ 的伴随矩阵. 求 a.

第2章 线性空间

Chapter 2

2.1 线性空间与子空间

有了矩阵的初步认识后, 我们可以抽象地定义线性空间, 这是线性代数的核心内容, 也是我们遇到的第一个抽象的概念.

2.1.1 线性空间的定义

定义 2.1.1 我们称一个非空集合 V 为**实数域上的线性空间**(简称为**实线性空间**或**线性空间**), 如果在它上面有如下的加法运算和数乘运算.

加法. 对任意 $\boldsymbol{v}, \boldsymbol{w} \in V$, 有 $\boldsymbol{v}+\boldsymbol{w} \in V$. 并且加法满足

(1) 结合律: $(\boldsymbol{v}+\boldsymbol{w})+\boldsymbol{u}=\boldsymbol{v}+(\boldsymbol{w}+\boldsymbol{u})$;

(2) 交换律: $\boldsymbol{v}+\boldsymbol{w}=\boldsymbol{w}+\boldsymbol{v}$;

(3) 存在加法单位 $\boldsymbol{O} \in V$, 满足对任意的 $\boldsymbol{v} \in V$.

$$\boldsymbol{O}+\boldsymbol{v}=\boldsymbol{v},$$

我们将其称为**零向量**;

(4) 对每一个 $\boldsymbol{v} \in V$, 存在加法逆, 亦即存在 $\boldsymbol{w} \in V$, 使得

$$\boldsymbol{v}+\boldsymbol{w}=\boldsymbol{O}.$$

数乘. 对任意 $\boldsymbol{v} \in V, k \in \mathbb{R}$, 有 $k\boldsymbol{v}=\boldsymbol{v}k \in V$. 并且数乘满足对任意的 $\boldsymbol{v}, \boldsymbol{w} \in V, k, l \in \mathbb{R}$;

(5) $1\boldsymbol{v}=\boldsymbol{v}$;

(6) $k(l\boldsymbol{v})=(kl)\boldsymbol{v}$;

(7) $(k+l)\boldsymbol{v}=k\boldsymbol{v}+l\boldsymbol{v}$;

(8) $k(\boldsymbol{v}+\boldsymbol{w})=k\boldsymbol{v}+k\boldsymbol{w}$.

V 中的元素通常称为**向量**.

注 2.1.2 (1) 加法单位 $\boldsymbol{O}$ 是唯一的, 事实上, 如果还有另一个加法单位 $\boldsymbol{O}'$, 则

$$\boldsymbol{O}'=\boldsymbol{O}'+\boldsymbol{O}=\boldsymbol{O}.$$

(2) 对任意 $\boldsymbol{v}\in V$ 有 $0\cdot\boldsymbol{v}=\boldsymbol{O}$. 事实上

$$0\cdot\boldsymbol{v}=(0+0)\boldsymbol{v}=0\cdot\boldsymbol{v}+0\cdot\boldsymbol{v},$$

由 (4) 知, 在等式两端加逆, 我们可知 $\boldsymbol{O}=0\cdot\boldsymbol{v}$. 今后为了简便, 我们也将零向量写为 $\mathbf{0}$, 请在具体情形中注意区别.

(3) 对任意向量 $\boldsymbol{v}\in V$, (4) 中确定的加法逆是唯一的. 事实上, 若还有另一 $\boldsymbol{w}'$ 使得 $\boldsymbol{v}+\boldsymbol{w}'=\mathbf{0}$, 则

$$\boldsymbol{w}'=\mathbf{0}+\boldsymbol{w}'=(\boldsymbol{w}+\boldsymbol{v})+\boldsymbol{w}'=\boldsymbol{w}+(\boldsymbol{v}+\boldsymbol{w}')=\boldsymbol{w}+\mathbf{0}=\boldsymbol{w}.$$

进一步, 由

$$\mathbf{0}=(1-1)\boldsymbol{v}=\boldsymbol{v}+(-1)\boldsymbol{v}$$

可知 $\boldsymbol{v}$ 的加法逆为 $(-1)\boldsymbol{v}$, 我们把它称为 $\boldsymbol{v}$ 的负向量, 记为 $-\boldsymbol{v}$.

(4) 对任意实数 k 和零向量有 $k\mathbf{0}=\mathbf{0}$. 事实上,

$$k\mathbf{0}+k\mathbf{0}=k(\mathbf{0}+\mathbf{0})=k\mathbf{0},$$

故有 $k\mathbf{0}=\mathbf{0}$.

(5) 若非零实数 k 和向量 $\boldsymbol{v}\in V$ 满足 $k\boldsymbol{v}=\mathbf{0}$, 则 $\boldsymbol{v}$ 是零向量. 事实上, 由 $k\neq 0$,

$$\boldsymbol{v}=1\cdot\boldsymbol{v}=\left(\frac{1}{k}k\right)\boldsymbol{v}=\frac{1}{k}(k\boldsymbol{v})=\frac{1}{k}\mathbf{0}=\mathbf{0}.$$

例 2.1.3 记 $\mathbb{C}$ 为所有复数组成的集合. 只考虑复数的加法和实数对复数的乘法, $\mathbb{C}$ 成为一个实线性空间. 此时零向量就是实数 0.

例 2.1.4 由所有的实系数多项式组成的集合关于多项式的加法和数乘构成一个实线性空间 $\mathbb{R}[x]$. 此时零向量为零多项式.

例 2.1.5 所有的 $m\times n$ 阶实矩阵按通常的矩阵加法和数乘, 构成一个实线性空间, 此时零向量是零矩阵 $\boldsymbol{O}_{m\times n}$. 特别的, 所有的 n 阶方阵构成一个线性空间.

例 2.1.6 实数域上的所有实值连续函数按照 $(f+g)(x)=f(x)+g(x)$ 和 $(rf)(x)=rf(x)$ 定义加法和数乘, 构成一个实线性空间. 此时零向量是零函数.

2.1.2 n 维实向量空间

所谓一个n **维实向量**, 就是由 n 个实数组成的有序数组

$$\boldsymbol{\alpha}=\begin{pmatrix}a_1\\a_2\\\vdots\\a_n\end{pmatrix},$$

其中 a_i 叫作向量的分量.

如果 n 维向量

$$\boldsymbol{\alpha}=\begin{pmatrix}a_1\\\vdots\\a_n\end{pmatrix},\boldsymbol{\beta}=\begin{pmatrix}b_1\\\vdots\\b_n\end{pmatrix}$$

的对应分量都相等, 即

$$a_i=b_i\qquad(i=1,2,\cdots,n),$$

就称这两个向量是相等的, 记作 $\boldsymbol{\alpha}=\boldsymbol{\beta}$.

定义向量

$$\gamma=\begin{pmatrix}a_1+b_1\\\vdots\\a_n+b_n\end{pmatrix}$$

为向量 $\boldsymbol{\alpha},\boldsymbol{\beta}$ 的和, 记为

$$\boldsymbol{\gamma}=\boldsymbol{\alpha}+\boldsymbol{\beta}.$$

由定义立即推出:

(1) $\boldsymbol{\alpha}+\boldsymbol{\beta}=\boldsymbol{\beta}+\boldsymbol{\alpha}$.

(2) $\boldsymbol{\alpha}+(\boldsymbol{\beta}+\gamma)=(\boldsymbol{\alpha}+\boldsymbol{\beta})+\gamma$.

分量全为零的向量称为零向量, 记为 $\mathbf{0}$; 显然, 对于所有的 $\boldsymbol{\alpha}$, 都有向量

$$\boldsymbol{\beta}=\begin{pmatrix}-a_1\\\vdots\\-a_n\end{pmatrix}$$

使得

$$\boldsymbol{\alpha}+\boldsymbol{\beta}=\mathbf{0}.$$

向量

$$\begin{pmatrix} ka_1 \\ \vdots \\ ka_n \end{pmatrix}$$

称为向量 $\boldsymbol{\alpha}$ 与数 k 的数量乘积, 记为 $k\boldsymbol{\alpha}$. 由定义立即推出

(1) $k(\boldsymbol{\alpha}+\boldsymbol{\beta})=k\boldsymbol{\alpha}+k\boldsymbol{\beta}$

(2) $(k+l)\boldsymbol{\alpha}=k\boldsymbol{\alpha}+l\boldsymbol{\alpha}$

(3) $k(l\boldsymbol{\alpha})=(kl)\boldsymbol{\alpha}$

(4) $1\boldsymbol{\alpha}=\boldsymbol{\alpha}$

即所有的 n 维实向量构成实线性空间, 称为 n 维实向量空间, 记为 $\mathbb{R}^n$. $\mathbb{R}^3$ 即为通常所说的三维几何空间, $\mathbb{R}^2$ 即为通常所说的实平面.

2.1.3 子空间

在通常的三维几何空间中, 考虑一个通过原点的平面, 比如 xy 平面. 这个平面上的所有向量对于加法和数乘组成一个实向量空间, 这就是说, 它一方面是三维几何空间中的一个部分, 同时它对于原来的运算也构成一个线性空间.

定义 2.1.7 线性空间 V 的一个非空子集合 W 称为 V 中的一个**线性子空间**(简称为**子空间**), 如果 V 的加法和数乘限制在 W 上使得 W 也构成线性空间.

容易证明, W 是 V 的一个子空间当且仅当 W 对于加法和数乘封闭, 即

(1) 若 $w_1, w_2 \in W$, 那么 $w_1+w_2 \in W$;

(2) 若 $w \in W$, 那么任意数乘 $kw \in W$.

例 2.1.8 由单个零向量组成的子集是一个线性子空间, 称为零子空间; 线性空间 V 本身也是 V 的一个子空间. 我们通常称它们为线性空间 V 的平凡子空间.

例 2.1.9 在 $\mathbb{R}^n$ 中, 齐次线性方程组

$$\begin{cases} a_{11}x_1+a_{12}x_2+\cdots+a_{1n}x_n=0, \\ a_{21}x_1+a_{22}x_2+\cdots+a_{2n}x_n=0, \\ \qquad\cdots\cdots \\ a_{m1}x_1+a_{m2}x_2+\cdots+a_{mn}x_n=0. \end{cases}$$

的全部解向量组成一个子空间, 这个子空间叫作齐次线性方程组的解空间.

习　题　2.1

1. 检验以下集合对于所指定的运算是否构成实线性空间.

(a) 全体 n 阶实对称 (反对称, 上三角) 矩阵, 对于矩阵的加法和数乘;

(b) 平面 $\mathbb{R}^2$ 上不平行于某一非零向量的全部向量所成的集合, 关于向量的加法和数乘;

(c) 平面 $\mathbb{R}^2$, 关于通常的向量加法和如下定义的数乘运算:

$$k \circ \boldsymbol{\alpha} = \boldsymbol{\alpha},\ \forall k \in \mathbb{R}, \boldsymbol{\alpha} \in \mathbb{R}^2.$$

(d) 非齐次线性方程组

$$\boldsymbol{AX} = \boldsymbol{\beta}$$

的解的集合

$$W = \{\boldsymbol{\alpha} |\ \boldsymbol{A\alpha} = \boldsymbol{\beta}\}$$

关于向量的加法和数乘.

(e) 全体行列式等于零的 n 阶方阵所构成的集合, 关于矩阵的加法和数乘.

2. 令 $\mathbb{R}^+ = \{a \in \mathbb{R} |\ a > 0\}$.

(a) 如果定义加法和数乘为实数的加法和乘法, 问 $\mathbb{R}^+$ 是否为实线性空间?

(b) 如果定义加法和数乘为

$$a \oplus b = ab, \quad k \circ a = a^k,$$

问 $\mathbb{R}^+$ 是否为实线性空间?

3. 证明:

$$\boldsymbol{V} = \left\{ \begin{pmatrix} x \\ y \\ z \end{pmatrix} | x + 2y + 3z = 0 \right\}$$

是 $\mathbb{R}^3$ 的子空间.

2.2　向量组的秩

如果没有特别说明, 总是假定向量组是线性空间中有限多个向量的集合.

2.2.1 线性相关性

定义 2.2.1 设 V 是实线性空间, $\boldsymbol{v}_1, \boldsymbol{v}_2, \cdots, \boldsymbol{v}_r$ 是 V 中的一组向量, $k_1, k_2, \cdots, k_r$ 是一组实数, 那么向量

$$\boldsymbol{w} = k_1\boldsymbol{v}_1 + k_2\boldsymbol{v}_2 + \cdots + k_r\boldsymbol{v}_r$$

称为向量组$\boldsymbol{v}_1, \cdots, \boldsymbol{v}_r$的一个**线性组合**. 有时也说向量$\boldsymbol{w}$可以由向量组 $\boldsymbol{v}_1, \cdots, \boldsymbol{v}_r$**线性表出**(或**线性表示**).

例 2.2.2 由定义立即看出, 零向量是任一向量组的线性组合 (只要取系数全为 0 就行了).

矩阵记号为我们写线性组合提供了极大的方便. 通常用

$$\boldsymbol{S} = (\boldsymbol{v}_1, \boldsymbol{v}_2, \cdots, \boldsymbol{v}_n)$$

来记一个向量组, 由于它的每个分量都是一个向量, 我们称它为"超向量". 这样可以利用矩阵的乘法将上面的线性组合表示成如下的形式:

$$\boldsymbol{w} = \boldsymbol{S}\boldsymbol{X} = (\boldsymbol{v}_1, \boldsymbol{v}_2, \cdots, \boldsymbol{v}_n)\begin{pmatrix} k_1 \\ k_2 \\ \vdots \\ k_n \end{pmatrix} = k_1\boldsymbol{v}_1 + k_2\boldsymbol{v}_2 + \cdots + k_n\boldsymbol{v}_n.$$

例如可以考虑下面的线性方程:

$$2x_1 - x_2 - 2x_3 = 0.$$

它有如下两个特解 $\boldsymbol{w}_1, \boldsymbol{w}_2$ 和它们的线性组合 $y_1\boldsymbol{w}_1 + y_2\boldsymbol{w}_2$,

$$\boldsymbol{w}_1 = \begin{pmatrix} 1 \\ 0 \\ 1 \end{pmatrix}, \boldsymbol{w}_2 = \begin{pmatrix} 1 \\ 2 \\ 0 \end{pmatrix}, y_1\boldsymbol{w}_1 + y_2\boldsymbol{w}_2 = \begin{pmatrix} y_1 + y_2 \\ 2y_2 \\ y_1 \end{pmatrix}.$$

记 $\boldsymbol{S} = (\boldsymbol{w}_1, \boldsymbol{w}_2), \boldsymbol{Y} = \begin{pmatrix} y_1 \\ y_2 \end{pmatrix}$, 则线性组合 $y_1\boldsymbol{w}_1 + y_2\boldsymbol{w}_2$ 可以写为矩阵乘法的形式 $\boldsymbol{SY}$.

设 $\boldsymbol{S} = (\boldsymbol{v}_1, \cdots, \boldsymbol{v}_r)$ 是线性空间 V 中一组向量, 不难看出, 这组向量所有可能的线性组合

$$k_1\boldsymbol{v}_1 + \cdots + k_r\boldsymbol{v}_r$$

组成的集合是非空的, 而且对加法和数乘两种运算封闭, 因而是 V 的一个子空间, 叫作由$\boldsymbol{S}=(\boldsymbol{v}_1,\cdots,\boldsymbol{v}_r)$ **生成的子空间**, 记为 $\mathrm{Span}\,\boldsymbol{S}$. 由单独一个向量 $\boldsymbol{v}$ 生成的子空间是 $\boldsymbol{v}$ 的所有倍数 $k\boldsymbol{v}$ 构成的集合. 我们约定, 空集生成的子空间为零子空间.

定义 2.2.3 线性空间 V 称为**有限维**的线性空间, 如果存在有限多个向量构成的向量组 $\boldsymbol{S}$ 使得 $\mathrm{Span}\,\boldsymbol{S}=V$. 否则, 称 V 是无限维的线性空间.

除非特别说明, 本书中的线性空间均指有限维线性空间.

定义 2.2.4 称线性空间 V 中的一个向量组 $\boldsymbol{S}=(\boldsymbol{v}_1,\boldsymbol{v}_2,\cdots,\boldsymbol{v}_s)$ 是**线性相关**的, 如果存在不全为零的数 $k_1,k_2,\cdots,k_s$ 使得

$$k_1\boldsymbol{v}_1+k_2\boldsymbol{v}_2+\cdots+k_s\boldsymbol{v}_s=\boldsymbol{0}.$$

我们说向量组 $\boldsymbol{S}=(\boldsymbol{v}_1,\boldsymbol{v}_2,\cdots,\boldsymbol{v}_s)$ 是**线性无关**的, 如果它不是线性相关的. 即如果

$$k_1\boldsymbol{v}_1+k_2\boldsymbol{v}_2+\cdots+k_s\boldsymbol{v}_s=\boldsymbol{0},$$

则有

$$k_1=k_2=\cdots=k_s=0.$$

仅由一个向量 $\boldsymbol{v}$ 组成的向量组是线性相关的当且仅当 $\boldsymbol{v}=\boldsymbol{0}$. 为了叙述方便, 约定空集是线性无关的.

例 2.2.5 如果向量组 $\boldsymbol{S}=(\boldsymbol{v}_1,\cdots,\boldsymbol{v}_s)$ 中某个向量是零向量, 不妨设为 $\boldsymbol{v}_1=\boldsymbol{0}$, 那么显然我们有 $k_1\neq 0$ 使得

$$k_1\boldsymbol{v}_1+0\boldsymbol{v}_2+\cdots+0\boldsymbol{v}_s=\boldsymbol{0},$$

这就说明向量组 $\boldsymbol{v}_1,\boldsymbol{v}_2,\cdots,\boldsymbol{v}_s$ 线性相关. 亦即, 含有零向量的向量组是线性相关的.

例 2.2.6 如果一向量组 $\boldsymbol{v}_1,\cdots,\boldsymbol{v}_s,\boldsymbol{v}_{s+1},\cdots,\boldsymbol{v}_r$ 的一部分 $\boldsymbol{v}_1,\cdots,\boldsymbol{v}_s$ 线性相关, 那么这个向量组就线性相关. 这是因为由 $\boldsymbol{v}_1,\cdots,\boldsymbol{v}_s$ 线性相关知存在不全为零的数 $k_1,\cdots,k_s$ 使得

$$k_1\boldsymbol{v}_1+\cdots+k_s\boldsymbol{v}_s=\boldsymbol{0}.$$

于是有

$$k_1\boldsymbol{v}_1+\cdots+k_s\boldsymbol{v}_s+0\boldsymbol{v}_{s+1}+\cdots+0\boldsymbol{v}_r=\boldsymbol{0}$$

由于 $k_1,\cdots,k_s$ 不全为零, 这就说明 $\boldsymbol{v}_1,\cdots,\boldsymbol{v}_s,\boldsymbol{v}_{s+1},\cdots,\boldsymbol{v}_r$ 线性相关. 对偶地, 线性无关向量组的任意一个非空部分组也是线性无关的.

定理 2.2.7 设 $\boldsymbol{w}$ 可由 $\boldsymbol{v}_1, \boldsymbol{v}_2, \cdots, \boldsymbol{v}_s$ 线性表示:

$$\boldsymbol{w} = k_1\boldsymbol{v}_1 + \cdots + k_s\boldsymbol{v}_s,$$

则表示法唯一的充分必要条件是 $\boldsymbol{v}_1, \cdots, \boldsymbol{v}_s$ 线性无关.

证明 设

$$x_1\boldsymbol{v}_1 + \cdots + x_s\boldsymbol{v}_s = \boldsymbol{0},$$

则有

$$\boldsymbol{w} = (x_1 + k_1)\boldsymbol{v}_1 + \cdots + (x_s + k_s)\boldsymbol{v}_s.$$

由表示法唯一知对任意 $i = 1, \cdots, s$,

$$k_i = x_i + k_i, \text{ 即} x_i = 0,$$

故 $\boldsymbol{v}_1, \cdots, \boldsymbol{v}_s$ 线性无关.

反过来, 如果还有

$$\boldsymbol{w} = l_1\boldsymbol{v}_1 + \cdots + l_s\boldsymbol{v}_s,$$

则有

$$\boldsymbol{0} = (k_1 - l_1)\boldsymbol{v}_1 + \cdots + (k_s - l_s)\boldsymbol{v}_s.$$

由 $\boldsymbol{v}_1, \cdots, \boldsymbol{v}_s$ 线性无关知对任意 $i = 1, \cdots, s$,

$$k_i - l_i = 0, \text{ 即} k_i = l_i,$$

从而表示法唯一. □

推论 2.2.8 若向量组 $\boldsymbol{v}_1, \cdots, \boldsymbol{v}_s$ 线性无关, $\boldsymbol{v}_1, \cdots, \boldsymbol{v}_s, \boldsymbol{w}$ 线性相关, 则 $\boldsymbol{w}$ 可被 $\boldsymbol{v}_1, \cdots, \boldsymbol{v}_s$ 线性表出且表示法唯一.

证明 由 $\boldsymbol{v}_1, \cdots, \boldsymbol{v}_s, \boldsymbol{w}$ 线性相关知存在不全为零的数 $k_1, \cdots, k_s, l$ 使得

$$\boldsymbol{0} = k_1\boldsymbol{v}_1 + \cdots + k_s\boldsymbol{v}_s + l\boldsymbol{w}.$$

如果 $l = 0$, 则

$$\boldsymbol{0} = k_1\boldsymbol{v}_1 + \cdots + k_s\boldsymbol{v}_s,$$

又由 $\boldsymbol{v}_1, \cdots, \boldsymbol{v}_s$ 线性无关知

$$k_1 = \cdots = k_s = 0 = l,$$

这与 $k_1, \cdots, k_s, l$ 不全为零矛盾, 因此

$$l \neq 0,$$

从而

$$\boldsymbol{w} = -\frac{k_1}{l}\boldsymbol{v}_1 - \cdots - \frac{k_s}{l}\boldsymbol{v}_s.$$

再由定理 2.2.7 知表示法唯一. □

2.2.2 向量组的秩

定义 2.2.9 如果 V 中的向量组 $\boldsymbol{T} = (\boldsymbol{w}_1, \boldsymbol{w}_2, \cdots, \boldsymbol{w}_t)$ 中每一个向量 $\boldsymbol{w}_i (i = 1, 2, \cdots, t)$ 都可以经向量组 $\boldsymbol{S} = (\boldsymbol{v}_1, \boldsymbol{v}_2, \cdots, \boldsymbol{v}_s)$ 线性表出, 那么就称向量组 $\boldsymbol{T}$ 可以经向量组 $\boldsymbol{S}$ 线性表出. 如果两个向量组可以相互线性表出, 就称它们**等价**.

下面给出线性无关向量组的重要结果.

定理 2.2.10 如果线性无关的向量组 $\boldsymbol{L} = (\boldsymbol{v}_1, \cdots, \boldsymbol{v}_r)$ 可经 $\boldsymbol{S} = (\boldsymbol{w}_1, \cdots, \boldsymbol{w}_s)$ 线性表出, 那么

$$r \leqslant s.$$

证明 反证法, 设 $r > s$. 由于 $\boldsymbol{v}_1, \cdots, \boldsymbol{v}_r$ 可以被 $\boldsymbol{w}_1, \cdots, \boldsymbol{w}_s$ 线性表出, 即存在 $k_{ji} (j = 1, \cdots, s, i = 1, \cdots, r)$ 使

$$\boldsymbol{v}_i = k_{1i}\boldsymbol{w}_1 + k_{2i}\boldsymbol{w}_2 + \cdots + k_{si}\boldsymbol{w}_s.$$

显然在齐次线性方程组

$$\begin{cases} k_{11}x_1 + \cdots + k_{1r}x_r = 0, \\ \qquad\cdots\cdots \\ k_{s1}x_1 + \cdots + k_{sr}x_r = 0. \end{cases}$$

中未知量的个数超过方程的个数, 故有非零解. 记 $(t_1, \cdots, t_r)$ 为一个非零解, 则

$$\begin{aligned} t_1\boldsymbol{v}_1 + \cdots + t_r\boldsymbol{v}_r &= t_1(k_{11}\boldsymbol{w}_1 + \cdots + k_{s1}\boldsymbol{w}_s) + \cdots + t_r(k_{1r}\boldsymbol{w}_1 + \cdots + k_{sr}\boldsymbol{w}_s) \\ &= (t_1k_{11} + \cdots + t_rk_{1r})\boldsymbol{w}_1 + \cdots + (t_1k_{s1} + \cdots + t_rk_{sr})\boldsymbol{w}_r \\ &= \boldsymbol{0}. \end{aligned}$$

由于 $t_1, \cdots, t_r$ 不全为零, 即 $\boldsymbol{v}_1, \cdots, \boldsymbol{v}_r$ 线性相关, 矛盾! □

推论 2.2.11 两个等价的、线性无关的向量组含有相同个数的向量.

定义 2.2.12 向量组 $\boldsymbol{S}=(\boldsymbol{v}_1,\cdots,\boldsymbol{v}_n)$ 的一个部分组 $\boldsymbol{T}=(\boldsymbol{v}_{i1},\cdots,\boldsymbol{v}_{ir})$ 称为 $\boldsymbol{S}$ 的一个**极大线性无关组**, 如果

(1) $\boldsymbol{T}=(\boldsymbol{v}_{i1},\cdots,\boldsymbol{v}_{ir})$ 线性无关;

(2) 将向量组 $\boldsymbol{S}$ 中任意向量添加到 $\boldsymbol{T}$ 中得到的向量组是线性相关的.

根据定义, 一个线性无关向量组的极大线性无关组就是其本身. 由零向量组成的向量组没有极大线性无关组. 任意含有非零向量的向量组必有极大线性无关组.

由定理 2.2.7 及其推论知向量组 $\boldsymbol{S}$ 中的任一向量均可被其极大线性无关组 $\boldsymbol{T}$ 唯一线性表出, 因此向量组 $\boldsymbol{S}$ 和 $\boldsymbol{T}$ 等价, 特别地, 一个向量组的任意两个极大线性无关组等价. 由推论 2.2.11 知

推论 2.2.13 一个向量组的任意两个极大线性无关组含有相同个数的向量.

定义 2.2.14 向量组 $\boldsymbol{S}$ 的极大线性无关组所含向量的个数称为它的**秩**, 记为 $r(\boldsymbol{S})$. 特别地, 零向量构成的向量组的秩为零.

由定理 2.2.10 立即有

推论 2.2.15 如果向量组 $\boldsymbol{S}$ 能被向量组 $\boldsymbol{S}'$ 线性表出, 则

$$r(\boldsymbol{S})\leqslant r(\boldsymbol{S}').$$

特别地, 等价的向量组具有相同的秩.

例 2.2.16 设线性空间 V 中向量组 $\boldsymbol{v}_1,\boldsymbol{v}_2,\boldsymbol{v}_3$ 线性无关, 常数 l,m 满足

$$lm\neq -1.$$

证明: 向量组

$$l\boldsymbol{v}_1+\boldsymbol{v}_2,\boldsymbol{v}_2+\boldsymbol{v}_3,m\boldsymbol{v}_3+\boldsymbol{v}_1$$

线性无关.

证明 将向量组记为超向量的形式得

$$(l\boldsymbol{v}_1+\boldsymbol{v}_2,\quad \boldsymbol{v}_2+\boldsymbol{v}_3,\quad m\boldsymbol{v}_3+\boldsymbol{v}_1)=(v_1,\quad v_2,\quad v_3)\begin{pmatrix} l & 0 & 1\\ 1 & 1 & 0\\ 0 & 1 & m\end{pmatrix}.$$

由 $lm\neq -1$ 知行列式

$$\det\begin{pmatrix} l & 0 & 1\\ 1 & 1 & 0\\ 0 & 1 & m\end{pmatrix}=lm+1\neq 0.$$

这就意味着矩阵 $\begin{pmatrix} l & 0 & 1 \\ 1 & 1 & 0 \\ 0 & 1 & m \end{pmatrix}$ 可逆, 进而可知向量组

$$l\boldsymbol{v}_1+\boldsymbol{v}_2, \boldsymbol{v}_2+\boldsymbol{v}_3, m\boldsymbol{v}_3+\boldsymbol{v}_1$$

与向量组 $\boldsymbol{v}_1, \boldsymbol{v}_2, \boldsymbol{v}_3$ 等价. 由向量组 $\boldsymbol{v}_1, \boldsymbol{v}_2, \boldsymbol{v}_3$ 线性无关及推论 2.2.10 知

$$r(l\boldsymbol{v}_1+\boldsymbol{v}_2, \quad \boldsymbol{v}_2+\boldsymbol{v}_3, \quad m\boldsymbol{v}_3+\boldsymbol{v}_1)=r(\boldsymbol{v}_1, \quad \boldsymbol{v}_2, \quad \boldsymbol{v}_3)=3.$$

于是, 向量组 $l\boldsymbol{v}_1+\boldsymbol{v}_2, \boldsymbol{v}_2+\boldsymbol{v}_3, m\boldsymbol{v}_3+\boldsymbol{v}_1$ 的极大线性无关组就是其本身, 因此向量组

$$l\boldsymbol{v}_1+\boldsymbol{v}_2, \boldsymbol{v}_2+\boldsymbol{v}_3, m\boldsymbol{v}_3+\boldsymbol{v}_1$$

线性无关. □

例 2.2.17 已知线性空间 V 中的向量组

$$\boldsymbol{S}_1: \boldsymbol{v}_1, \boldsymbol{v}_2, \boldsymbol{v}_3;$$

$$\boldsymbol{S}_2: \boldsymbol{v}_1, \boldsymbol{v}_2, \boldsymbol{v}_3, \boldsymbol{v}_4;$$

$$\boldsymbol{S}_3: \boldsymbol{v}_1, \boldsymbol{v}_2, \boldsymbol{v}_3, \boldsymbol{v}_5.$$

设它们的秩分别为

$$r(\boldsymbol{S}_1)=r(\boldsymbol{S}_2)=3, r(\boldsymbol{S}_3)=4.$$

证明: 向量组 $\boldsymbol{v}_1, \boldsymbol{v}_2, \boldsymbol{v}_3, \boldsymbol{v}_5-\boldsymbol{v}_4$ 的秩为 4.

证明 由 $r(\boldsymbol{S}_1)=r(\boldsymbol{S}_2)=3$ 知 $\boldsymbol{v}_1, \boldsymbol{v}_2, \boldsymbol{v}_3$ 线性无关, 且 $\boldsymbol{v}_4$ 能被 $\boldsymbol{v}_1, \boldsymbol{v}_2, \boldsymbol{v}_3$ 线性表出, 于是存在数 $\lambda_1, \lambda_2, \lambda_3$, 使得

$$\boldsymbol{v}_4=\lambda_1\boldsymbol{v}_1+\lambda_2\boldsymbol{v}_2+\lambda_3\boldsymbol{v}_3. \tag{2.2.i}$$

下面设

$$x_1\boldsymbol{v}_1+x_2\boldsymbol{v}_2+x_3\boldsymbol{v}_3+x_4(\boldsymbol{v}_5-\boldsymbol{v}_4)=\mathbf{0}.$$

将式 (2.2.i) 代入, 整理得

$$(x_1-x_4\lambda_1)\boldsymbol{v}_1+(x_2-x_4\lambda_2)\boldsymbol{v}_2+(x_3-x_4\lambda_3)\boldsymbol{v}_3+x_4\boldsymbol{v}_5=\mathbf{0}. \tag{2.2.ii}$$

由 $r(S_3)=4$ 知 $\boldsymbol{v}_1, \boldsymbol{v}_2, \boldsymbol{v}_3, \boldsymbol{v}_5$ 线性无关. 于是在式 (2.2.ii) 中

$$x_1-x_4\lambda_1=x_2-x_4\lambda_2=x_3-x_4\lambda_3=x_4=0,$$

亦即

$$x_1 = x_2 = x_3 = x_4 = 0.$$

这就说明向量组 $\boldsymbol{v}_1, \boldsymbol{v}_2, \boldsymbol{v}_3, \boldsymbol{v}_5 - \boldsymbol{v}_4$ 线性无关, 故

$$r(\boldsymbol{v}_1, \boldsymbol{v}_2, \boldsymbol{v}_3, \boldsymbol{v}_5 - \boldsymbol{v}_4) = 4.$$

□

2.2.3 实向量空间中的向量组

以实向量空间为例回顾上面的内容.

在线性空间 $\mathbb{R}^m$ 中, 如何判断向量 $\boldsymbol{\beta}$ 是否为向量组 $\boldsymbol{\alpha}_1, \cdots, \boldsymbol{\alpha}_n$ 的线性组合呢? 由定义我们就是想知道方程

$$x_1\boldsymbol{\alpha}_1 + \cdots + x_n\boldsymbol{\alpha}_n = \boldsymbol{\beta}$$

是否有解. 线性方程组

$$\begin{cases} a_{11}x_1 + a_{12}x_2 + \cdots + a_{1n}x_n = b_1, \\ \cdots\cdots \\ a_{m1}x_1 + a_{m2}x_2 + \cdots + a_{mn}x_m = b_m. \end{cases}$$

有解当且仅当 m 维列向量

$$\boldsymbol{\beta} = \begin{pmatrix} b_1 \\ b_2 \\ \vdots \\ b_m \end{pmatrix}$$

是向量组

$$\boldsymbol{\alpha}_1 = \begin{pmatrix} a_{11} \\ a_{21} \\ \vdots \\ a_{m1} \end{pmatrix}, \ \boldsymbol{\alpha}_2 = \begin{pmatrix} a_{12} \\ a_{22} \\ \vdots \\ a_{m2} \end{pmatrix}, \ \cdots, \ \boldsymbol{\alpha}_n = \begin{pmatrix} a_{1n} \\ a_{2n} \\ \vdots \\ a_{mn} \end{pmatrix}$$

的线性组合,

$$x_1 \begin{pmatrix} a_{11} \\ a_{21} \\ \vdots \\ a_{m1} \end{pmatrix} + x_2 \begin{pmatrix} a_{12} \\ a_{22} \\ \vdots \\ a_{m2} \end{pmatrix} + \cdots + x_n \begin{pmatrix} a_{1n} \\ a_{2n} \\ \vdots \\ a_{mn} \end{pmatrix} = \begin{pmatrix} b_1 \\ b_2 \\ \vdots \\ b_m \end{pmatrix}.$$

由此当 $V=\mathbb{R}^m$ 时, 可以通过求解线性方程组判断向量组的线性相关性. 研究向量组 $\boldsymbol{S}=(\boldsymbol{\alpha}_1,\cdots,\boldsymbol{\alpha}_n)$ 的线性相关性, 就是研究齐次线性方程组

$$\boldsymbol{S}X=x_1\boldsymbol{\alpha}_1+\cdots+x_n\boldsymbol{\alpha}_n=\mathbf{0},$$

是否有非零解. 向量 $\boldsymbol{\alpha}_1,\cdots,\boldsymbol{\alpha}_n$ 线性相关当且仅当该齐次线性方程组有非零解.

例 2.2.18　设向量组

$$\boldsymbol{\alpha}_1=\begin{pmatrix}a_{11}\\a_{12}\\a_{13}\end{pmatrix},\boldsymbol{\alpha}_2=\begin{pmatrix}a_{21}\\a_{22}\\a_{23}\end{pmatrix},\boldsymbol{\alpha}_3=\begin{pmatrix}a_{31}\\a_{32}\\a_{33}\end{pmatrix}$$

线性无关, 分别在 $\boldsymbol{\alpha}_j$ 的后面添加一个分量得

$$\boldsymbol{\beta}_j=\begin{pmatrix}a_{j1}\\a_{j2}\\a_{j3}\\a_{j4}\end{pmatrix},\quad j=1,2,3.$$

如果有 k_1,k_2,k_3 满足

$$k_1\boldsymbol{\beta}_1+k_2\boldsymbol{\beta}_2+k_3\boldsymbol{\beta}_3=\mathbf{0},$$

比较前三个分量得

$$k_1\boldsymbol{\alpha}_1+k_2\boldsymbol{\alpha}_2+k_3\boldsymbol{\alpha}_3=\mathbf{0},$$

由 $\boldsymbol{\alpha}_1,\boldsymbol{\alpha}_2,\boldsymbol{\alpha}_3$ 的线性无关性知 $k_1=k_2=k_3=0$, 于是得到 $\boldsymbol{\beta}_1,\boldsymbol{\beta}_2,\boldsymbol{\beta}_3$ 线性无关.

一般地, 对于线性无关的 n 维向量组, 在每个向量的相同位置分别添加 m 个分量, 则所得到的 $n+m$ 维向量组仍然是线性无关的.

定义 2.2.19　一个 $m\times n$ 矩阵 $\boldsymbol{A}$ 的**列空间**是指由矩阵的列生成的 $\mathbb{R}^m$ 的一个子空间. $\boldsymbol{A}$ 的列向量组的秩称为 $\boldsymbol{A}$ 的**列秩**.

命题 2.2.20　(1) *线性方程组 $\boldsymbol{AX}=\boldsymbol{B}$ 有解的充分必要条件是向量 $\boldsymbol{B}$ 属于矩阵 $\boldsymbol{A}$ 的列空间.*

(2) 初等变换不改变矩阵的列秩.

证明　(1) 记 $\boldsymbol{A}_1,\cdots,\boldsymbol{A}_n$ 为矩阵 $\boldsymbol{A}$ 的列, 对任意向量 $\boldsymbol{X}=\begin{pmatrix}x_1\\\vdots\\x_n\end{pmatrix}$, 由矩阵乘法知 $\boldsymbol{AX}$ 为一个列向量 $\boldsymbol{A}_1x_1+\cdots+\boldsymbol{A}_nx_n$. 这是矩阵的列向量组的一

个线性组合, 因此是矩阵 $\boldsymbol{A}$ 的列空间中的一个向量. 于是如果 $\boldsymbol{AX}=\boldsymbol{B}$, 则有 $\boldsymbol{B}\in \mathrm{Span}(\boldsymbol{A}_1,\cdots,\boldsymbol{A}_n)$.

(2) 设 $\boldsymbol{A}$ 经过初等列变换后得到的矩阵为 $\boldsymbol{AQ}$, 其中 $\boldsymbol{Q}$ 为初等矩阵. 由定义易知 $\boldsymbol{AQ}$ 的列向量组与 $\boldsymbol{A}$ 的列向量组等价, 因此初等列变换不改变矩阵的列秩.

下面证明初等行变换不改变矩阵的列秩, 亦即证明 $\boldsymbol{PA}$ 与 $\boldsymbol{A}$ 有相同的列秩, 其中 $\boldsymbol{P}$ 是初等矩阵. 设 $\boldsymbol{A}$ 的列秩是 r, 不妨设前 r 列 $\boldsymbol{A}_1,\cdots,\boldsymbol{A}_r$ 是其极大线性无关组, 下面往证 $\boldsymbol{PA}_1,\cdots,\boldsymbol{PA}_r$ 是矩阵 $\boldsymbol{PA}$ 的列向量组的极大线性无关组. 设

$$k_1\boldsymbol{PA}_1+\cdots+k_r\boldsymbol{PA}_r=\boldsymbol{0},$$

亦即

$$\boldsymbol{P}(k_1\boldsymbol{A}_1+\cdots+k_r\boldsymbol{A}_r)=\boldsymbol{0}.$$

由初等矩阵 $\boldsymbol{P}$ 可逆知

$$k_1\boldsymbol{A}_1+\cdots+k_r\boldsymbol{A}_r=\boldsymbol{0},$$

再由 $\boldsymbol{A}_1,\cdots,\boldsymbol{A}_r$ 线性无关知

$$k_1=\cdots=k_r=0,$$

从而 $\boldsymbol{PA}_1,\cdots,\boldsymbol{PA}_r$ 线性无关. 对于任意列向量 $\boldsymbol{PA}_j$, 因为 $\boldsymbol{A}_j$ 可以被 $\boldsymbol{A}_1,\cdots,\boldsymbol{A}_r$ 线性表示为

$$\boldsymbol{A}_j=l_1\boldsymbol{A}_1+\cdots+l_r\boldsymbol{A}_r,$$

因此

$$\boldsymbol{PA}_j=l_1\boldsymbol{PA}_1+\cdots+l_r\boldsymbol{PA}_r.$$

从而 $\boldsymbol{PA}$ 的列秩等于 $\boldsymbol{A}$ 的列秩. □

同理定义矩阵的行向量组的秩为矩阵的**行秩**, 可证明矩阵的初等变换不改变矩阵的行秩.

推论 2.2.21 对于任意 $m\times n$ 矩阵 $\boldsymbol{A}$, 其列秩与行秩相同, 等于矩阵的秩.

证明 矩阵 $\boldsymbol{A}$ 经过若干次初等变换化为标准型

$$\boldsymbol{C}=\begin{pmatrix}\boldsymbol{E}_r & \boldsymbol{O}\\ \boldsymbol{O} & \boldsymbol{O}\end{pmatrix},$$

显然 $\boldsymbol{C}$ 的行秩 $=\boldsymbol{C}$ 的列秩 $=r=\boldsymbol{A}$ 的秩. 由于初等变换不改变矩阵的行秩和列秩, 故 $\boldsymbol{A}$ 的行秩 $=\boldsymbol{C}$ 的行秩 $=\boldsymbol{C}$ 的列秩 $=\boldsymbol{A}$ 的列秩 $=\boldsymbol{A}$ 的秩. □

例 2.2.22　矩阵 $\boldsymbol{A}$ 和 $\boldsymbol{B}$ 的乘积的秩满足

$$\operatorname{rank}(\boldsymbol{AB}) \leqslant \min(\operatorname{rank}(\boldsymbol{A}), \operatorname{rank}(\boldsymbol{B})).$$

证明　设

$$\boldsymbol{A} = \begin{pmatrix} a_{11} & \cdots & a_{1n} \\ \vdots & & \vdots \\ a_{m1} & \cdots & a_{mn} \end{pmatrix}, \boldsymbol{B} = \begin{pmatrix} \boldsymbol{B}_1 \\ \vdots \\ \boldsymbol{B}_n \end{pmatrix},$$

则

$$\boldsymbol{AB} = \begin{pmatrix} a_{11}\boldsymbol{B}_1 + \cdots + a_{1n}\boldsymbol{B}_n \\ \vdots \\ a_{m1}\boldsymbol{B}_1 + \cdots + a_{mn}\boldsymbol{B}_n \end{pmatrix}.$$

故矩阵 $\boldsymbol{AB}$ 的行向量组能被矩阵 $\boldsymbol{B}$ 的行向量组线性表出, 由推论 2.2.15 知矩阵 $\boldsymbol{AB}$ 的秩不超过矩阵 $\boldsymbol{B}$ 的秩. 同理, 考虑矩阵 $\boldsymbol{A}$ 的列向量组可以证明矩阵 $\boldsymbol{AB}$ 的秩不超过矩阵 $\boldsymbol{A}$ 的秩. □

例 2.2.23　在 $V = \mathbb{R}^4$ 中, 求向量组 $\boldsymbol{S}$:

$$\boldsymbol{\alpha}_1 = \begin{pmatrix} -1 \\ 1 \\ 0 \\ 0 \end{pmatrix}, \boldsymbol{\alpha}_2 = \begin{pmatrix} -1 \\ 2 \\ -1 \\ 1 \end{pmatrix}, \boldsymbol{\alpha}_3 = \begin{pmatrix} 0 \\ -1 \\ 1 \\ -1 \end{pmatrix}, \boldsymbol{\alpha}_4 = \begin{pmatrix} 1 \\ -3 \\ 2 \\ 3 \end{pmatrix}, \boldsymbol{\alpha}_5 = \begin{pmatrix} 2 \\ -6 \\ 4 \\ 1 \end{pmatrix}$$

的一个极大线性无关组并用它将其余向量线性表出.

解　将向量组 $\boldsymbol{S} = (\boldsymbol{\alpha}_1, \boldsymbol{\alpha}_2, \boldsymbol{\alpha}_3, \boldsymbol{\alpha}_4, \boldsymbol{\alpha}_5)$ 视作矩阵

$$\boldsymbol{S} = \begin{pmatrix} -1 & -1 & 0 & 1 & 2 \\ 1 & 2 & -1 & -3 & -6 \\ 0 & -1 & 1 & 2 & 4 \\ 0 & 1 & -1 & 3 & 1 \end{pmatrix}$$

进行初等的行变换得到简单阶梯形

$$\boldsymbol{S} \longrightarrow \begin{pmatrix} 1 & 0 & 1 & 0 & 1 \\ 0 & 1 & -1 & 0 & -2 \\ 0 & 0 & 0 & 1 & 1 \\ 0 & 0 & 0 & 0 & 0 \end{pmatrix}.$$

利用矩阵和线性方程组的关系知主元所在的列所对应的 $\boldsymbol{\alpha}_1, \boldsymbol{\alpha}_2, \boldsymbol{\alpha}_4$ 线性无关并且

$$\boldsymbol{\alpha}_3 = \boldsymbol{\alpha}_1 - \boldsymbol{\alpha}_2, \quad \boldsymbol{\alpha}_5 = \boldsymbol{\alpha}_1 - 2\boldsymbol{\alpha}_2 + \boldsymbol{\alpha}_4.$$

因此 $\boldsymbol{\alpha}_1, \boldsymbol{\alpha}_2, \boldsymbol{\alpha}_4$ 是 $\boldsymbol{S}$ 的一个极大线性无关组, 向量组的秩为 3.

习 题 2.2

1. 设有 $\mathbb{R}^3$ 中的向量

$$\boldsymbol{\alpha}_1 = \begin{pmatrix} 1 \\ 1 \\ 0 \end{pmatrix}, \boldsymbol{\alpha}_2 = \begin{pmatrix} 1 \\ 0 \\ 1 \end{pmatrix}, \boldsymbol{\alpha}_3 = \begin{pmatrix} 0 \\ 1 \\ 1 \end{pmatrix}, \boldsymbol{\beta} = \begin{pmatrix} 2 \\ 0 \\ 0 \end{pmatrix},$$

证明: 向量组 $\boldsymbol{S} = (\boldsymbol{\alpha}_1, \boldsymbol{\alpha}_2, \boldsymbol{\alpha}_3)$ 线性无关; 并将 $\boldsymbol{\beta}$ 表示成 $\boldsymbol{S}$ 的线性组合.

2. 设有 $\mathbb{R}^3$ 中的向量组 $\boldsymbol{S}$:

$$\boldsymbol{\alpha}_1 = \begin{pmatrix} 1 \\ 1 \\ 1 \end{pmatrix}, \boldsymbol{\alpha}_2 = \begin{pmatrix} 1 \\ 2 \\ 3 \end{pmatrix}, \boldsymbol{\alpha}_3 = \begin{pmatrix} 1 \\ 3 \\ t \end{pmatrix}.$$

问:

(a) 当 t 为何值时, $\boldsymbol{S}$ 线性无关? 当 t 为何值时, $\boldsymbol{S}$ 线性相关?

(b) 当 $\boldsymbol{S}$ 线性相关时, 将 $\boldsymbol{\alpha}_3$ 表示为 $\boldsymbol{\alpha}_1, \boldsymbol{\alpha}_2$ 的线性组合.

3. 判断下列向量组的线性相关性.

(a)

$$\boldsymbol{\alpha}_1 = \begin{pmatrix} 1 \\ 1 \\ 2 \\ 3 \end{pmatrix}, \boldsymbol{\alpha}_2 = \begin{pmatrix} 1 \\ -1 \\ 1 \\ 1 \end{pmatrix}, \boldsymbol{\alpha}_3 = \begin{pmatrix} 1 \\ 3 \\ 3 \\ 5 \end{pmatrix}, \boldsymbol{\alpha}_4 = \begin{pmatrix} 4 \\ -2 \\ 5 \\ 6 \end{pmatrix}.$$

(b)

$$\boldsymbol{\alpha}_1 = \begin{pmatrix} -1 \\ 1 \\ 0 \\ -1 \end{pmatrix}, \boldsymbol{\alpha}_2 = \begin{pmatrix} 1 \\ -1 \\ -1 \\ 2 \end{pmatrix}, \boldsymbol{\alpha}_3 = \begin{pmatrix} 0 \\ -2 \\ 2 \\ -2 \end{pmatrix}, \boldsymbol{\alpha}_4 = \begin{pmatrix} 1 \\ 0 \\ -1 \\ 2 \end{pmatrix}.$$

(c)

$$\boldsymbol{\alpha}_1=\begin{pmatrix}1\\-2\\3\\-4\end{pmatrix},\boldsymbol{\alpha}_2=\begin{pmatrix}0\\1\\-1\\1\end{pmatrix},\boldsymbol{\alpha}_3=\begin{pmatrix}1\\3\\0\\1\end{pmatrix},\boldsymbol{\alpha}_4=\begin{pmatrix}0\\-7\\3\\1\end{pmatrix}.$$

(d)

$$\boldsymbol{\alpha}_1=\begin{pmatrix}1\\-1\\0\\0\\0\end{pmatrix},\boldsymbol{\alpha}_2=\begin{pmatrix}0\\1\\-1\\0\\0\end{pmatrix},\boldsymbol{\alpha}_3=\begin{pmatrix}0\\0\\1\\-1\\0\end{pmatrix},\boldsymbol{\alpha}_4=\begin{pmatrix}0\\0\\0\\1\\-1\end{pmatrix},\boldsymbol{\alpha}_5=\begin{pmatrix}-1\\0\\0\\0\\1\end{pmatrix}.$$

4. 设 $\mathbb{R}^3$ 中向量

$$\boldsymbol{\alpha}_1=\begin{pmatrix}1\\2\\0\end{pmatrix},\boldsymbol{\alpha}_2=\begin{pmatrix}1\\a+2\\-3a\end{pmatrix},\boldsymbol{\alpha}_3=\begin{pmatrix}-1\\-b-2\\a+2b\end{pmatrix},\boldsymbol{\beta}=\begin{pmatrix}1\\3\\-3\end{pmatrix}.$$

讨论当 a,b 为何值时,

(a) $\boldsymbol{\beta}$ 不能由向量组 $\boldsymbol{S}=(\boldsymbol{\alpha}_1,\boldsymbol{\alpha}_2,\boldsymbol{\alpha}_3)$ 线性表出.

(b) $\boldsymbol{\beta}$ 可以由 $\boldsymbol{S}$ 唯一地线性表出, 并求出此表达式.

(c) $\boldsymbol{\beta}$ 可以由 $\boldsymbol{S}$ 线性表出, 但表示方法不唯一, 并求出表达式.

5. 设线性空间 V 中向量组 $\boldsymbol{S}=(\boldsymbol{v}_1,\cdots,\boldsymbol{v}_n)$ 能被向量组 $\boldsymbol{T}=(\boldsymbol{w}_1,\cdots,\boldsymbol{w}_n)$ 线性表出如下:

$$\boldsymbol{v}_1=\boldsymbol{w}_2+\boldsymbol{w}_3+\cdots+\boldsymbol{w}_n,$$
$$\boldsymbol{v}_2=\boldsymbol{w}_1+\boldsymbol{w}_3+\cdots+\boldsymbol{w}_n,$$
$$\cdots\cdots$$
$$\boldsymbol{v}_n=\boldsymbol{w}_1+\boldsymbol{w}_2+\cdots+\boldsymbol{w}_{n-1}.$$

证明向量组 $\boldsymbol{S}$ 和 $\boldsymbol{T}$ 等价.

6. 设线性空间 V 中向量组 $\boldsymbol{S}=(\boldsymbol{v}_1,\boldsymbol{v}_2,\cdots,\boldsymbol{v}_s)$ 满足 $s\geqslant 2,\boldsymbol{v}_1\neq\boldsymbol{0}$. 证明: $\boldsymbol{S}$ 线性相关的充分必要条件是至少存在一个 $\boldsymbol{v}_i$ 可被 $\boldsymbol{S}_i=(\boldsymbol{v}_1,\boldsymbol{v}_2,\cdots,\boldsymbol{v}_{i-1})$ 线性表出.

7. 若 $t_1, t_2, \cdots, t_m$ 为互不相等的负实数且 $n \geqslant m$. 证明: $\mathbb{R}^n$ 中向量组

$$\boldsymbol{\alpha}_1 = \begin{pmatrix} t_1 \\ t_1^2 \\ \vdots \\ t_1^n \end{pmatrix}, \cdots, \boldsymbol{\alpha}_m = \begin{pmatrix} t_m \\ t_m^2 \\ \vdots \\ t_m^n \end{pmatrix}$$

线性无关.

8. 已知 $\boldsymbol{v}_1, \cdots, \boldsymbol{v}_s$ 的秩为 r, 证明: 其中任意 r 个线性无关的向量都构成它的一个极大线性无关组.

9. 设 $\boldsymbol{v}_1, \cdots, \boldsymbol{v}_s$ 的秩为 r, 而 $\boldsymbol{v}_{i_1}, \cdots, \boldsymbol{v}_{i_r}$ 是其中 r 个向量, 使得每个 $\boldsymbol{v}_i$ $(i = 1, \cdots, s)$ 都能被它们线性表示. 证明: $\boldsymbol{v}_{i_1}, \cdots, \boldsymbol{v}_{i_r}$ 是 $\boldsymbol{v}_1, \cdots, \boldsymbol{v}_s$ 的一个极大线性无关组.

10. 设向量组 $\boldsymbol{v}_1, \cdots, \boldsymbol{v}_s$ 的秩为 $r_1, \boldsymbol{w}_1, \cdots, \boldsymbol{w}_t$ 的秩为 $r_2, \boldsymbol{v}_1, \cdots, \boldsymbol{v}_s, \boldsymbol{w}_1, \cdots, \boldsymbol{w}_t$ 的秩为 r_3. 证明

$$\max(r_1, r_2) \leqslant r_3 \leqslant r_1 + r_2.$$

11. 已知向量组

$$\boldsymbol{\beta}_1 = \begin{pmatrix} 0 \\ 1 \\ -1 \end{pmatrix}, \boldsymbol{\beta}_2 = \begin{pmatrix} a \\ 2 \\ 1 \end{pmatrix}, \boldsymbol{\beta}_3 = \begin{pmatrix} b \\ 1 \\ 0 \end{pmatrix}$$

与向量组

$$\boldsymbol{\alpha}_1 = \begin{pmatrix} 1 \\ 2 \\ -3 \end{pmatrix}, \boldsymbol{\alpha}_2 = \begin{pmatrix} 3 \\ 0 \\ 1 \end{pmatrix}, \boldsymbol{\alpha}_3 = \begin{pmatrix} 9 \\ 6 \\ -7 \end{pmatrix}$$

具有相同的秩, 且 $\boldsymbol{\beta}_3$ 可由 $\boldsymbol{\alpha}_1, \boldsymbol{\alpha}_2, \boldsymbol{\alpha}_3$ 线性表出, 求 a, b 的值.

2.3 基与维数

生活中经常听到说某部电影是“3D”的, 这里的“D”代表的是“dimension”, 就是本节要学习的线性空间的维数. 本节将考虑范围从线性空间中有限多个向量构成的向量组推广到整个线性空间, 极大线性无关组对应线性空间的基, 向量组的秩对应线性空间的维数.

2.3.1 坐标

定义 2.3.1 我们称 $\boldsymbol{B}=(\boldsymbol{v}_1,\cdots,\boldsymbol{v}_n)$ 是线性空间 V 的一组**基**如果:

(1) $\boldsymbol{B}$ 线性无关;

(2) $\operatorname{Span}\boldsymbol{B}=V$.

由定理 2.2.7 可知 $\boldsymbol{B}=(\boldsymbol{v}_1,\cdots,\boldsymbol{v}_n)$ 是线性空间 V 的一组基当且仅当 V 中的任一向量 $\boldsymbol{w}$ 可以唯一地写为 $\boldsymbol{B}$ 的线性组合

$$\boldsymbol{w}=x_1\boldsymbol{v}_1+\cdots x_n\boldsymbol{v}_n=\boldsymbol{BX}.$$

将此 n 维实向量

$$\boldsymbol{X}=\begin{pmatrix}x_1\\ \vdots\\ x_n\end{pmatrix}$$

称作向量 $\boldsymbol{w}$ 在基 $\boldsymbol{B}=(\boldsymbol{v}_1,\cdots,\boldsymbol{v}_n)$ 下的**坐标**.

例 2.3.2 在 $V=\mathbb{R}^n$ 中, 任一个 n 维向量 $\boldsymbol{\alpha}=\begin{pmatrix}a_1\\ a_2\\ \vdots\\ a_n\end{pmatrix}$ 都可由向量组

$$\boldsymbol{\varepsilon}_1=\begin{pmatrix}1\\0\\ \vdots\\0\end{pmatrix},\boldsymbol{\varepsilon}_2=\begin{pmatrix}0\\1\\ \vdots\\0\end{pmatrix},\cdots,\boldsymbol{\varepsilon}_n=\begin{pmatrix}0\\0\\ \vdots\\1\end{pmatrix}$$

唯一表出,

$$\boldsymbol{\alpha}=a_1\boldsymbol{\varepsilon}_1+a_2\boldsymbol{\varepsilon}_2+\cdots+a_n\boldsymbol{\varepsilon}_n.$$

$\boldsymbol{E}=(\boldsymbol{\varepsilon}_1,\boldsymbol{\varepsilon}_2,\cdots,\boldsymbol{\varepsilon}_n)$ 称为 $\mathbb{R}^n$ 的标准基.

不难证明,

$$\boldsymbol{\varepsilon}_1'=\begin{pmatrix}1\\1\\ \vdots\\1\end{pmatrix},\boldsymbol{\varepsilon}_2'=\begin{pmatrix}0\\1\\ \vdots\\1\end{pmatrix},\cdots,\boldsymbol{\varepsilon}_n'=\begin{pmatrix}0\\0\\ \vdots\\1\end{pmatrix}$$

是 n 个线性无关的向量. 并且任一个 n 维向量 $\boldsymbol{\alpha}=\begin{pmatrix}a_1\\a_2\\\vdots\\a_n\end{pmatrix}$ 都可以写为

$$\boldsymbol{\alpha}=a_1\boldsymbol{\varepsilon}_1'+(a_2-a_1)\boldsymbol{\varepsilon}_2'+\cdots+(a_n-a_{n-1})\boldsymbol{\varepsilon}_n'.$$

因此, $\boldsymbol{B}'=(\boldsymbol{\varepsilon}_1',\boldsymbol{\varepsilon}_2',\cdots,\boldsymbol{\varepsilon}_n')$ 是 $\mathbb{R}^n$ 的一组基, 向量 $\boldsymbol{\alpha}$ 在这组基下的坐标为

$$\begin{pmatrix}a_1\\a_2-a_1\\\vdots\\a_n-a_{n-1}\end{pmatrix}.$$

例 2.3.3 在由次数小于 n 的多项式组成的线性空间中,

$$1,x,x^2,\cdots,x^{n-1}$$

是 n 个线性无关的向量, 而且每一个次数小于 n 的多项式都可以被它们线性表出, 所以 $1,x,\cdots,x^{n-1}$ 是一组基, 在这组基下, 多项式

$$f(x)=a_0+a_1x+\cdots+a_{n-1}x^{n-1}$$

的坐标就是它的系数构成的向量:

$$\begin{pmatrix}a_0\\a_1\\\vdots\\a_{n-1}\end{pmatrix}.$$

如果在 V 中另取一组基

$$1,(x-a),\cdots,(x-a)^{n-1}$$

那么按 Taylor 展开公式

$$f(x)=f(a)+f'(a)(x-a)+\cdots+\frac{f^{(n-1)}(a)}{(n-1)!}(x-a)^{n-1}.$$

因此, $f(x)$ 在这组基下的坐标是

$$\begin{pmatrix} f(a) \\ f'(a) \\ \vdots \\ \dfrac{f^{(n-1)}(a)}{(n-1)!} \end{pmatrix}.$$

可以看出, 线性空间中一个向量组 $\boldsymbol{S}$ 的极大线性无关组就是生成子空间 $\operatorname{Span}\boldsymbol{S}$ 的某组基. 跟讨论向量组的秩时相同, 由定理 2.2.10 知两个等价的、线性无关的向量组含有相同个数的向量, 特别地, 线性空间 V 的任意两组基含有相同个数的向量. 我们将这个数称为向量空间 V 的维数.

定义 2.3.4 向量空间 V 称为 n- 维线性空间, 如果其上的任意一组基所含向量的个数为 n, 记作

$$\dim V = n.$$

例 2.3.5 由例 2.3.2 可知

$$\dim \mathbb{R}^n = n.$$

进一步有, 任意 $n+1$ 个 n 维向量 $\boldsymbol{\alpha}_1, \cdots, \boldsymbol{\alpha}_{n+1}$ 线性相关.

命题 2.3.6 *设 S 是线性空间 V 中的有限子集, 并且 $\operatorname{Span} S = V$. 若 $\boldsymbol{L}$ 是 V 中任一线性无关的向量组, 则我们可以通过将 S 中的若干向量添加到 $\boldsymbol{L}$ 中得到 V 的一组基.*

证明 若 $S \subset \operatorname{Span}\boldsymbol{L}$, 由 $\operatorname{Span} S = V$ 可知 $\operatorname{Span}\boldsymbol{L} = V$, 故 $\boldsymbol{L}$ 是 V 的一组基. 若 $S \not\subset \operatorname{Span}\boldsymbol{L}$, 则取 S 中的向量 $\boldsymbol{v} \notin \operatorname{Span}\boldsymbol{L}$, 易知向量组 $\boldsymbol{L}' = (\boldsymbol{L}, \boldsymbol{v})$ 线性无关 (为什么?). 用 $\boldsymbol{L}'$ 替代 $\boldsymbol{L}$ 重复上面的过程, 由 S 是 V 中的有限子集可知此过程将在有限步后终止, 此时得到的线性无关向量组 $\boldsymbol{L}'$ 即为 V 的一组基. □

由此命题, 可以将线性空间 V 的一个子空间的一组基扩充为 V 的一组基, 因此子空间的维数不能超过 V 的维数. 若子空间的维数等于 V 的维数, 则此子空间为平凡子空间 V.

2.3.2 坐标变换公式

设 V 是 n 维线性空间. 给了 V 的两组基

$$\boldsymbol{B} = (\boldsymbol{v}_1, \cdots, \boldsymbol{v}_n) \quad 和 \quad \boldsymbol{B}' = (\boldsymbol{v}_1', \cdots, \boldsymbol{v}_n').$$

由于 $\boldsymbol{B}$ 是 V 的基, 故 $\boldsymbol{B}'$ 可以被 $\boldsymbol{B}$ 唯一地线性表出, 亦即有

$$\boldsymbol{v}_j' = \boldsymbol{v}_1 p_{1j} + \cdots + \boldsymbol{v}_n p_{nj} = (\boldsymbol{v}_1, \cdots, \boldsymbol{v}_n) \begin{pmatrix} p_{1j} \\ \vdots \\ p_{nj} \end{pmatrix} = \boldsymbol{B}\boldsymbol{P}_j.$$

于是

$$\boldsymbol{B}' = (\boldsymbol{v}_1', \cdots, \boldsymbol{v}_n') = (\boldsymbol{v}_1, \cdots, \boldsymbol{v}_n) \begin{pmatrix} p_{11} & \cdots & p_{1n} \\ \vdots & & \vdots \\ p_{n1} & \cdots & p_{nn} \end{pmatrix} = \boldsymbol{B}\boldsymbol{P}.$$

将矩阵 $\boldsymbol{P}$ 称为从基 $\boldsymbol{B}$ 到 $\boldsymbol{B}'$ 的**过渡矩阵**, 它的第 j- 列 $\boldsymbol{P}_j$ 为基向量 $\boldsymbol{v}_j'$ 在基 $\boldsymbol{B}$ 下的坐标.

例 2.3.7 在 $V = \mathbb{R}^n$ 中,

$$\boldsymbol{\varepsilon}_1 = \begin{pmatrix} 1 \\ 0 \\ \vdots \\ 0 \end{pmatrix}, \boldsymbol{\varepsilon}_2 = \begin{pmatrix} 0 \\ 1 \\ \vdots \\ 0 \end{pmatrix}, \cdots, \boldsymbol{\varepsilon}_n = \begin{pmatrix} 0 \\ 0 \\ \vdots \\ 1 \end{pmatrix}$$

构成标准基 $\boldsymbol{E} = (\boldsymbol{\varepsilon}_1, \boldsymbol{\varepsilon}_2, \cdots, \boldsymbol{\varepsilon}_n)$.

$$\boldsymbol{\varepsilon}_1' = \begin{pmatrix} 1 \\ 1 \\ \vdots \\ 1 \end{pmatrix}, \boldsymbol{\varepsilon}_2' = \begin{pmatrix} 0 \\ 1 \\ \vdots \\ 1 \end{pmatrix}, \cdots, \boldsymbol{\varepsilon}_n' = \begin{pmatrix} 0 \\ 0 \\ \vdots \\ 1 \end{pmatrix}$$

构成 $\mathbb{R}^n$ 的另一组基 $\boldsymbol{B}' = (\boldsymbol{\varepsilon}_1', \boldsymbol{\varepsilon}_2', \cdots, \boldsymbol{\varepsilon}_n')$, 从 $\boldsymbol{E}$ 到 $\boldsymbol{B}$ 的过渡矩阵为

$$\begin{pmatrix} 1 & 0 & \cdots & 0 \\ 1 & 1 & \cdots & 0 \\ \vdots & \vdots & & \vdots \\ 1 & 1 & \cdots & 1 \end{pmatrix}.$$

命题 2.3.8 设矩阵 $\boldsymbol{P}$ 是基 $\boldsymbol{B}$ 到 $\boldsymbol{B}'$ 的过渡矩阵, 则 $\boldsymbol{P}$ 可逆.

证明 $\boldsymbol{P}$ 是基 $\boldsymbol{B}$ 到 $\boldsymbol{B}'$ 的过渡矩阵, 故

$$\boldsymbol{B}' = \boldsymbol{B}\boldsymbol{P}.$$

又 $\boldsymbol{B}'$ 也是线性空间 V 的基, 故有基 $\boldsymbol{B}'$ 到基 $\boldsymbol{B}$ 的过渡矩阵 $\boldsymbol{Q}$,

$$\boldsymbol{B} = \boldsymbol{B}'\boldsymbol{Q}.$$

于是

$$\boldsymbol{B} = \boldsymbol{B}'\boldsymbol{Q} = \boldsymbol{B}\boldsymbol{P}\boldsymbol{Q}$$

亦即矩阵 $\boldsymbol{PQ}$ 的列向量为基向量 $\boldsymbol{v}_1, \cdots, \boldsymbol{v}_n$ 在自身组成的基下的坐标:

$$(\boldsymbol{v}_1, \cdots, \boldsymbol{v}_n) = (\boldsymbol{v}_1, \cdots, \boldsymbol{v}_n)\boldsymbol{PQ},$$

由坐标的唯一性知

$$\boldsymbol{PQ} = \boldsymbol{E}.$$

因此 $\boldsymbol{P}$ 是可逆矩阵. □

反过来, 若 $\boldsymbol{B} = (\boldsymbol{v}_1, \cdots, \boldsymbol{v}_n)$ 是线性空间 V 的一组基, $\boldsymbol{P}$ 是任意 $n \times n$ 可逆矩阵, 则

$$\boldsymbol{B}' = \boldsymbol{B}\boldsymbol{P}$$

是 V 中的 n 个向量. 由 $\boldsymbol{P}$ 可逆知

$$\boldsymbol{B} = \boldsymbol{B}'\boldsymbol{P}^{-1}.$$

这就说明 $\boldsymbol{B}'$ 和 $\boldsymbol{B}$ 等价, 并且注意到它们都含有 n 个向量, 因此得到下面的结论.

命题 2.3.9　*若 $\boldsymbol{B} = (\boldsymbol{v}_1, \cdots, \boldsymbol{v}_n)$ 是线性空间 V 的一组基, 则 V 的任一基 $\boldsymbol{B}'$ 具有如下的形式:*

$$\boldsymbol{B}' = \boldsymbol{B}\boldsymbol{P},$$

其中, $\boldsymbol{P}$ 是 $n \times n$ 可逆矩阵. □

下面考察同一个向量 $\boldsymbol{v}$ 在不同基 $\boldsymbol{B}$ 和 $\boldsymbol{B}'$ 下的坐标之间的关系.

设 $\boldsymbol{X}$ 和 $\boldsymbol{X}'$ 分别为向量 $\boldsymbol{v}$ 在基 $\boldsymbol{B}$ 与 $\boldsymbol{B}'$ 下的坐标, 亦即有

$$\boldsymbol{v} = \boldsymbol{B}\boldsymbol{X} \quad \text{和} \quad \boldsymbol{v} = \boldsymbol{B}'\boldsymbol{X}'.$$

于是

$$\boldsymbol{v} = \boldsymbol{B}'\boldsymbol{X}' = \boldsymbol{B}\boldsymbol{P}\boldsymbol{X}' = \boldsymbol{B}(\boldsymbol{P}\boldsymbol{X}'),$$

由坐标的唯一性知

$$\boldsymbol{X} = \boldsymbol{P}\boldsymbol{X}'.$$

习 题 2.3

1. 证明下列向量组 $\boldsymbol{\alpha}_1,\cdots,\boldsymbol{\alpha}_4$ 构成 $\mathbb{R}^4$ 的一组基, 并求向量 $\boldsymbol{\beta}$ 在这组基下的坐标.

(a)

$$\boldsymbol{\alpha}_1=\begin{pmatrix}1\\1\\1\\1\end{pmatrix},\boldsymbol{\alpha}_2=\begin{pmatrix}1\\1\\-1\\-1\end{pmatrix},\boldsymbol{\alpha}_3=\begin{pmatrix}1\\-1\\1\\-1\end{pmatrix},\boldsymbol{\alpha}_4=\begin{pmatrix}1\\-1\\-1\\1\end{pmatrix},\boldsymbol{\beta}=\begin{pmatrix}1\\2\\1\\1\end{pmatrix}.$$

(b)

$$\boldsymbol{\alpha}_1=\begin{pmatrix}1\\1\\0\\1\end{pmatrix},\boldsymbol{\alpha}_2=\begin{pmatrix}2\\1\\3\\1\end{pmatrix},\boldsymbol{\alpha}_3=\begin{pmatrix}1\\1\\0\\0\end{pmatrix},\boldsymbol{\alpha}_4=\begin{pmatrix}0\\1\\-1\\-1\end{pmatrix},\boldsymbol{\beta}=\begin{pmatrix}1\\2\\1\\1\end{pmatrix}.$$

2. 求三阶实对称矩阵的全体关于矩阵的加法和数乘构成的实线性空间 $\mathbb{S}_{3\times3}(\mathbb{R})$ 的一组基, 并求实对称矩阵

$$\boldsymbol{A}=\begin{pmatrix}a_{11}&a_{12}&a_{13}\\a_{12}&a_{22}&a_{23}\\a_{13}&a_{23}&a_{33}\end{pmatrix}$$

在该组基下的坐标.

3. 将

$$\boldsymbol{\alpha}_1=\begin{pmatrix}1\\1\\1\\1\end{pmatrix},\boldsymbol{\alpha}_2=\begin{pmatrix}1\\0\\1\\0\end{pmatrix}$$

扩充为 $\mathbb{R}^4$ 的一组基.

4. 已知在线性空间 $\mathbb{R}^3$ 中, 从基 $\boldsymbol{B}=(\boldsymbol{\alpha}_1,\boldsymbol{\alpha}_2,\boldsymbol{\alpha}_3)$ 到基

$$\boldsymbol{\eta}_1=\begin{pmatrix}2\\0\\-1\end{pmatrix},\boldsymbol{\eta}_2=\begin{pmatrix}1\\3\\2\end{pmatrix},\boldsymbol{\eta}_3=\begin{pmatrix}-2\\1\\1\end{pmatrix}$$

的过渡矩阵为

$$\boldsymbol{P}=\begin{pmatrix}1&2&3\\0&1&4\\0&0&1\end{pmatrix},$$

求出基 $\boldsymbol{B}$.

5. 已知线性空间 $\mathbb{R}^3$ 的两组基

$$\boldsymbol{\alpha}_1=\begin{pmatrix}1\\2\\1\end{pmatrix},\boldsymbol{\alpha}_2=\begin{pmatrix}2\\3\\3\end{pmatrix},\boldsymbol{\alpha}_3=\begin{pmatrix}3\\7\\1\end{pmatrix}$$

和

$$\boldsymbol{\beta}_1=\begin{pmatrix}3\\1\\4\end{pmatrix},\boldsymbol{\beta}_2=\begin{pmatrix}5\\2\\1\end{pmatrix},\boldsymbol{\beta}_3=\begin{pmatrix}1\\1\\-6\end{pmatrix}.$$

向量 γ 在这两组基下的坐标分别为

$$\begin{pmatrix}x_1\\x_2\\x_3\end{pmatrix} \text{和} \begin{pmatrix}y_1\\y_2\\y_3\end{pmatrix}.$$

求此两坐标之间的关系.

第3章 线性映射

Chapter 3

本章讨论线性空间之间的关系. 线性空间之间的关系由线性映射来刻画.

3.1 线 性 映 射

前面已经见到对于任意一个 n 维线性空间 V, 在给定了一组基 $\boldsymbol{B}=(\boldsymbol{v}_1,\cdots,\boldsymbol{v}_n)$ 后, 得到了这个线性空间 V 到 n 维向量空间 $\mathbb{R}^n$ 的一个映射: 输入任意一个向量 $\boldsymbol{v}\in V$, 输出这个向量 $\boldsymbol{v}$ 在基 $\boldsymbol{B}$ 下的坐标. 并且可以证明这个映射保持线性空间的线性运算.

3.1.1 线性映射的定义

设 V 是 n 维线性空间, W 是 m 维线性空间.

定义 3.1.1 称线性空间 V 到线性空间 W 的映射 $\mathcal{T}:V\to W$ 为线性映射, 如果 $\mathcal{T}$ 与 V 和 W 上的加法和数乘运算兼容, 即对任意的 $\boldsymbol{v}_1,\boldsymbol{v}_2\in V, c\in\mathbb{R}$

$$\mathcal{T}(\boldsymbol{v}_1+\boldsymbol{v}_2)=\mathcal{T}(\boldsymbol{v}_1)+\mathcal{T}(\boldsymbol{v}_2),\quad \mathcal{T}(c\boldsymbol{v}_1)=c\mathcal{T}(\boldsymbol{v}_1).$$

例 3.1.2 任意 $m\times n$ 矩阵 $\boldsymbol{A}$ 定义的"左乘"

$$\mathbb{R}^n \xrightarrow{\boldsymbol{A}} \mathbb{R}^m$$

$$\boldsymbol{X}\mapsto \boldsymbol{AX}$$

是一个线性映射. □

例 3.1.3 设 $\boldsymbol{B}=(\boldsymbol{v}_1,\cdots,\boldsymbol{v}_n)$ 是线性空间 V 上的一组基, 则映射

$$\mathbb{R}^n\to V$$

$$\boldsymbol{X}\mapsto \boldsymbol{BX}$$

是一个一一对应的线性映射. 事实上由于 $\boldsymbol{B}$ 是 V 的一组基, V 中的每一个向量 $\boldsymbol{v}$ 都可以唯一地写成 $\boldsymbol{BX}$ 的形式, n 维向量 $\boldsymbol{X}$ 是向量 $\boldsymbol{v}$ 在基 $\boldsymbol{B}$ 下的坐标. 把这样的一一对应的线性映射叫作**同构**. 这样就有

任意一个 n 维实线性空间都与 n 维实向量空间 $\mathbb{R}^n$ 同构. □

例 3.1.4 将实平面 $\mathbb{R}^2$ 上的向量 $\boldsymbol{X}$ 写为极坐标的形式

$$\boldsymbol{X} = \begin{pmatrix} r\cos\alpha \\ r\sin\alpha \end{pmatrix}.$$

将向量关于原点逆时针旋转 θ 角度这一变换是一个线性映射.

$$\begin{aligned} R :& \mathbb{R}^2 \longrightarrow \mathbb{R}^2 \\ & \boldsymbol{X} \mapsto R\boldsymbol{X} \end{aligned}$$

其中

$$R\boldsymbol{X} = \begin{pmatrix} \cos\theta & -\sin\theta \\ \sin\theta & \cos\theta \end{pmatrix} \begin{pmatrix} r\cos\alpha \\ r\sin\alpha \end{pmatrix} = \begin{pmatrix} r\cos(\alpha+\theta) \\ r\sin(\alpha+\theta) \end{pmatrix}.$$ □

3.1.2 维数公式

设 $\mathcal{T}: V \to W$ 是线性空间 V 到 W 的线性映射, 有如下两个重要的子空间:

$$\begin{aligned} \operatorname{Ker}\mathcal{T} =& \{\boldsymbol{v} \in V | \mathcal{T}(\boldsymbol{v}) = \boldsymbol{0}\}, \\ \operatorname{Im}\mathcal{T} =& \{\boldsymbol{w} \in W | \boldsymbol{w} = \mathcal{T}(\boldsymbol{v}), \boldsymbol{v} \in V\}. \end{aligned}$$

前者称为线性映射 $\mathcal{T}$ 的核, 后者称为线性映射 $\mathcal{T}$ 的像. 容易验证, 核是 V 的子空间, 像是 W 的子空间.

定理 3.1.5 (维数公式) 设 $\mathcal{T}: V \to W$ 是 n 维线性空间 V 到 m 维线性空间 W 的线性映射, 则

$$\dim\operatorname{Ker}\mathcal{T} + \dim\operatorname{Im}\mathcal{T} = \dim V.$$

证明 由于 $\operatorname{Ker}\mathcal{T}$ 是 V 的子空间, 设 $\dim\operatorname{Ker}\mathcal{T} = k$ 且

$$(\boldsymbol{u}_1, \cdots, \boldsymbol{u}_k)$$

是 $\operatorname{Ker}\mathcal{T}$ 的一组基, 将其扩充为 V 的一组基

$$(\boldsymbol{u}_1, \cdots, \boldsymbol{u}_k, \boldsymbol{v}_1 \cdots, \boldsymbol{v}_{n-k}).$$

于是对于任意 $\boldsymbol{w} \in \operatorname{Im}\mathcal{T}$, 存在 $\boldsymbol{v} \in V, a_1, \cdots, a_k, b_1, \cdots, b_{n-k} \in \mathbb{R}$, 使得

$$\begin{aligned}\boldsymbol{w} =&\mathcal{T}(\boldsymbol{v})\\ =&\mathcal{T}(a_1\boldsymbol{u}_1 + \cdots + a_k\boldsymbol{u}_k + b_1\boldsymbol{v}_1 + \cdots + b_{n-k}\boldsymbol{v}_{n-k}).\end{aligned}$$

注意到 $\boldsymbol{u}_i \in \operatorname{Ker}\mathcal{T}$, 于是

$$\begin{aligned}\mathcal{T}(\boldsymbol{v}) =&a_1\mathcal{T}(\boldsymbol{u}_1) + \cdots + a_k\mathcal{T}(\boldsymbol{u}_k) + b_1\mathcal{T}(\boldsymbol{v}_1) + \cdots + b_{n-k}\mathcal{T}(\boldsymbol{v}_{n-k})\\ =&b_1\mathcal{T}(\boldsymbol{v}_1) + \cdots + b_{n-k}\mathcal{T}(\boldsymbol{v}_{n-k}).\end{aligned}$$

亦即 $\operatorname{Im}\mathcal{T} = \operatorname{Span}(\mathcal{T}(\boldsymbol{v}_1), \cdots, \mathcal{T}(\boldsymbol{v}_{n-k}))$.

下面证明 $(\mathcal{T}(\boldsymbol{v}_1), \cdots, \mathcal{T}(\boldsymbol{v}_{n-k}))$ 线性无关. 若

$$c_1\mathcal{T}(\boldsymbol{v}_1) + \cdots + c_{n-k}\mathcal{T}(\boldsymbol{v}_{n-k}) = \mathbf{0}.$$

则有

$$\mathcal{T}(c_1\boldsymbol{v}_1 + \cdots + c_{n-k}\boldsymbol{v}_{n-k}) = \mathbf{0},$$

亦即

$$c_1\boldsymbol{v}_1 + \cdots + c_{n-k}\boldsymbol{v}_{n-k} \in \operatorname{Ker}\mathcal{T}.$$

又 $(\boldsymbol{u}_1, \cdots, \boldsymbol{u}_k)$ 是 $\operatorname{Ker}\mathcal{T}$ 的一组基, 故存在 $d_1, \cdots, d_k \in \mathbb{R}$ 使得

$$c_1\boldsymbol{v}_1 + \cdots + c_{n-k}\boldsymbol{v}_{n-k} = d_1\boldsymbol{u}_1 + \cdots + d_k\boldsymbol{u}_k,$$

亦即

$$-d_1\boldsymbol{u}_1 - \cdots - d_k\boldsymbol{u}_k + c_1\boldsymbol{v}_1 + \cdots + c_{n-k}\boldsymbol{v}_{n-k} = \mathbf{0}.$$

注意到 $(\boldsymbol{u}_1, \cdots, \boldsymbol{u}_k, \boldsymbol{v}_1, \cdots, \boldsymbol{v}_{n-k})$ 是 V 的一组基, 有

$$-d_1 = \cdots = -d_k = c_1 = \cdots = c_{n-k} = 0.$$

因此, $(\mathcal{T}(\boldsymbol{v}_1), \cdots, \mathcal{T}(\boldsymbol{v}_{n-k}))$ 线性无关, 从而是 $\operatorname{Im}\mathcal{T}$ 的一组基,

$$\dim\operatorname{Im}\mathcal{T} = n - k = \dim V - \dim\operatorname{Ker}\mathcal{T}.$$

□

3.1.3 线性映射的矩阵

下面利用基和坐标刻画线性映射. 给定 V 的一组基

$$\boldsymbol{B} = (\boldsymbol{v}_1, \cdots, \boldsymbol{v}_n),$$

对于 V 中的任意向量 $\boldsymbol{v}$, 有

$$\boldsymbol{v}=x_1\boldsymbol{v}_1+\cdots+x_n\boldsymbol{v}_n=(\boldsymbol{v}_1,\cdots,\boldsymbol{v}_n)\begin{pmatrix}x_1\\ \vdots\\ x_n\end{pmatrix}=\boldsymbol{B}\boldsymbol{X}.$$

于是

$$\begin{aligned}\mathcal{T}(\boldsymbol{v})=&\mathcal{T}(x_1\boldsymbol{v}_1+\cdots+x_n\boldsymbol{v}_n)\\ =&x_1\mathcal{T}(\boldsymbol{v}_1)+\cdots+x_n\mathcal{T}(\boldsymbol{v}_n)\\ =&(\mathcal{T}(\boldsymbol{v}_1),\cdots,\mathcal{T}(\boldsymbol{v}_n))\begin{pmatrix}x_1\\ \vdots\\ x_n\end{pmatrix},\end{aligned}$$

因此, 给定了 V 的一组基

$$\boldsymbol{B}=(\boldsymbol{v}_1,\cdots,\boldsymbol{v}_n)$$

后, 要刻画线性映射 $\mathcal{T}:V\to W$, 仅需要刻画清楚线性空间 W 中的超向量

$$\mathcal{T}(\boldsymbol{B})=(\mathcal{T}(\boldsymbol{v}_1),\cdots,\mathcal{T}(\boldsymbol{v}_n)).$$

设

$$\boldsymbol{C}=(\boldsymbol{w}_1,\cdots,\boldsymbol{w}_m)$$

是 W 的一组基. 那么对于向量 $\mathcal{T}(\boldsymbol{v}_j)$ 有

$$\mathcal{T}(\boldsymbol{v}_j)=\boldsymbol{w}_1a_{1j}+\cdots+\boldsymbol{w}_ma_{mj}=(\boldsymbol{w}_1,\cdots,\boldsymbol{w}_m)\begin{pmatrix}a_{1j}\\ \vdots\\ a_{mj}\end{pmatrix}=\boldsymbol{C}\boldsymbol{A}_j,\quad j=1,\cdots,n,$$

其中 $\boldsymbol{A}_j$ 是向量 $\mathcal{T}(\boldsymbol{v}_j)$ 在基 $\boldsymbol{C}$ 下的坐标. 因此得到一个 $m\times n$ 矩阵

$$\boldsymbol{A}=\begin{pmatrix}\boldsymbol{A}_1, & \cdots, & \boldsymbol{A}_n\end{pmatrix}=\begin{pmatrix}a_{11} & \cdots & a_{1n}\\ \vdots & & \vdots\\ a_{m1} & \cdots & a_{mn}\end{pmatrix},$$

满足

$$\mathcal{T}(\boldsymbol{B})=(\mathcal{T}(\boldsymbol{v}_1),\cdots,\mathcal{T}(\boldsymbol{v}_n))=(\boldsymbol{w}_1,\cdots,\boldsymbol{w}_m)\begin{pmatrix}a_{11} & \cdots & a_{1n}\\ \vdots & & \vdots\\ a_{m1} & \cdots & a_{mn}\end{pmatrix}=\boldsymbol{C}\boldsymbol{A},$$

将 $\boldsymbol{A}$ 称为线性变换 $\mathcal{T}: V \to W$ 在基 $\boldsymbol{B}$ 和 $\boldsymbol{C}$ 下的矩阵.

进一步, 对于 V 中的任意向量 $\boldsymbol{v} = \boldsymbol{BX}$, 有 $\boldsymbol{w} = \boldsymbol{\mathcal{T}}(\boldsymbol{v}) \in W$, 记向量 $\boldsymbol{w}$ 在基 $\boldsymbol{C}$ 下的坐标为 $\boldsymbol{Y}$, 亦即

$$\boldsymbol{w} = \mathcal{T}(\boldsymbol{v}) = \boldsymbol{CY},$$

另一方面

$$\mathcal{T}(\boldsymbol{v}) = \mathcal{T}(\boldsymbol{BX}) = \mathcal{T}(\boldsymbol{B})\boldsymbol{X} = \boldsymbol{CAX},$$

由坐标的唯一性知

$$\boldsymbol{Y} = \boldsymbol{AX}.$$

总结一下, 给了实数域上的任意一个 $m \times n$ 矩阵 $\boldsymbol{A}$, "左乘"

$$\mathbb{R}^n \xrightarrow{\boldsymbol{A}} \mathbb{R}^m$$

$$\boldsymbol{X} \mapsto \boldsymbol{AX}$$

给出了一个线性映射; 反过来, 任给一个从 n 维线性空间 V 到 m 维线性空间 W 的线性映射 $\mathcal{T}: V \longrightarrow W$, 给定 V 的一组基 $\boldsymbol{B}$ 和 W 的一组基 $\boldsymbol{C}$ 后, 有唯一的 $m \times n$ 的矩阵 $\boldsymbol{A}$ 与之对应. 有鉴于此, 可以将线性映射视作矩阵的提升.

习 题 3.1

1. 定义线性空间 $\mathbb{R}^4$ 到 $\mathbb{R}^3$ 的映射如下:

$$\mathcal{T}\begin{pmatrix} x_1 \\ x_2 \\ x_3 \\ x_4 \end{pmatrix} = \begin{pmatrix} -x_1 + x_2 + 2x_3 + x_4 \\ -2x_2 + x_3 \\ -x_1 - x_2 + 3x_3 + x_4 \end{pmatrix}.$$

(a) 证明 $\mathcal{T}$ 是一个线性映射;

(b) 求 $\mathcal{T}$ 在下列基下的矩阵

$$\mathbb{R}^4\text{中的基}\boldsymbol{B}: \quad \boldsymbol{\eta}_1 = \begin{pmatrix} 1 \\ 0 \\ 1 \\ 1 \end{pmatrix}, \boldsymbol{\eta}_2 = \begin{pmatrix} 0 \\ 1 \\ 0 \\ 1 \end{pmatrix}, \boldsymbol{\eta}_3 = \begin{pmatrix} 0 \\ 0 \\ 1 \\ 0 \end{pmatrix}, \boldsymbol{\eta}_4 = \begin{pmatrix} 0 \\ 0 \\ 2 \\ 1 \end{pmatrix},$$

和

$$\mathbb{R}^3\text{中的基}\boldsymbol{C}:\quad \boldsymbol{\gamma}_1=\begin{pmatrix}1\\1\\1\end{pmatrix},\boldsymbol{\gamma}_2=\begin{pmatrix}1\\0\\-1\end{pmatrix},\boldsymbol{\gamma}_3=\begin{pmatrix}0\\1\\0\end{pmatrix}.$$

2. 定义线性空间 $\mathbb{R}^3$ 到 $\mathbb{R}^4$ 的映射如下:

$$\mathcal{T}\begin{pmatrix}x_1\\x_2\\x_3\end{pmatrix}=\begin{pmatrix}x_1+x_3\\-x_1+x_2+x_3\\2x_1+x_3\\x_2+2x_3\end{pmatrix}.$$

(a) 证明 $\mathcal{T}$ 是一个线性映射;

(b) 求 $\mathcal{T}$ 在下列基下的矩阵

$$\mathbb{R}^3\text{中的基}\boldsymbol{C}:\quad \boldsymbol{\eta}_1=\begin{pmatrix}1\\1\\1\end{pmatrix},\boldsymbol{\eta}_2=\begin{pmatrix}1\\0\\-1\end{pmatrix},\boldsymbol{\eta}_3=\begin{pmatrix}0\\1\\0\end{pmatrix},$$

和

$$\mathbb{R}^4\text{中的基}\boldsymbol{B}:\quad \gamma_1=\begin{pmatrix}1\\0\\1\\1\end{pmatrix},\gamma_2=\begin{pmatrix}0\\1\\0\\1\end{pmatrix},\gamma_3=\begin{pmatrix}0\\0\\1\\0\end{pmatrix},\gamma_4=\begin{pmatrix}0\\0\\2\\1\end{pmatrix}.$$

3.2 线性方程组解的结构定理

前面已经看到, 对于任意从 n 维线性空间 V 到 m 维线性空间 W 的线性映射 $\mathcal{T}:V\longrightarrow W$, 给定 V 的一组基 $\boldsymbol{B}$ 和 W 的一组基 $\boldsymbol{C}$ 后, 有唯一的 $m\times n$ 的矩阵 $\boldsymbol{A}$ 与之对应. 由于线性空间的基不唯一, 本节首先考察线性映射 $V\xrightarrow{\mathcal{T}}W$ 在不同基下的矩阵之间的关系.

3.2.1 线性映射在不同基下的矩阵

设

$$\boldsymbol{B}=(\boldsymbol{v}_1,\cdots,\boldsymbol{v}_n),\quad \boldsymbol{B}'=(\boldsymbol{v}_1',\cdots,\boldsymbol{v}_n')$$

是线性空间 V 的两组基, n 阶可逆矩阵 $\boldsymbol{P}$ 是它们之间的过渡矩阵, 即

$$\boldsymbol{B}' = \boldsymbol{B}\boldsymbol{P}.$$

同样, 设

$$\boldsymbol{C} = (\boldsymbol{w}_1, \cdots, \boldsymbol{w}_m), \quad \boldsymbol{C}' = (\boldsymbol{w}_1', \cdots, \boldsymbol{w}_m')$$

是线性空间 W 的两组基, m 阶可逆矩阵 $\boldsymbol{Q}$ 是它们之间的过渡矩阵, 亦即

$$\boldsymbol{C}' = \boldsymbol{C}\boldsymbol{Q}.$$

对于任意 $\boldsymbol{v} \in V$, 有

$$\boldsymbol{v} = \boldsymbol{B}\boldsymbol{X} = \boldsymbol{B}'\boldsymbol{X}'$$

以及

$$\mathcal{T}(\boldsymbol{v}) = \boldsymbol{C}\boldsymbol{Y} = \boldsymbol{C}'\boldsymbol{Y}'.$$

设 $\boldsymbol{A}$ 是线性映射 $\mathcal{T}$ 在基 $\boldsymbol{B}$ 和 $\boldsymbol{C}$ 下的矩阵, 在 3.1.3 节中知

$$\boldsymbol{Y} = \boldsymbol{A}\boldsymbol{X}.$$

由向量在不同基下的坐标之间的关系 (见 2.3.2 节) 可知

$$\boldsymbol{Q}\boldsymbol{Y}' = \boldsymbol{A}(\boldsymbol{P}\boldsymbol{X}')$$

亦即

$$\boldsymbol{Y}' = \boldsymbol{Q}^{-1}\boldsymbol{A}\boldsymbol{P}\boldsymbol{X}' = (\boldsymbol{Q}^{-1}\boldsymbol{A}\boldsymbol{P})\boldsymbol{X}'.$$

若记 $\boldsymbol{A}'$ 为 $\mathcal{T}$ 在“新”基 $\boldsymbol{B}'$ 和 $\boldsymbol{C}'$ 下的矩阵, 则得到

$$\boldsymbol{A}' = \boldsymbol{Q}^{-1}\boldsymbol{A}\boldsymbol{P}.$$

进一步有:

定理 3.2.1 设 $\mathcal{T}: V \longrightarrow W$ 是 n 维线性空间 V 到 m 维线性空间 W 的线性映射. 则存在 V 的一组基 $\boldsymbol{B}$ 和 $\boldsymbol{W}$ 的一组基 $\boldsymbol{C}$, 使得 $\mathcal{T}$ 在基 $\boldsymbol{B}$ 和 $\boldsymbol{C}$ 下的矩阵为

$$\begin{pmatrix} \boldsymbol{E}_r & 0 \\ 0 & 0 \end{pmatrix},$$

其中, $\boldsymbol{E}_r$ 是 $r \times r$ 单位矩阵.

证明 将 $\operatorname{Ker}\mathcal{T}$ 的一组基

$$(\boldsymbol{u}_1, \cdots, \boldsymbol{u}_k)$$

扩充为线性空间 V 的一组基

$$\boldsymbol{B} = (\boldsymbol{v}_1, \cdots, \boldsymbol{v}_r, \boldsymbol{u}_1, \cdots, \boldsymbol{u}_k)$$

其中, $r = n - k$. 记 $\boldsymbol{w}_i = \mathcal{T}(\boldsymbol{v}_i)$. 同定理 3.1.5 的证明一样, 有

$$(\boldsymbol{w}_1, \cdots, \boldsymbol{w}_r)$$

是 $\operatorname{Im}\mathcal{T}$ 的一组基, 将其扩充为 W 的一组基

$$\boldsymbol{C} = (\boldsymbol{w}_1, \cdots, \boldsymbol{w}_r, \boldsymbol{z}_1, \cdots, \boldsymbol{z}_{m-r}).$$

则由

$$\mathcal{T}(\boldsymbol{v}_1) = \boldsymbol{w}_1, \cdots, \mathcal{T}(\boldsymbol{v}_r) = \boldsymbol{w}_r, \mathcal{T}(\boldsymbol{u}_1) = \boldsymbol{0}, \cdots, \mathcal{T}(\boldsymbol{u}_k) = \boldsymbol{0}$$

可知线性映射 $\mathcal{T}$ 在基 $\boldsymbol{B}$ 和 $\boldsymbol{C}$ 下的矩阵为

$$\begin{pmatrix} \boldsymbol{E}_r & 0 \\ 0 & 0 \end{pmatrix}.$$

□

根据上面的讨论, 得到对于任意 $m \times n$ 矩阵 $\boldsymbol{A}$, 存在 m 阶可逆矩阵 $\boldsymbol{Q}$ 和 n 阶可逆矩阵 $\boldsymbol{P}$, 使得

$$\boldsymbol{Q}^{-1}\boldsymbol{A}\boldsymbol{P} = \begin{pmatrix} \boldsymbol{E}_r & 0 \\ 0 & 0 \end{pmatrix}.$$

回忆推论 1.6.20, 可逆矩阵 $\boldsymbol{P}, \boldsymbol{Q}$ 写为一系列初等矩阵的乘积, 这意味着此定理实际是重申了矩阵的标准型, 亦即对于任意 $m \times n$ 矩阵 $\boldsymbol{A}$, 经过若干初等行变换和列变换后化为它的标准型

$$\begin{pmatrix} \boldsymbol{E}_r & 0 \\ 0 & 0 \end{pmatrix},$$

其中, r 是矩阵 $\boldsymbol{A}$ 的秩.

3.2.2 应用：线性方程组解的结构定理

将上面的这些结果应用到“左乘”：给了实数域上的任意一个 $m\times n$ 矩阵 $\boldsymbol{A}$,

$$\mathcal{T}:\mathbb{R}^n \xrightarrow{\boldsymbol{A}} \mathbb{R}^m$$

$$\boldsymbol{X}\mapsto \boldsymbol{AX}$$

此线性映射的像 $\operatorname{Im}\mathcal{T}$ 是矩阵 $\boldsymbol{A}$ 的列空间 (命题 2.2.20), 由上面的证明可知其维数是矩阵 $\boldsymbol{A}$ 的秩,

$$\dim\operatorname{Im}\mathcal{T}=r=\operatorname{rank}(\boldsymbol{A}).$$

这又给出了矩阵的秩的另一个刻画:

推论 3.2.2 矩阵的秩等于其列空间的维数. □

例 3.2.3 设有线性空间 $\mathbb{R}^4$ 中的向量组

$$\boldsymbol{\alpha}_1=\begin{pmatrix}1\\-3\\0\\2\end{pmatrix},\boldsymbol{\alpha}_2=\begin{pmatrix}-2\\1\\1\\1\end{pmatrix},\boldsymbol{\alpha}_3=\begin{pmatrix}-1\\-2\\1\\3\end{pmatrix}.$$

求由此向量组生成的子空间 $L(\boldsymbol{\alpha}_1,\boldsymbol{\alpha}_2,\boldsymbol{\alpha}_3)$ 的维数和一组基.

解 对矩阵 $\boldsymbol{A}=(\boldsymbol{\alpha}_1,\boldsymbol{\alpha}_2,\boldsymbol{\alpha}_3)$ 进行初等行变换,

$$\boldsymbol{A}=\begin{pmatrix}1&-2&-1\\-3&1&-2\\0&1&1\\2&1&3\end{pmatrix}\to\begin{pmatrix}1&-2&-1\\0&1&1\\0&0&0\\0&0&0\end{pmatrix},$$

由此知

$$\dim L(\boldsymbol{\alpha}_1,\boldsymbol{\alpha}_2,\boldsymbol{\alpha}_3)=\operatorname{rank}(\boldsymbol{A})=2.$$

又 $\boldsymbol{\alpha}_1,\boldsymbol{\alpha}_2$ 线性无关, 故 $\boldsymbol{\alpha}_1,\boldsymbol{\alpha}_2$ 是子空间 $L(\boldsymbol{\alpha}_1,\boldsymbol{\alpha}_2,\boldsymbol{\alpha}_3)$ 的一组基.

再回到“左乘”映射

$$\mathcal{T}:\mathbb{R}^n \xrightarrow{\boldsymbol{A}} \mathbb{R}^m$$

$$\boldsymbol{X}\mapsto \boldsymbol{AX}.$$

根据定义, 此线性映射的核

$$\operatorname{Ker}\mathcal{T}=\{X\in\mathbb{R}^n|\boldsymbol{AX}=\boldsymbol{0}\}$$

恰为齐次线性方程组 $\boldsymbol{AX}=\boldsymbol{0}$ 的解空间.

定义 3.2.4 齐次线性方程组的解空间的一组基称为这个齐次线性方程组的一个**基础解系**.

结合维数公式 (定理 3.1.5), 立即有

定理 3.2.5 *n 元齐次线性方程组*

$$\boldsymbol{AX}=\boldsymbol{0}$$

的基础解系所含向量的个数 (亦即其解空间的维数) 为

$$n-r$$

其中, r 是其系数矩阵 $\boldsymbol{A}$ *的秩.* □

因此要写出 n 元齐次线性方程组

$$\boldsymbol{AX}=\boldsymbol{0}$$

的通解就只需要给出它的 $n-r$ 个线性无关的解, 这 $n-r$ 个线性无关的解向量构成了一个基础解系. 在第一章中已经学过利用消元法来求解齐次线性方程组, 具体来说, 通过初等行变换将系数矩阵 $\boldsymbol{A}$ 化为阶梯形, 阶梯形中主元的个数 r 即为系数矩阵的秩, 因此没有主元的那些列所对应的 $n-r$ 个未知量就是一组自由未知量, 那么轮流让某个自由未知量取值为 1, 其他的取为 0, 确定的这 $n-r$ 个线性方程组的解向量是线性无关的, 亦即得到了线性方程组的一个基础解系.

例 3.2.6 求齐次线性方程组

$$\begin{cases} x_1+x_2+2x_3-x_4=0, \\ x_1+x_2+x_3+2x_4=0, \\ 2x_1+2x_2+3x_3+x_4=0. \end{cases}$$

的通解.

解 记

$$\boldsymbol{A}=\begin{pmatrix} 1 & 1 & 2 & -1 \\ 1 & 1 & 1 & 2 \\ 2 & 2 & 3 & 1 \end{pmatrix}$$

经过初等行变换化为阶梯形

$$\boldsymbol{A}\longrightarrow\begin{pmatrix} 1 & 1 & 2 & -1 \\ 0 & 0 & -1 & 3 \\ 0 & 0 & 0 & 0 \end{pmatrix}$$

故系数矩阵的秩为 2, 于是 $n-r=4-2=2$, 故自由未知量的个数是 2. 没有主元的列所对应的未知量 x_2 和 x_4 为自由未知量, 则

$$\begin{cases} x_1+2x_3=-x_2+x_4 \\ x_3=3x_4 \end{cases}$$

把 $(1,0)$ 和 $(0,1)$ 分别代入 (x_2,x_4), 得到

$$\boldsymbol{\eta}_1=\begin{pmatrix}-1\\1\\0\\0\end{pmatrix} \quad 和 \quad \boldsymbol{\eta}_2=\begin{pmatrix}-5\\0\\3\\1\end{pmatrix}.$$

它们构成线性方程组的一个基础解系, 故方程的通解为

$$k_1\boldsymbol{\eta}_1+k_2\boldsymbol{\eta}_2=k_1\begin{pmatrix}-1\\1\\0\\0\end{pmatrix}+k_2\begin{pmatrix}-5\\0\\3\\1\end{pmatrix}$$

其中, k_1,k_2 为任意实数. □

对于一般线性方程组 $\boldsymbol{AX}=\boldsymbol{\beta}$:

$$(1)\begin{cases} a_{11}x_1+a_{12}x_2+\cdots+a_{1n}x_n=b_1, \\ a_{21}x_1+a_{22}x_2+\cdots+a_{2n}x_n=b_2, \\ \cdots\cdots \\ a_{m1}x_1+a_{m2}x_2+\cdots+a_{mn}x_n=b_m. \end{cases}$$

有它的导出组 $\boldsymbol{AX}=\boldsymbol{0}$:

$$(2)\begin{cases} a_{11}x_1+a_{12}x_2+\cdots+a_{1n}x_n=0, \\ a_{21}x_1+a_{22}x_2+\cdots+a_{2n}x_n=0, \\ \cdots\cdots \\ a_{m1}x_1+a_{m2}x_2+\cdots+a_{mn}x_n=0. \end{cases}$$

容易看出一般线性方程组和它的导出组的解有如下密切的关系:

(1) 线性方程组的两个解的差是导出组的解.

(2) 线性方程组的一个解与它的导出组的一个解之和还是这个线性方程组的一个解.

因此在有解的前提下, 关于一般的线性方程组有下面的解的结构定理.

定理 3.2.7 (线性方程组解的结构定理) 如果 γ_0 是方程组

$$\boldsymbol{AX}=\boldsymbol{\beta}$$

的一个特解, 那么方程组的任一个解都可以表示成

$$\boldsymbol{\gamma}=\boldsymbol{\gamma}_0+\boldsymbol{\eta},$$

其中 $\boldsymbol{\eta}$ 是其导出组 $\boldsymbol{AX}=\mathbf{0}$ 的一个解.

证明

$$\boldsymbol{\gamma}=\boldsymbol{\gamma}_0+(\boldsymbol{\gamma}-\boldsymbol{\gamma}_0),$$

又 $\boldsymbol{\gamma}-\boldsymbol{\gamma}_0$ 是其导出组的一个解, 故

$$\boldsymbol{\gamma}=\boldsymbol{\gamma}_0+\boldsymbol{\eta}.$$

于是在 $\boldsymbol{\eta}$ 取遍导出组的全部解的时候, $\boldsymbol{\gamma}=\boldsymbol{\gamma}_0+\boldsymbol{\eta}$ 就取遍了线性方程组的全部解. □

从线性映射的角度来看上述结构定理, 其含义更加清晰. 事实上, 给定线性方程组

$$\boldsymbol{A}_{m\times n}\boldsymbol{X}=\boldsymbol{\beta},$$

其系数矩阵定义的左乘映射记为

$$\mathcal{T}:\mathbb{R}^n\xrightarrow{\boldsymbol{A}}\mathbb{R}^m$$
$$\boldsymbol{X}\mapsto\boldsymbol{AX}.$$

因此线性方程组的所有解构成集合

$$S=\{\boldsymbol{\gamma}\in\mathbb{R}^n|\mathcal{T}(\boldsymbol{\gamma})=\boldsymbol{\beta}\}.$$

在几何上, 将这个集合称为映射 $\mathcal{T}$ 在 $\boldsymbol{\beta}$ 处的**纤维**. 求解线性方程组即为求集合 S. 若 $\boldsymbol{\gamma}_0$ 是线性方程组的一个特解, 则 $\boldsymbol{\gamma}_0\in S$, 即

$$\mathcal{T}(\boldsymbol{\gamma}_0)=\boldsymbol{\beta}.$$

因此对于任意的 $\gamma \in S$, 有

$$\mathcal{T}(\gamma) - \mathcal{T}(\gamma_0) = \boldsymbol{\beta} - \boldsymbol{\beta} = \mathbf{0}.$$

由 $\mathcal{T}$ 是线性映射可知

$$\mathcal{T}(\gamma - \gamma_0) = \mathbf{0},$$

亦即

$$\gamma - \gamma_0 \in \operatorname{Ker}\mathcal{T}.$$

而 $\operatorname{Ker}\mathcal{T}$ 正是线性方程组的导出组的解空间. 于是在 $\boldsymbol{\eta}$ 取遍导出组的全部解的时候, $\gamma = \gamma_0 + \boldsymbol{\eta}$ 就取遍了线性方程组的全部解.

例 3.2.8 求解线性方程组

$$\begin{cases} x_1 + x_2 - x_3 + x_4 + 2x_5 = 1, \\ 2x_1 + 2x_2 + x_3 + 2x_4 + 3x_5 = 2, \\ 3x_1 + 3x_2 + 3x_4 + x_5 = 3. \end{cases}$$

解 对其增广矩阵做初等行变换

$$\bar{\boldsymbol{A}} = \begin{pmatrix} 1 & 1 & -1 & 1 & 2 & 1 \\ 2 & 2 & 1 & 2 & 3 & 2 \\ 3 & 3 & 0 & 3 & 1 & 3 \end{pmatrix} \longrightarrow \begin{pmatrix} 1 & 1 & -1 & 1 & 2 & 1 \\ 0 & 0 & 3 & 0 & -1 & 0 \\ 0 & 0 & 0 & 0 & -4 & 0 \end{pmatrix}$$

知

$$\operatorname{rank}(\boldsymbol{A}) = \operatorname{rank}(\bar{\boldsymbol{A}}) = 3,$$

故方程组有解.

由

$$n - r = 5 - 3 = 2$$

知导出组的基础解系所含向量的个数为 2. 没有主元的列所对应的未知量 x_2 和 x_4 为自由未知量.

取 $x_2 = x_4 = 0$, 可以很容易地得到方程组的一个特解

$$\gamma_0 = \begin{pmatrix} 1 \\ 0 \\ 0 \\ 0 \\ 0 \end{pmatrix}.$$

其系数矩阵对应的阶梯形为

$$\begin{pmatrix} 1 & 1 & -1 & 1 & 2 \\ 0 & 0 & 3 & 0 & -1 \\ 0 & 0 & 0 & 0 & -4 \end{pmatrix}$$

取 (x_2, x_4) 分别为 $(1,0)$ 和 $(0,1)$, 可以求得导出组的基础解系为

$$\boldsymbol{\eta}_1 = \begin{pmatrix} -1 \\ 1 \\ 0 \\ 0 \\ 0 \end{pmatrix}, \quad \boldsymbol{\eta}_2 = \begin{pmatrix} -1 \\ 0 \\ 0 \\ 1 \\ 0 \end{pmatrix}$$

故线性方程组的通解为

$$\boldsymbol{\gamma} = \boldsymbol{\gamma}_0 + k_1\boldsymbol{\eta}_1 + k_2\boldsymbol{\eta}_2 = \begin{pmatrix} 1 \\ 0 \\ 0 \\ 0 \\ 0 \end{pmatrix} + k_1 \begin{pmatrix} -1 \\ 1 \\ 0 \\ 0 \\ 0 \end{pmatrix} + k_2 \begin{pmatrix} -1 \\ 0 \\ 0 \\ 1 \\ 0 \end{pmatrix}$$

其中, k_1, k_2 是任意实数. □

习 题 3.2

1. 设齐次线性方程组

$$\begin{cases} ax_1 + bx_2 + bx_3 + \cdots + bx_n = 0, \\ bx_1 + ax_2 + bx_3 + \cdots + bx_n = 0, \\ \qquad \cdots\cdots \\ bx_1 + bx_2 + bx_3 + \cdots + ax_n = 0. \end{cases}$$

中 $a \neq 0, b \neq 0, n \geqslant 2$. 试讨论 a, b 为何值时, 方程组仅有零解, 有无穷多组解? 在有无穷多组解时用基础解系表示出全部解.

2. 已知下列两齐次线性方程组同解,

$$(1)\begin{cases} x_1+2x_2+3x_3=0, \\ 2x_1+3x_2+5x_3=0, \\ x_1+x_2+ax_3=0, \end{cases} \quad (2)\begin{cases} x_1+bx_2+cx_3=0, \\ 2x_1+b^2x_2+(c+1)x_3=0. \end{cases}$$

求 a,b,c 的值.

3. 设线性方程组

$$\begin{cases} x_1+x_2+x_3=0, \\ x_1+2x_2+ax_3=0, \\ x_1+4x_2+a^2x_3=0, \end{cases}$$

与方程

$$x_1+2x_2+x_3=a-1$$

有公共解, 求 a 的值及所有公共解.

4. 设四元非齐次线性组系数矩阵的秩为 3, 已知 $\boldsymbol{\eta}_1,\boldsymbol{\eta}_2,\boldsymbol{\eta}_3$ 是它的三个解向量, 其中

$$\boldsymbol{\eta}_1=\begin{pmatrix} 2 \\ 0 \\ 5 \\ -1 \end{pmatrix}, \quad \boldsymbol{\eta}_2+\boldsymbol{\eta}_3=\begin{pmatrix} 1 \\ 9 \\ 8 \\ 8 \end{pmatrix},$$

求方程组的通解.

5. 设 $\boldsymbol{\gamma}$ 是 n 元非齐次线性方程组 $\boldsymbol{AX}=\boldsymbol{\beta}$ 的一个解. 若 $\boldsymbol{\eta}_1,\boldsymbol{\eta}_2,\cdots,\boldsymbol{\eta}_{n-r}$ 是其导出组 $\boldsymbol{AX}=\mathbf{0}$ 的基础解系, 证明:

(a) $\boldsymbol{\gamma},\boldsymbol{\eta}_1,\boldsymbol{\eta}_2,\cdots,\boldsymbol{\eta}_{n-r}$ 线性无关;

(b) $\boldsymbol{\gamma},\boldsymbol{\eta}_1+\boldsymbol{\gamma},\boldsymbol{\eta}_2+\boldsymbol{\gamma},\cdots,\boldsymbol{\eta}_{n-r}+\boldsymbol{\gamma}$ 线性无关.

6. 设 $\boldsymbol{\eta}_1,\boldsymbol{\eta}_2,\cdots,\boldsymbol{\eta}_s$ 是非齐次线性方程组 $\boldsymbol{AX}=\boldsymbol{\beta}$ 的 s 个解, $k_1,k_2,\cdots,k_s$ 为实数, 满足

$$k_1+k_2+\cdots+k_s=1,$$

证明 $\boldsymbol{\gamma}=k_1\boldsymbol{\eta}_1+\cdots+k_s\boldsymbol{\eta}_s$ 也是 $\boldsymbol{AX}=\boldsymbol{\beta}$ 的解.

7. 设非齐次线性方程组 $\boldsymbol{AX}=\boldsymbol{\beta}$ 的系数矩阵的秩为 $\boldsymbol{r}$, $\boldsymbol{\eta}_1,\boldsymbol{\eta}_2,\cdots,\boldsymbol{\eta}_{n-r+1}$ 是它的 $n-r+1$ 个线性无关解. 证明它的任一解可表示为

$$\boldsymbol{\gamma}=k_1\boldsymbol{\eta}_1+\cdots+k_{n-r+1}\boldsymbol{\eta}_{n-r+1}, \quad 其中\ k_1+\cdots+k_{n-r+1}=1.$$

8. 设向量组 $\boldsymbol{B}=(\boldsymbol{v}_1,\cdots,\boldsymbol{v}_r)$ 能由向量组 $\boldsymbol{A}=(\boldsymbol{w}_1,\cdots,\boldsymbol{w}_s)$ 线性表出为

$$(\boldsymbol{v}_1,\boldsymbol{v}_2,\cdots,\boldsymbol{v}_r)=(\boldsymbol{w}_1,\boldsymbol{w}_2,\cdots,\boldsymbol{w}_s)\boldsymbol{K},$$

其中, $\boldsymbol{K}$ 为 $s\times r$ 矩阵. 若向量组 $\boldsymbol{A}$ 线性无关, 证明向量组 $\boldsymbol{B}$ 线性无关的充分必要条件是矩阵 $\boldsymbol{K}$ 的秩为 r.

9. 设

$$\boldsymbol{A}=\begin{pmatrix}\lambda & 1 & 1\\ 0 & \lambda-1 & 0\\ 1 & 1 & \lambda\end{pmatrix},\boldsymbol{\beta}=\begin{pmatrix}a\\ 1\\ 1\end{pmatrix}.$$

已知线性方程组 $\boldsymbol{AX}=\boldsymbol{\beta}$ 存在 2 个不同的解,

(a) 求 λ,a;

(b) 求解线性方程组 $\boldsymbol{AX}=\boldsymbol{\beta}$.

10. 设有 $n(\geqslant 2)$ 元齐次线性方程组

$$\begin{cases}(1+a)x_1+x_2+\cdots+x_n=0,\\ 2x_1+(2+a)x_2+\cdots+2x_n=0,\\ \cdots\cdots\\ nx_1+nx_2+\cdots+(n+a)x_n=0.\end{cases}$$

试求 a, 使得方程组有非零解, 并用基础解系表示其通解.

11. 已知 $\boldsymbol{\alpha}_1,\boldsymbol{\alpha}_2,\boldsymbol{\alpha}_3,\boldsymbol{\alpha}_4$ 是齐次线性方程组 $\boldsymbol{AX}=\boldsymbol{0}$ 的一个基础解系, 若

$$\boldsymbol{\beta}_1=\boldsymbol{\alpha}_1+t\boldsymbol{\alpha}_2,\boldsymbol{\beta}_2=\boldsymbol{\alpha}_2+t\boldsymbol{\alpha}_3,\boldsymbol{\beta}_3=\boldsymbol{\alpha}_3+t\boldsymbol{\alpha}_4,\boldsymbol{\beta}_4=\boldsymbol{\alpha}_4+t\boldsymbol{\alpha}_1.$$

试讨论 t 满足什么条件时, $\boldsymbol{\beta}_1,\cdots,\boldsymbol{\beta}_4$ 也构成齐次线性方程组 $\boldsymbol{AX}=\boldsymbol{0}$ 的一个基础解系.

3.3 线性变换

3.3.1 线性变换的定义

本节学习从线性空间 V 到 V 的线性映射 $\mathcal{A}:V\to V$, 这样的线性映射称为线性空间 V 上的线性变换.

比如 $n \times n$ 方阵 $\boldsymbol{A}$ 定义的左乘

$$\mathcal{A}: \mathbb{R}^n \xrightarrow{\boldsymbol{A}} \mathbb{R}^n$$
$$\boldsymbol{X} \mapsto \boldsymbol{A}\boldsymbol{X}$$

是一个线性变换.

例 3.3.1 实平面 $\mathbb{R}^2$ 上关于原点逆时针旋转 θ 角度的旋转变换是一个线性变换.

$$R: \mathbb{R}^2 \longrightarrow \mathbb{R}^2$$
$$\boldsymbol{X} = \begin{pmatrix} r\cos\alpha \\ r\sin\alpha \end{pmatrix} \mapsto R\boldsymbol{X} = \begin{pmatrix} \cos\theta & -\sin\theta \\ \sin\theta & \cos\theta \end{pmatrix} \begin{pmatrix} r\cos\alpha \\ r\sin\alpha \end{pmatrix} = \begin{pmatrix} r\cos(\alpha+\theta) \\ r\sin(\alpha+\theta) \end{pmatrix}$$

□

例 3.3.2 类似地, 实平面 $\mathbb{R}^2$ 上关于 x- 轴的翻转变换也是一个线性变换.

$$S: \mathbb{R}^2 \longrightarrow \mathbb{R}^2$$
$$\boldsymbol{X} = \begin{pmatrix} x \\ y \end{pmatrix} \mapsto S\boldsymbol{X} = \begin{pmatrix} 1 & 0 \\ 0 & -1 \end{pmatrix} \begin{pmatrix} x \\ y \end{pmatrix} = \begin{pmatrix} x \\ -y \end{pmatrix}$$

□

记 $\mathrm{End}_{\mathbb{R}}(V)$ 为实线性空间 V 上所有线性变换构成的集合, 对 $\mathcal{A}, \mathcal{B} \in \mathrm{End}_{\mathbb{R}}(V)$, 定义

$$\mathcal{A}+\mathcal{B}: V \to V$$
$$\boldsymbol{v} \mapsto (\mathcal{A}+\mathcal{B})(\boldsymbol{v}) = \mathcal{A}(\boldsymbol{v}) + \mathcal{B}(\boldsymbol{v})$$

以及任意实数 $c \in \mathbb{R}$, 定义

$$c\mathcal{A}: V \to V$$
$$\boldsymbol{v} \mapsto (c\mathcal{A})(\boldsymbol{v}) = c\mathcal{A}(\boldsymbol{v})$$

容易证明 $\mathrm{End}_{\mathbb{R}}(V)$ 按这样的加法和数乘也构成一个实线性空间.

3.3.2 线性变换的矩阵

线性变换 $\mathcal{A}: V \to V$ 是特殊的线性映射, 因此, 关于线性映射的结论对于线性变换都成立. 比如有如下的维数公式:

$$\dim \mathrm{Ker}\, \mathcal{A} + \dim \mathrm{Im}\, \mathcal{A} = \dim V.$$

当然, 在讨论线性变换时也要注意到一些细微差别. 在 3.3.1 节中, 为了刻画线性映射 $\mathcal{T}: V \to W$, 分别取了线性空间 V 的一组基 $\boldsymbol{B}$ 和 W 的一组基 $\boldsymbol{C}$. 而这里由于线性变换 $\mathcal{A}: V \to V$ 涉及的是同一个线性空间, 因此取

$$\boldsymbol{B} = \boldsymbol{C} = (\boldsymbol{v}_1, \cdots, \boldsymbol{v}_n)$$

为线性空间 V 的一组基. 设 $\mathcal{A}$ 在 $\boldsymbol{B}$ 下的矩阵为 $\boldsymbol{A} = (a_{ij})$, 则有

$$\mathcal{A}(\boldsymbol{B}) = \boldsymbol{BA},$$

其中, $\boldsymbol{A}$ 的第 j 列 $\boldsymbol{A}_j$ 是基向量 $\boldsymbol{v}_j$ 在 $\mathcal{A}$ 之下的像 $\mathcal{A}(\boldsymbol{v}_j)$ 在 $\boldsymbol{B}$ 下的坐标, 即

$$\mathcal{A}(\boldsymbol{v}_j) = \boldsymbol{BA}_j.$$

同 3.1.3 节中一样, 对于任意向量 $\boldsymbol{v} \in V$, 设 $\boldsymbol{v}$ 在 $\boldsymbol{B}$ 下的坐标为 $\boldsymbol{X}$, $\mathcal{A}(\boldsymbol{v})$ 在 $\boldsymbol{B}$ 下的坐标为 $\boldsymbol{Y}$, 则

$$\boldsymbol{v} = \boldsymbol{BX}, \mathcal{A}(\boldsymbol{v}) = \boldsymbol{BY}.$$

又

$$\mathcal{A}(\boldsymbol{v}) = \mathcal{A}(\boldsymbol{BX}) = \mathcal{A}(\boldsymbol{B})\boldsymbol{X} = \boldsymbol{BAX},$$

由坐标的唯一性可得

$$\boldsymbol{AX} = \boldsymbol{Y}.$$

称线性变换 $\mathcal{A}: V \to V$ 是可逆线性变换, 如果它在任意一组基 $\boldsymbol{B}$ 下的矩阵 $\boldsymbol{A}$ 是可逆矩阵.

若线性变换 $\mathcal{A}, \mathcal{B}$ 在基 $\boldsymbol{B}$ 下的矩阵分别为 $\boldsymbol{A}, \boldsymbol{B}$, 则线性变换 $\mathcal{A} + \mathcal{B}$ 在同一组基 $\boldsymbol{B}$ 下的矩阵为 $\boldsymbol{A} + \boldsymbol{B}$; 类似地, 线性变换 $c\mathcal{A}$ 在基 $\boldsymbol{B}$ 下的矩阵为 $c\boldsymbol{A}$. 更进一步, 线性变换的合成 $\mathcal{A} \circ \mathcal{B}$ 也是线性空间 V 上的线性变换, 它在基 $\boldsymbol{B}$ 下的矩阵为 $\boldsymbol{AB}$. 再一次看出, 线性映射 (线性变换) 是矩阵 (方阵) 的提升.

3.3.3 相似矩阵

下面考虑基变换. 设 $\boldsymbol{B}, \boldsymbol{B}'$ 是 V 的两组基, 且

$$\boldsymbol{B}' = \boldsymbol{BP},$$

其中, 可逆矩阵 $\boldsymbol{P}$ 是基 $\boldsymbol{B}$ 到 $\boldsymbol{B}'$ 的过渡矩阵. 记线性变换 $\mathcal{A}: V \to V$ 在基 $\boldsymbol{B}$ 和 $\boldsymbol{B}'$ 下的矩阵分别为 $\boldsymbol{A}$ 和 $\boldsymbol{A}'$. 于是

$$\mathcal{A}(\boldsymbol{B}') = \mathcal{A}(\boldsymbol{BP}) = \mathcal{A}(\boldsymbol{B})\boldsymbol{P} = \boldsymbol{BAP} = (\boldsymbol{B}'\boldsymbol{P}^{-1})\boldsymbol{AP} = \boldsymbol{B}'(\boldsymbol{P}^{-1}\boldsymbol{AP}).$$

由坐标的唯一性知

$$A' = P^{-1}AP.$$

定义 3.3.3 称 n 阶方阵 $\boldsymbol{A}'$ 与 $\boldsymbol{A}$ 相似, 如果存在可逆矩阵 $\boldsymbol{P}$ 使得

$$\boldsymbol{A}' = \boldsymbol{P}^{-1}\boldsymbol{A}\boldsymbol{P}.$$

矩阵的相似是等价关系, 它体现了同一个线性变换 $\mathcal{A}: V \to V$ 在不同基下的矩阵之间的关系.

回忆上一节中, 对于线性映射 $\mathcal{T}: V \to W$, 可取到 V 和 W 的基使得 $\mathcal{T}$ 的矩阵比较简单. 用矩阵的语言来说, 也就是对于任意 $m \times n$ 矩阵 $\boldsymbol{A}$, 存在 m 阶可逆矩阵 $\boldsymbol{Q}$ 和 n 阶可逆矩阵 $\boldsymbol{P}$, 使得

$$\boldsymbol{Q}^{-1}\boldsymbol{A}\boldsymbol{P} = \begin{pmatrix} \boldsymbol{E}_r & 0 \\ 0 & 0 \end{pmatrix}.$$

自然, 在线性变换的情形中, 问题就成了给定的 $n \times n$ 方阵 $\boldsymbol{A}$ 能否相似于一个相对简单的矩阵. 注意到现在只有一个线性空间 V, 考虑的是同一个线性空间的基 $\boldsymbol{B}$ 和 $\boldsymbol{B}'$, 也就是相对于线性映射情形里的可逆矩阵 $\boldsymbol{Q}$ 和 $\boldsymbol{P}$, 这里我们只有一个可逆矩阵 $\boldsymbol{P}$. 用矩阵的初等变换来描述就是, 当我们对矩阵 $\boldsymbol{A}$ 进行矩阵 $\boldsymbol{P}$ 对应的一系列初等列变换的同时还需要对它进行矩阵 $\boldsymbol{P}$ 的逆所对应的初等行变换. 因此相对于线性映射的情形, 这里问题变得更复杂了. 需要引入新的工具, 这就是下一节要学习的线性变换的特征值与特征向量.

习 题 3.3

1. 在 $\mathbb{R}^3$ 中定义线性变换

$$\mathcal{A}\begin{pmatrix} x_1 \\ x_2 \\ x_3 \end{pmatrix} = \begin{pmatrix} 2x_1 - x_2 + 3x_3 \\ x_2 + x_3 \\ x_2 - x_3 \end{pmatrix},$$

试求 $\mathcal{A}$ 在标准基

$$\varepsilon_1 = \begin{pmatrix} 1 \\ 0 \\ 0 \end{pmatrix}, \varepsilon_2 = \begin{pmatrix} 0 \\ 1 \\ 0 \end{pmatrix}, \varepsilon_3 = \begin{pmatrix} 0 \\ 0 \\ 1 \end{pmatrix}$$

下的矩阵.

2. 设 $\mathbb{R}^3$ 中线性变换 $\mathcal{A}$ 在标准基 $\boldsymbol{\varepsilon}_1,\boldsymbol{\varepsilon}_2,\boldsymbol{\varepsilon}_3$ 下的矩阵是

$$\boldsymbol{A}=\begin{pmatrix}1&2&3\\-1&0&3\\2&1&5\end{pmatrix},$$

求 $\mathcal{A}$ 在另一组基

$$\begin{aligned}\boldsymbol{\eta}_1&=\boldsymbol{\varepsilon}_1,\\\boldsymbol{\eta}_2&=\boldsymbol{\varepsilon}_1+\boldsymbol{\varepsilon}_2,\\\boldsymbol{\eta}_3&=\boldsymbol{\varepsilon}_1+\boldsymbol{\varepsilon}_2+\boldsymbol{\epsilon}_3,\end{aligned}$$

下的矩阵 $\boldsymbol{A}'$.

3. 设 $\mathcal{A}$ 是线性空间 V 内的线性变换, $\boldsymbol{v}$ 是 V 中向量, d 是一正整数. 若

$$\mathcal{A}^{d-1}\boldsymbol{v}\neq\mathbf{0},\quad \mathcal{A}^{d}\boldsymbol{v}=\mathbf{0},$$

证明 $\boldsymbol{v},\mathcal{A}\boldsymbol{v},\cdots,\mathcal{A}^{d-1}\boldsymbol{v}$ 线性无关.

4. 设在 n 维线性空间 V 中有线性变换 $\mathcal{A}$ 与向量 $\boldsymbol{v}$ 使得

$$\mathcal{A}^{n-1}\boldsymbol{v}\neq\mathbf{0},\mathcal{A}^{n}\boldsymbol{v}=\mathbf{0}.$$

证明 $\mathcal{A}$ 在某一组基下的矩阵是

$$\boldsymbol{A}=\begin{pmatrix}0&&&&\\1&0&&&\\&1&0&&\\&&\ddots&\ddots&\\&&&1&0\end{pmatrix}.$$

5. 若 $\boldsymbol{A}$ 可逆, 证明: $\boldsymbol{AB}$ 与 $\boldsymbol{BA}$ 相似.

6. 若 $\boldsymbol{A}$ 与 $\boldsymbol{B}$ 相似, $\boldsymbol{C}$ 与 $\boldsymbol{D}$ 相似, 证明下面两矩阵相似:

$$\begin{pmatrix}\boldsymbol{A}&\boldsymbol{O}\\\boldsymbol{O}&\boldsymbol{C}\end{pmatrix}\ 与\ \begin{pmatrix}\boldsymbol{B}&\boldsymbol{O}\\\boldsymbol{O}&\boldsymbol{D}\end{pmatrix}.$$

7. 设 $\mathbb{R}^3$ 上的线性变换 $\mathcal{A}$ 在基

$$\boldsymbol{\eta}_1=\begin{pmatrix}-1\\1\\1\end{pmatrix},\boldsymbol{\eta}_2=\begin{pmatrix}1\\0\\-1\end{pmatrix},\boldsymbol{\eta}_3=\begin{pmatrix}0\\1\\1\end{pmatrix}$$

下的矩阵为

$$A=\begin{pmatrix}1&1&-1\\0&1&2\\1&0&0\end{pmatrix}.$$

求 $\mathcal{A}$ 在标准基

$$\varepsilon_1=\begin{pmatrix}1\\0\\0\end{pmatrix},\varepsilon_2=\begin{pmatrix}0\\1\\0\end{pmatrix},\varepsilon_3=\begin{pmatrix}0\\0\\1\end{pmatrix}$$

下的矩阵.

8. 设 $\mathbb{R}^3$ 上的线性变换 $\mathcal{A}$ 在标准基

$$\varepsilon_1=\begin{pmatrix}1\\0\\0\end{pmatrix},\varepsilon_2=\begin{pmatrix}0\\1\\0\end{pmatrix},\varepsilon_3=\begin{pmatrix}0\\0\\1\end{pmatrix}$$

下的矩阵为

$$A=\begin{pmatrix}1&0&3\\-1&1&0\\-3&1&-6\end{pmatrix}.$$

求 $\mathcal{A}$ 的核 $\mathrm{Ker}\,\mathcal{A}$.

3.4 特征向量

3.4.1 特征向量的定义

设 $\mathcal{A}: V\to V$ 是线性空间 V 上的线性变换.

定义 3.4.1 我们称一个非零向量 v 是线性变换 $\mathcal{A}$ 的**特征向量**, 如果存在实数 $\lambda\in\mathbb{R}$ 使得

$$\mathcal{A}(v)=\lambda v,$$

同时, 将上式中的 λ 称为 $\mathcal{A}$ 的**特征值**.

若 v 是 $\mathcal{A}$ 的特征向量, 则 v 的任意非零倍数 cv 也是 $\mathcal{A}$ 的特征向量

$$\mathcal{A}(cv)=c\mathcal{A}(v)=c(\lambda v)=\lambda(cv).$$

因此通常称 $\boldsymbol{v}$ 是属于特征值 λ 的一个特征向量.

根据定义, 特征向量一定是非零向量, 但特征值不一定非零. 属于特征值 0 的特征向量是线性变换 $\mathcal{A}$ 的核 $\operatorname{Ker}\mathcal{A}$ 中的非零向量

$$\mathcal{A}(\boldsymbol{v})=\boldsymbol{0}.$$

在 $V=\mathbb{R}^2$ 中, 非零向量 $\boldsymbol{v}$ 是线性变换的特征向量, 如果 $\boldsymbol{v}$ 和 $\mathcal{A}(\boldsymbol{v})$ 平行. 特别地, 称 n 维非零向量 $\boldsymbol{X}\in\mathbb{R}^n$ 是 $n\times n$ 方阵 $\boldsymbol{A}$ 的特征向量, 如果 $\boldsymbol{X}$ 是 $\boldsymbol{A}$ 确定的左乘线性变换

$$\mathcal{A}:\mathbb{R}^n \xrightarrow{\boldsymbol{A}} \mathbb{R}^n$$

$$\boldsymbol{X}\mapsto\boldsymbol{AX}$$

的特征向量.

定义 3.4.2 设 $\boldsymbol{A}$ 是 $n\times n$ 矩阵, 如果存在实数 λ 与 n 维非零向量 $\boldsymbol{X}\in\mathbb{R}^n$ 使得

$$\boldsymbol{AX}=\lambda\boldsymbol{X},$$

则称 λ 是 $\boldsymbol{A}$ 的一个特征值, $\boldsymbol{X}$ 是 $\boldsymbol{A}$ 的属于特征值 λ 的特征向量.

例 3.4.3 对 2×2 矩阵

$$\boldsymbol{A}=\begin{pmatrix}4&1\\0&2\end{pmatrix}$$

而言, 向量

$$\boldsymbol{\varepsilon}_1=\begin{pmatrix}1\\0\end{pmatrix}$$

是属于特征值 4 的特征向量.

由于矩阵的相似体现的是同一个线性变换在不同基下的矩阵之间的关系, 因此有:

命题 3.4.4 相似矩阵具有相同的特征值. □

3.4.2 特征向量的计算

接下来, 考虑如何求线性变换的特征值和特征向量. 若 $\boldsymbol{v}$ 是 $\mathcal{A}$ 的属于特征值 λ 的特征向量, 亦即

$$\mathcal{A}(\boldsymbol{v})=\lambda\boldsymbol{v},$$

改写一下即为

$$(\lambda\mathcal{I}-\mathcal{A})(\boldsymbol{v})=0,$$

其中, $\mathcal{I}$ 为 V 上的恒等变换, 因此有

非零向量 $\boldsymbol{v}$ 是线性变换 $\mathcal{A}$ 的特征向量当且仅当 $\boldsymbol{v}\in\mathrm{Ker}(\lambda\mathcal{I}-\mathcal{A})$.

若 $\boldsymbol{A}$ 是 $\mathcal{A}$ 在某组基 $\boldsymbol{B}$ 下的矩阵, 则 $\lambda\boldsymbol{E}-\boldsymbol{A}$ 是 $\lambda\mathcal{I}-\mathcal{A}$ 在同一组基 $\boldsymbol{B}$ 下的矩阵, 由于特征向量 $\boldsymbol{v}$ 是非零向量, 这就意味着齐次线性方程组

$$(\lambda\boldsymbol{E}-\boldsymbol{A})\boldsymbol{X}=\boldsymbol{0}$$

有非零解, 更进一步,

$$\det(\lambda\boldsymbol{E}-\boldsymbol{A})=0.$$

这就给出了求线性变换的特征值和特征向量的一般方法. 因此, 确定一个线性变换 $\mathcal{A}$ 的特征值与特征向量的方法可以分成下面几步.

(1) 在线性空间 V 中取一组基 $\boldsymbol{B}=(\boldsymbol{v}_1,\cdots,\boldsymbol{v}_n)$, 写出 $\mathcal{A}$ 在这组基下的矩阵 $\boldsymbol{A}$;

(2) 通过 $\det(\lambda\boldsymbol{E}-\boldsymbol{A})=0$ 求出线性变换 $\mathcal{A}$ 的全部特征值;

(3) 把所求得的特征值逐个代入方程组 $(\lambda\boldsymbol{E}-A)\boldsymbol{X}=\boldsymbol{0}$, 对于每一个特征值, 解方程组 $(\lambda_j\boldsymbol{E}-\boldsymbol{A})\boldsymbol{X}=\boldsymbol{0}$, 求出一组基础解系, 它们就是属于这个特征值 λ_j 线性无关的特征向量在这组基 $\boldsymbol{B}=(\boldsymbol{v}_1,\cdots,\boldsymbol{v}_n)$ 下的坐标, 这样, 就求出了属于每个特征值的全部线性无关的特征向量.

例 3.4.5 设线性变换 $\mathcal{A}$ 在基 $\varepsilon_1,\varepsilon_2,\varepsilon_3$ 下的矩阵是

$$\boldsymbol{A}=\begin{pmatrix}1&2&2\\2&1&2\\2&2&1\end{pmatrix},$$

求 $\mathcal{A}$ 的特征值与特征向量.

解 因为

$$|\lambda\boldsymbol{E}-\boldsymbol{A}|=\begin{vmatrix}\lambda-1&-2&-2\\-2&\lambda-1&-2\\-2&-2&\lambda-1\end{vmatrix}=(\lambda+1)^2(\lambda-5).$$

所以特征值是 -1(二重) 和 5.

把特征值 -1 代入齐次方程组 $(\lambda\boldsymbol{E}-\boldsymbol{A})\boldsymbol{X}=\boldsymbol{0}$, 得到

$$\begin{cases}-2x_1-2x_2-2x_3=0,\\-2x_1-2x_2-2x_3=0,\\-2x_1-2x_2-2x_3=0.\end{cases}$$

它的一个基础解系是

$$\begin{pmatrix}1\\0\\-1\end{pmatrix},\quad\begin{pmatrix}0\\1\\-1\end{pmatrix}.$$

因此, 属于 -1 的两个线性无关的特征向量就是

$$\boldsymbol{\xi}_1=\boldsymbol{\varepsilon}_1-\boldsymbol{\varepsilon}_3,\quad \boldsymbol{\xi}_2=\boldsymbol{\varepsilon}_2-\boldsymbol{\varepsilon}_3.$$

而属于-1 的全部特征向量就是

$$k_1\boldsymbol{\xi}_1+k_2\boldsymbol{\xi}_2,\quad k_1,k_2\text{不全为零}.$$

再将特征值 5 代入方程, 得到

$$\begin{cases}4x_1-2x_2-2x_3=0,\\-2x_1+4x_2-2x_3=0,\\-2x_1-2x_2+4x_3=0.\end{cases}$$

它的基础解系是

$$\begin{pmatrix}1\\1\\1\end{pmatrix},$$

因此属于 5 的一个线性无关的特征向量就是

$$\boldsymbol{\xi}_3=\boldsymbol{\varepsilon}_1+\boldsymbol{\varepsilon}_2+\boldsymbol{\varepsilon}_3,$$

而属于 5 的全部特征向量就是 $k\boldsymbol{\xi}_3, k\neq 0$.

注 3.4.6 如果只是让求矩阵 $\boldsymbol{A}$ 的特征值和特征向量, 那么属于 -1 的特征向量就是

$$k_1\begin{pmatrix}1\\0\\-1\end{pmatrix}+k_2\begin{pmatrix}0\\1\\-1\end{pmatrix},\quad k_1,k_2\text{不全为零}$$

属于 5 的特征向量就是

$$k\begin{pmatrix}1\\1\\1\end{pmatrix},\quad k\neq 0. \qquad \square$$

定义 3.4.7 多项式

$$p(x)=\det(x\boldsymbol{E}-\boldsymbol{A})=\begin{vmatrix}x-a_{11} & -a_{12} & \cdots & -a_{1n}\\ -a_{21} & x-a_{22} & \cdots & -a_{2n}\\ \vdots & \vdots & & \vdots\\ -a_{n1} & -a_{n2} & \cdots & x-a_{nn}\end{vmatrix}$$

称为线性变换 $\mathcal{A}$ 的**特征多项式**, 其中 $\boldsymbol{A}$ 是线性变换 $\mathcal{A}$ 在某组基 $\boldsymbol{B}$ 下的矩阵.

线性变换 $\mathcal{A}$ 的特征值 λ 就是特征多项式的根. 并且容易知道特征多项式与基的选取无关. 事实上, 如果选的另一组基 $\boldsymbol{B}'=\boldsymbol{B}\boldsymbol{P}$, 则 $\mathcal{A}$ 在 $\boldsymbol{B}'$ 下的矩阵为

$$\boldsymbol{A}'=\boldsymbol{P}^{-1}\boldsymbol{A}\boldsymbol{P},$$

于是

$$\begin{aligned}\det(x\boldsymbol{E}-\boldsymbol{A}')&=\det(x\boldsymbol{E}-\boldsymbol{P}^{-1}\boldsymbol{A}\boldsymbol{P})\\&=\det(\boldsymbol{P}^{-1}(x\boldsymbol{E}-\boldsymbol{A})\boldsymbol{P})\\&=\det\boldsymbol{P}^{-1}\det(x\boldsymbol{E}-\boldsymbol{A})\det\boldsymbol{P}\\&=\det(x\boldsymbol{E}-\boldsymbol{A}).\end{aligned}$$

当将

$$\det(x\boldsymbol{E}-\boldsymbol{A})=\begin{vmatrix}x-a_{11} & -a_{12} & \cdots & -a_{1n}\\ -a_{21} & x-a_{22} & \cdots & -a_{2n}\\ \vdots & \vdots & & \vdots\\ -a_{n1} & -a_{n2} & \cdots & x-a_{nn}\end{vmatrix}$$

按照行列式的计算方法将其完全展开, 由于变量 x 均位于对角线的位置, 有特征多项式 $p(x)$ 为 n 次多项式

$$p(x)=x^n-(a_{11}+a_{22}+\cdots+a_{nn})x^{n-1}+\cdots+(-1)^n(\det\boldsymbol{A}),$$

其中, 矩阵对角线上元素的和称为矩阵的迹

$$\operatorname{trace}\boldsymbol{A}=a_{11}+a_{22}+\cdots+a_{nn}.$$

更进一步, 若 $\lambda_1, \cdots, \lambda_n$ 为线性变换 $\mathcal{A}$(或者 $n\times n$ 矩阵 $\boldsymbol{A}$) 的特征值, 则由

$$(x-\lambda_1)\cdots(x-\lambda_n)=p(x)=x^n-(\operatorname{trace}\boldsymbol{A})x^{n-1}+\cdots+(-1)^n(\det\boldsymbol{A})$$

知

$$\det\boldsymbol{A}=\lambda_1\lambda_2\cdots\lambda_n,$$

$$\operatorname{trace}\boldsymbol{A}=\lambda_1+\lambda_2+\cdots+\lambda_n.$$

推论 3.4.8 相似矩阵的迹相等. □

例 3.4.9 设 λ_0 是 $\boldsymbol{A}$ 的特征值, 试证: $a\lambda_0$ 是 $a\boldsymbol{A}$ 的特征值; λ_0^2 是 $\boldsymbol{A}^2$ 的特征值. 一般地,

$$a_0+a_1\lambda_0+\cdots+a_k\lambda_0^k$$

是

$$a_0\boldsymbol{E}+a_1\boldsymbol{A}+\cdots+a_k\boldsymbol{A}^k$$

的特征值.

证明 因为 λ_0 是 $\boldsymbol{A}$ 的特征值, 故有非零向量 $\boldsymbol{X}$, 使得 $\boldsymbol{AX}=\lambda_0\boldsymbol{X}$. 于是 $a\boldsymbol{AX}=a(\boldsymbol{AX})=a(\lambda_0\boldsymbol{X})=a\lambda_0\boldsymbol{X}$, 即 $a\lambda_0$ 是 $a\boldsymbol{A}$ 的特征值. 同样 $\boldsymbol{A}^2\boldsymbol{X}=\boldsymbol{A}(\boldsymbol{AX})=\boldsymbol{A}(\lambda_0\boldsymbol{X})=\lambda_0(\boldsymbol{AX})=\lambda_0^2\boldsymbol{X}$, 类似可证

$$a_0+a_1\lambda_0+\cdots+a_k\lambda_0^k$$

是

$$a_0\boldsymbol{E}+a_1\boldsymbol{A}+\cdots+a_k\boldsymbol{A}^k$$

的特征值. □

例 3.4.10 设 n 阶方阵 $\boldsymbol{A}$ 的特征值是 $\lambda_1=0, \lambda_2=1, \cdots, \lambda_n=n-1$, 问: $\boldsymbol{A}$ 是否可逆? $\left(\dfrac{1}{2}\boldsymbol{E}-\boldsymbol{A}\right)$ 是否可逆? 求 $\det\left(\dfrac{1}{2}\boldsymbol{E}-\boldsymbol{A}\right)$.

解 由

$$\det\boldsymbol{A}=\lambda_1\cdots\lambda_n=0\cdot1\cdot\cdots\cdot n-1=0$$

知 $\boldsymbol{A}$ 不可逆. 由上面的例子知矩阵 $\left(\dfrac{1}{2}\boldsymbol{E}-\boldsymbol{A}\right)$ 的特征值为

$$\frac{1}{2}-\lambda_1=\frac{1}{2},\ \frac{1}{2}-\lambda_2=-\frac{1}{2},\cdots,\ \frac{1}{2}-\lambda_n=-\frac{2n-3}{2}.$$

故

$$\det\left(\frac{1}{2}\boldsymbol{E}-\boldsymbol{A}\right)=(-1)^{n-1}\frac{(2n-3)!!}{2^n}\neq0.$$

于是 $\left(\frac{1}{2}\boldsymbol{E}-\boldsymbol{A}\right)$ 可逆. □

3.4.3 矩阵的对角化

在通过特征多项式求出矩阵的特征值进而求出特征向量后, 回到上面提出的问题, 若

$$\mathcal{A}: V \to V$$

是线性空间 V 上的线性变换, 希望找到一组基

$$\boldsymbol{B}=(\boldsymbol{v}_1,\cdots,\boldsymbol{v}_n)$$

使得 $\mathcal{A}$ 在 $\boldsymbol{B}$ 下的矩阵足够简单. 有下面的

定理 3.4.11 线性变换 $\mathcal{A}$ 在基 $\boldsymbol{B}=(\boldsymbol{v}_1,\cdots,\boldsymbol{v}_n)$ 下的矩阵是对角矩阵的充分必要条件是每一个基向量 $\boldsymbol{v}_j$ 都是 $\mathcal{A}$ 的特征向量.

证明 根据线性变换在某组基下的矩阵的定义, 若

$$\mathcal{A}(\boldsymbol{v}_j)=\lambda_j\boldsymbol{v}_j,$$

则

$$\mathcal{A}(\boldsymbol{B})=(\mathcal{A}(\boldsymbol{v}_1),\cdots,\mathcal{A}(\boldsymbol{v}_n))=(\boldsymbol{v}_1,\cdots,\boldsymbol{v}_n)\begin{pmatrix}\lambda_1 & & \\ & \ddots & \\ & & \lambda_n\end{pmatrix}.$$ □

用矩阵的语言来说:

推论 3.4.12 $n\times n$ 矩阵 $\boldsymbol{A}$ 相似于一个对角矩阵的充分必要条件是 $\boldsymbol{A}$ 有 n 个线性无关的特征向量.

很遗憾, 并不是每一个实线性空间 V 上的线性变换都有足够多的特征向量, 比如前面提到的实平面上关于原点逆时针旋转 θ 个角度的旋转变换是一个线性变换, 但除非 $\theta=0$ 或者 π 等特殊情形, 旋转变换不能将任何一个非零向量变为与它平行的向量, 亦即这样的线性变换根本就没有实特征向量.

如果矩阵可以相似于一个对角矩阵, 我们称它为**可对角化**的, 相应的线性变换 $\mathcal{A}$ 称为可对角化的线性变换. 定理 3.4.11 告诉我们 $n\times n$ 矩阵 $\boldsymbol{A}$ 可以对角化当且仅当它具有 n 个线性无关的特征向量, 这 n 个线性无关的特征向量作为列向量构

成过渡矩阵 $\boldsymbol{P}$, 使得

$$\boldsymbol{P}^{-1}\boldsymbol{A}\boldsymbol{P}=\begin{pmatrix}\lambda_1 & & \\ & \ddots & \\ & & \lambda_n\end{pmatrix}$$

其中, λ_i 是对应第 i 个特征向量的特征值. 因此下面考察特征向量的线性相关性.

定理 3.4.13 属于不同特征值的特征向量是线性无关的.

证明 对特征值的个数使用数学归纳法. 由于特征向量是不为零的, 所以单个的特征向量必然线性无关. 现在设属于 k 个不同特征值的特征向量线性无关, 证明属于 $k+1$ 个不同特征值 $\lambda_1,\cdots,\lambda_{k+1}$ 的特征向量 $\boldsymbol{\xi}_1,\cdots,\boldsymbol{\xi}_{k+1}$ 也线性无关. 设

$$a_1\boldsymbol{\xi}_1+\cdots+a_{k+1}\boldsymbol{\xi}_{k+1}=\mathbf{0}. \tag{3.4.i}$$

等式两端乘以 λ_{k+1}, 得

$$a_1\lambda_{k+1}\boldsymbol{\xi}_1+\cdots+a_k\lambda_{k+1}\boldsymbol{\xi}_k+a_{k+1}\lambda_{k+1}\boldsymbol{\xi}_{k+1}=\mathbf{0}. \tag{3.4.ii}$$

再在 (3.4.i) 式两边同时乘矩阵 $\boldsymbol{A}$, 得

$$a_1\lambda_1\boldsymbol{\xi}_1+\cdots+a_k\lambda_k\boldsymbol{\xi}_k+a_{k+1}\lambda_{k+1}\boldsymbol{\xi}_{k+1}=\mathbf{0}. \tag{3.4.iii}$$

(3.4.iii) 式 −(3.4.ii) 式得到

$$a_1(\lambda_1-\lambda_{k+1})\boldsymbol{\xi}_1+\cdots+a_k(\lambda_k-\lambda_{k+1})\boldsymbol{\xi}_k=\mathbf{0}.$$

由归纳假设 $\boldsymbol{\xi}_1,\cdots,\boldsymbol{\xi}_k$ 线性无关, 于是

$$a_i(\lambda_i-\lambda_{k+1})=0,\quad i=1,2,\cdots,k.$$

但 $\lambda_i-\lambda_{k+1}\neq 0$, 故 $a_i=0,\ i=1,2,\cdots,k$.

此时 (3.4.i) 式变为 $a_{k+1}\boldsymbol{\xi}_{k+1}=\mathbf{0}$. 又 $\boldsymbol{\xi}_{k+1}\neq\mathbf{0}$, 故 $a_{k+1}=0$. 这就证明了 $\boldsymbol{\xi}_1,\cdots,\boldsymbol{\xi}_{k+1}$ 线性无关. □

推论 3.4.14 如果在 n 维线性空间 V 中, 线性变换 $\mathcal{A}$ 的特征多项式有 n 个不同的根, 即 $\mathcal{A}$ 有 n 个不同的特征值, 那么 $\mathcal{A}$ 在某组基下的矩阵是对角形的. □

更进一步, 利用数学归纳法可以类似地证明.

定理 3.4.15 如果 $\lambda_1,\cdots,\lambda_k$ 是矩阵 $\boldsymbol{A}$ 的不同的特征值, 而 $\boldsymbol{\alpha}_{i1},\cdots,\boldsymbol{\alpha}_{ir_i}$ 是属于特征值 λ_i 的线性无关的特征向量, $i=1,2,\cdots,k$, 那么向量组 $\boldsymbol{\alpha}_{11},\cdots,\boldsymbol{\alpha}_{1r_1},\cdots,\boldsymbol{\alpha}_{k1},\cdots,\boldsymbol{\alpha}_{kr_k}$ 也是线性无关的. □

这就意味着求出属于每个特征值的线性无关的特征向量后, 把它们合在一起还是线性无关的. 如果它们的个数等于空间的维数, 那么这个线性变换可以对角化; 如果它们的个数小于空间的维数, 那么这个线性变换不能对角化.

例 3.4.16 前面的例 3.4.5 已经算出

$$\boldsymbol{A}=\begin{pmatrix}1&2&2\\2&1&2\\2&2&1\end{pmatrix}$$

的特征值是 -1(二重) 与 5. 属于 -1 的两个线性无关的特征向量为

$$\begin{pmatrix}1\\0\\-1\end{pmatrix},\quad\begin{pmatrix}0\\1\\-1\end{pmatrix};$$

属于 5 的一个特征向量是

$$\begin{pmatrix}1\\1\\1\end{pmatrix},$$

故 $\boldsymbol{A}$ 相似于对角矩阵, 即 $\boldsymbol{P}^{-1}\boldsymbol{A}\boldsymbol{P}=\boldsymbol{D}$, 其中

$$\boldsymbol{D}=\begin{pmatrix}-1&0&0\\0&-1&0\\0&0&5\end{pmatrix},$$

过渡矩阵

$$\boldsymbol{P}=\begin{pmatrix}1&0&1\\0&1&1\\-1&-1&1\end{pmatrix}.$$

还可以换一下特征值的顺序, $\boldsymbol{A}$ 还相似于对角矩阵

$$\boldsymbol{D}'=\begin{pmatrix}-1&0&0\\0&5&0\\0&0&-1\end{pmatrix},$$

这时过渡矩阵

$$\boldsymbol{P}'=\begin{pmatrix}1&1&0\\0&1&1\\-1&1&-1\end{pmatrix}\ \text{或者}\ \boldsymbol{P}''=\begin{pmatrix}0&1&1\\1&1&0\\-1&1&-1\end{pmatrix}.$$

即过渡矩阵列向量 (特征向量) 的顺序与对角矩阵对角线上元素 (特征值) 的顺序相对应即可. □

线性变换 (矩阵) 的对角化是一个强有力的工具, 我们将在下一章看到它非常有意思的应用.

习 题 3.4

1. 求下列方阵的特征值与特征向量.

(a)

$$\boldsymbol{A}=\begin{pmatrix} 0 & 0 & 1 \\ 0 & 1 & 0 \\ 1 & 0 & 0 \end{pmatrix},$$

(b)

$$\boldsymbol{A}=\begin{pmatrix} 3 & 1 & 0 \\ -4 & -1 & 0 \\ 4 & -8 & -2 \end{pmatrix},$$

(c)

$$\boldsymbol{A}=\begin{pmatrix} -6 & 1 & -2 \\ -5 & -1 & -3 \\ 1 & 0 & -2 \end{pmatrix}.$$

2. 已知向量

$$\begin{pmatrix} 1 \\ 1 \\ 1 \end{pmatrix}, \quad \begin{pmatrix} 1 \\ 0 \\ -1 \end{pmatrix}, \quad \begin{pmatrix} 1 \\ -1 \\ 0 \end{pmatrix}$$

是矩阵

$$\boldsymbol{A}=\begin{pmatrix} 1 & 1 & 1 \\ a & b & c \\ d & e & f \end{pmatrix}$$

的特征向量, 求 a,b,c,d,e,f 的值.

3. 求矩阵

$$\boldsymbol{A}=\begin{pmatrix}1 & 1 & \cdots & 1\\ 1 & 1 & \cdots & 1\\ \vdots & \vdots & & \vdots\\ 1 & 1 & \cdots & 1\end{pmatrix}$$

的特征值与特征向量.

4. 设

$$\boldsymbol{A}=\begin{pmatrix}-8 & 5 & 0\\ -10 & 7 & 0\\ 20 & -10 & 2\end{pmatrix},$$

求 $\boldsymbol{A}^n$.

5. 若矩阵 $\boldsymbol{A}$ 满足 $\boldsymbol{A}^2=\boldsymbol{A}$, 证明 $\boldsymbol{A}$ 的特征值只能为 0 或 1.

6. 设 3 阶方阵 $\boldsymbol{A}$ 的特征值为 $1,2,-3$. 求

$$\det(\boldsymbol{A}^*),\ \det(\boldsymbol{A}^2-\boldsymbol{A}+3\boldsymbol{E}).$$

7. 设 3 阶方阵 $\boldsymbol{A}$ 的特征值为 $1,0,-1$, 对应的特征向量分别为

$$\begin{pmatrix}1\\2\\2\end{pmatrix},\quad \begin{pmatrix}2\\-2\\1\end{pmatrix},\quad \begin{pmatrix}-2\\-1\\2\end{pmatrix}.$$

求 $\boldsymbol{A},\boldsymbol{A}^m$.

8. 设 $\mathbb{R}^3$ 上线性变换 $\mathcal{A}$ 在基 $\boldsymbol{B}=(\boldsymbol{\alpha}_1,\boldsymbol{\alpha}_2,\boldsymbol{\alpha}_3)$ 下的矩阵为

$$\begin{pmatrix}2 & -1 & 2\\ 5 & -3 & 3\\ -1 & 0 & -2\end{pmatrix}.$$

(a) 求 $\mathcal{A}$ 在新基 $\boldsymbol{B}'=(\boldsymbol{\alpha}_1,\boldsymbol{\alpha}_1+\boldsymbol{\alpha}_2,\boldsymbol{\alpha}_1+\boldsymbol{\alpha}_3)$ 下的矩阵;

(b) 求 $\mathcal{A}$ 的特征值和特征向量;

(c) $\mathcal{A}$ 能否对角化, 为什么?

9. 设矩阵 $\boldsymbol{A},\boldsymbol{B}$ 相似, 其中

$$\boldsymbol{A}=\begin{pmatrix}-2 & 0 & 0\\ 2 & x & 2\\ 3 & 1 & 1\end{pmatrix},\boldsymbol{B}=\begin{pmatrix}-1 & 0 & 0\\ 0 & 2 & 0\\ 0 & 0 & y\end{pmatrix}.$$

(a) 求 x, y;

(b) 求可逆矩阵 $\boldsymbol{P}$, 使得 $\boldsymbol{P}^{-1}\boldsymbol{A}\boldsymbol{P} = \boldsymbol{B}$.

10. 设 n 阶矩阵

$$\boldsymbol{A} = \begin{pmatrix} 1 & b & \cdots & b \\ b & 1 & \cdots & b \\ \vdots & \vdots & & \vdots \\ b & b & \cdots & 1 \end{pmatrix}.$$

(a) 求 $\boldsymbol{A}$ 的特征值和特征向量;

(b) 求可逆矩阵 $\boldsymbol{P}$, 使得 $\boldsymbol{P}^{-1}\boldsymbol{A}\boldsymbol{P}$ 为对角矩阵.

Chapter 4 第4章 欧几里得空间与二次型

4.1 欧几里得空间的定义与基本性质

在线性空间中, 向量之间的基本运算只有加法与数量乘法, 统称为线性运算. 线性空间是几何空间的推广, 但线性空间中的线性运算不能描述几何空间中的度量性质, 如向量的长度、向量之间的夹角等. 向量的度量性质对于分析、几何中很多问题的研究具有重要意义, 需要在一般线性空间中引入度量的概念. 在解析几何中, 向量的长度与夹角等度量性质都可以通过向量的内积来表示, 所以在抽象的线性空间中, 取内积作为基本概念.

定义 4.1.1 线性空间 V 上的一个二元实函数称为**内积**, 记为 $(\boldsymbol{\alpha},\boldsymbol{\beta})$, 如果满足

(1) 对称性: $(\boldsymbol{\alpha},\boldsymbol{\beta})=(\boldsymbol{\beta},\boldsymbol{\alpha})$;

(2) 线性性: $(k_1\boldsymbol{\alpha}_1+k_2\boldsymbol{\alpha}_2,\boldsymbol{\beta})=k_1(\boldsymbol{\alpha}_1,\boldsymbol{\beta})+k_2(\boldsymbol{\alpha}_2,\boldsymbol{\beta})$;

(3) 非负性: $(\boldsymbol{\alpha},\boldsymbol{\alpha})\geqslant 0$, 且 $(\boldsymbol{\alpha},\boldsymbol{\alpha})=0\Leftrightarrow\boldsymbol{\alpha}=\mathbf{0}$.

其中, $\boldsymbol{\alpha},\boldsymbol{\beta},\boldsymbol{\alpha}_1,\boldsymbol{\alpha}_2$ 是 V 中任意向量, k_1,k_2 是任意实数.

一般地, 具有内积的线性空间称为内积空间, 有限维的内积空间称为**欧几里得空间**, 简称欧氏空间. 由内积的对称性和线性性容易知道

$$(\boldsymbol{\alpha},k_1\boldsymbol{\beta}_1+k_2\boldsymbol{\beta}_2)=k_1(\boldsymbol{\alpha},\boldsymbol{\beta}_1)+k_2(\boldsymbol{\alpha},\boldsymbol{\beta}_2),$$

$$(\boldsymbol{\alpha},\mathbf{0})=0.$$

例 4.1.2 令 $V=\mathbb{R}^n$ 为实数域上的 n 维实向量空间.

$$\boldsymbol{\alpha}=\begin{pmatrix}a_1\\ \vdots\\ a_n\end{pmatrix},$$

$$\boldsymbol{\beta}=\begin{pmatrix}b_1\\ \vdots\\ b_n\end{pmatrix}.$$

定义二元函数

$$(\boldsymbol{\alpha},\boldsymbol{\beta})=a_1b_1+\cdots+a_nb_n.$$

容易验证, 这是一个内积. 于是, $\mathbb{R}^n$ 关于这个内积成为一个 n 维欧几里得空间. 显然, 这个内积就是几何中向量内积 (也称点乘) 概念的推广. 另外, 由矩阵的乘法规则, 有 $(\boldsymbol{\alpha},\boldsymbol{\beta})=\boldsymbol{\alpha}^{\mathrm{T}}\boldsymbol{\beta}$.

以后如果不特别说明, 欧几里得空间 $\mathbb{R}^n$ 上的内积就指这个点乘.

例 4.1.3 在闭区间 $[a,b]$ 上的所有实连续函数构成的线性空间 $C(a,b)$ 中, 对于函数 $f(x),g(x)$ 定义

$$(f,g)=\int_a^b f(x)g(x)\mathrm{d}x.$$

由定积分的性质不难证明, $(f,g)=\displaystyle\int_a^b f(x)g(x)\mathrm{d}x$ 是 $C(a,b)$ 上的内积.

定义 4.1.4 向量 $\boldsymbol{\alpha}$ 的**长度** $|\boldsymbol{\alpha}|$ 定义为非负实数 $|\boldsymbol{\alpha}|=\sqrt{(\boldsymbol{\alpha},\boldsymbol{\alpha})}$.

长度为 1 的向量称为**单位向量**. 只有零向量的长度为 0. 另外, 对于 V 中任意向量及任意实数 k, 有

$$|k\boldsymbol{\alpha}|=\sqrt{(k\boldsymbol{\alpha},k\boldsymbol{\alpha})}=\sqrt{k^2(\boldsymbol{\alpha},\boldsymbol{\alpha})}=|k||\boldsymbol{\alpha}|.$$

如果 $\boldsymbol{\alpha}\neq\mathbf{0}$, $\boldsymbol{\alpha}$ 除以其长度得到单位向量 $\dfrac{1}{|\boldsymbol{\alpha}|}\boldsymbol{\alpha}$, 通常称其为 $\boldsymbol{\alpha}$ 的单位化.

定义非零向量 $\boldsymbol{\alpha}$ 与 $\boldsymbol{\beta}$ 间的夹角为

$$<\boldsymbol{\alpha},\boldsymbol{\beta}>=\arccos\frac{(\boldsymbol{\alpha},\boldsymbol{\beta})}{|\boldsymbol{\alpha}||\boldsymbol{\beta}|},\quad 0\leqslant<\boldsymbol{\alpha},\boldsymbol{\beta}>\leqslant\pi.$$

换句话说,

$$(\boldsymbol{\alpha},\boldsymbol{\beta})=|\boldsymbol{\alpha}||\boldsymbol{\beta}|\cos<\boldsymbol{\alpha},\boldsymbol{\beta}>.$$

要使这个定义有意义, 必须要证明对于任意 $\boldsymbol{\alpha} \neq \mathbf{0}, \boldsymbol{\beta} \neq \mathbf{0}$, 有

$$\frac{|(\boldsymbol{\alpha}, \boldsymbol{\beta})|}{|\boldsymbol{\alpha}||\boldsymbol{\beta}|} \leqslant 1.$$

这是著名的柯西–布烈科夫斯基不等式.

定理 4.1.5 对于 V 中任意向量 $\boldsymbol{\alpha}, \boldsymbol{\beta}$, 有

$$|(\boldsymbol{\alpha}, \boldsymbol{\beta})| \leqslant |\boldsymbol{\alpha}||\boldsymbol{\beta}|.$$

且等号成立当且仅当 $\boldsymbol{\alpha}, \boldsymbol{\beta}$ 线性相关.

证明 当 $\boldsymbol{\beta} = \mathbf{0}$ 时, 结论显然成立. 下面设 $\boldsymbol{\beta} \neq \mathbf{0}$. 令

$$\boldsymbol{\gamma} = \boldsymbol{\alpha} + t\boldsymbol{\beta}, \quad t \in \mathbb{R}.$$

于是

$$\begin{aligned}(\boldsymbol{\gamma}, \boldsymbol{\gamma}) &= (\boldsymbol{\alpha} + t\boldsymbol{\beta}, \boldsymbol{\alpha} + t\boldsymbol{\beta}) \\ &= |\boldsymbol{\alpha}|^2 + 2t(\boldsymbol{\alpha}, \boldsymbol{\beta}) + |\boldsymbol{\beta}|^2 t^2.\end{aligned}$$

如果 $\boldsymbol{\alpha}, \boldsymbol{\beta}$ 线性无关, 那么 $\boldsymbol{\gamma}$ 不为 $\mathbf{0}$. 于是

$$(\boldsymbol{\gamma}, \boldsymbol{\gamma}) = |\boldsymbol{\alpha}|^2 + 2t(\boldsymbol{\alpha}, \boldsymbol{\beta}) + |\boldsymbol{\beta}|^2 t^2 > 0, \quad t \in \mathbb{R}.$$

令

$$t = -\frac{(\boldsymbol{\alpha}, \boldsymbol{\beta})}{(\boldsymbol{\beta}, \boldsymbol{\beta})},$$

代入上面的不等式得到

$$|\boldsymbol{\alpha}|^2 - \frac{(\boldsymbol{\alpha}, \boldsymbol{\beta})^2}{|\boldsymbol{\beta}|^2} > 0,$$

于是

$$|(\boldsymbol{\alpha}, \boldsymbol{\beta})| < |\boldsymbol{\alpha}||\boldsymbol{\beta}|.$$

当 $\boldsymbol{\alpha}, \boldsymbol{\beta}$ 线性相关时, 存在实数 k 使得

$$\boldsymbol{\alpha} = k\boldsymbol{\beta}.$$

故有

$$(\boldsymbol{\alpha}, \boldsymbol{\beta}) = k(\boldsymbol{\beta}, \boldsymbol{\beta}),$$
$$(\boldsymbol{\alpha}, \boldsymbol{\alpha}) = k^2(\boldsymbol{\beta}, \boldsymbol{\beta}),$$

于是

$$|(\boldsymbol{\alpha}, \boldsymbol{\beta})| = |\boldsymbol{\alpha}||\boldsymbol{\beta}|.$$

□

定义 4.1.6　设 $\boldsymbol{\alpha},\boldsymbol{\beta}\in V$, 称 $\boldsymbol{\alpha}$ 和 $\boldsymbol{\beta}$ 正交, 或者 $\boldsymbol{\alpha}$ 垂直于 $\boldsymbol{\beta}$, 如果

$$(\boldsymbol{\alpha},\boldsymbol{\beta})=0.$$

这时记为

$$\boldsymbol{\alpha}\perp\boldsymbol{\beta}.$$

由定义立即有

(1) 对于任意 $\boldsymbol{\alpha}\in V$, $\boldsymbol{\alpha}\perp\mathbf{0}$;

(2) 对于任意 $\boldsymbol{\alpha}\in V$, $\boldsymbol{\alpha}\perp\boldsymbol{\alpha}$ 当且仅当 $\boldsymbol{\alpha}=\mathbf{0}$;

(3) 勾股定理: 若 $\boldsymbol{\alpha}\perp\boldsymbol{\beta}$, 则 $|\boldsymbol{\alpha}+\boldsymbol{\beta}|^2=|\boldsymbol{\alpha}|^2+|\boldsymbol{\beta}|^2$.

例 4.1.7　在 $\mathbb{R}^4$ 中求与

$$\begin{pmatrix}1\\1\\-1\\1\end{pmatrix},\quad\begin{pmatrix}1\\-1\\-1\\1\end{pmatrix},\quad\begin{pmatrix}2\\1\\1\\3\end{pmatrix}$$

正交的单位向量.

解　设所求向量为

$$\begin{pmatrix}x_1\\x_2\\x_3\\x_4\end{pmatrix},$$

则由正交性可得

$$\begin{cases}x_1+x_2-x_3+x_4=0,\\x_1-x_2-x_3+x_4=0,\\2x_1+x_2+x_3+3x_4=0.\end{cases}$$

该齐次线性方程组的一个基础解系是

$$\begin{pmatrix}-4\\0\\-1\\3\end{pmatrix}.$$

故所求向量为

$$\pm\frac{1}{\sqrt{26}}\begin{pmatrix}-4\\0\\-1\\3\end{pmatrix}.$$

定义 4.1.8 设 V 是 n 维欧几里得空间, $\varepsilon_1,\cdots,\varepsilon_n$ 是 V 的一组基. 称矩阵

$$\begin{pmatrix}(\varepsilon_1,\varepsilon_1) & (\varepsilon_1,\varepsilon_2) & \cdots & (\varepsilon_1,\varepsilon_n)\\(\varepsilon_2,\varepsilon_1) & (\varepsilon_2,\varepsilon_2) & \cdots & (\varepsilon_2,\varepsilon_n)\\\vdots & \vdots & & \vdots\\(\varepsilon_n,\varepsilon_1) & (\varepsilon_n,\varepsilon_2) & \cdots & (\varepsilon_n,\varepsilon_n)\end{pmatrix}$$

为基 $\varepsilon_1,\cdots,\varepsilon_n$ 的**度量矩阵.**

由此定义, 基的度量矩阵由基中向量的内积组成. 显然, 度量矩阵是对称矩阵.

定理 4.1.9 设 V 是 n 维欧几里得空间, $\varepsilon_1,\cdots,\varepsilon_n$ 是 V 的一组基, 其度量矩阵为 $\boldsymbol{A}$. 如果 $\boldsymbol{\alpha},\boldsymbol{\beta}\in V$ 在 $\varepsilon_1,\cdots,\varepsilon_n$ 下的坐标分别为

$$\boldsymbol{X}=\begin{pmatrix}x_1\\x_2\\\vdots\\x_n\end{pmatrix},\quad \boldsymbol{Y}=\begin{pmatrix}y_1\\y_2\\\vdots\\y_n\end{pmatrix},$$

则

$$(\boldsymbol{\alpha},\boldsymbol{\beta})=\boldsymbol{X}^{\mathrm{T}}\boldsymbol{A}\boldsymbol{Y}.$$

证明 由 $\boldsymbol{\alpha},\boldsymbol{\beta}$ 的坐标分别为 $\boldsymbol{X},\boldsymbol{Y}$ 知

$$\boldsymbol{\alpha}=x_1\varepsilon_1+\cdots+x_n\varepsilon_n,$$
$$\boldsymbol{\beta}=y_1\varepsilon_1+\cdots+y_n\varepsilon_n,$$

那么

$$\begin{aligned}(\boldsymbol{\alpha},\boldsymbol{\beta})&=(\,x_1\varepsilon_1+\cdots+x_n\varepsilon_n,\quad y_1\varepsilon_1+\cdots+y_n\varepsilon_n\,)\\&=\sum_{i=1}^{n}\sum_{j=1}^{n}(\varepsilon_i,\varepsilon_j)x_iy_j=\boldsymbol{X}^{\mathrm{T}}\boldsymbol{A}\boldsymbol{Y}.\end{aligned}$$ □

在定理 4.1.9 中, 取 $\boldsymbol{\alpha}=\boldsymbol{\beta}$, 那么 $\boldsymbol{X}=\boldsymbol{Y}$, 并且

$$(\boldsymbol{\alpha},\boldsymbol{\alpha})=\boldsymbol{X}^{\mathrm{T}}\boldsymbol{A}\boldsymbol{X}.$$

于是, 由内积的正定性

$$X^{\mathrm{T}}AX = 0$$

当且仅当 $X = \mathbf{0}$. 于是线性方程组

$$AX = \mathbf{0}$$

只有零解, 因此 A 是可逆矩阵. 即有下面的

定理 4.1.10 一组基的度量矩阵总是可逆的.

设 $\eta_1, \cdots, \eta_n$ 是 V 的另一组基, P 是基 $\varepsilon_1, \cdots, \varepsilon_n$ 到 $\eta_1, \cdots, \eta_n$ 的过渡矩阵, 也就是

$$(\eta_1, \cdots, \eta_n) = (\varepsilon_1, \cdots, \varepsilon_n)P.$$

令 $B = (b_{ij})_{n\times n}$ 是基 $\eta_1, \cdots, \eta_n$ 的度量矩阵, 那么容易计算得

$$B = P^{\mathrm{T}}AP.$$

定义 4.1.11 设矩阵 A 和 B 是实 $n \times n$ 矩阵. 我们称 **A合同**于 B, 如果存在可逆矩阵 P, 使得

$$B = P^{\mathrm{T}}AP.$$

显然, 不同基的度量矩阵相互之间是合同的. 另外, 合同是一种等价关系.

习 题 4.1

1. 在 $\mathbb{R}^4$ 中求 α, β 的夹角 $<\alpha, \beta>$(内积按通常定义).

(a) $\alpha = \begin{pmatrix} 2 \\ 1 \\ 3 \\ 2 \end{pmatrix}, \beta = \begin{pmatrix} 1 \\ 2 \\ -2 \\ 1 \end{pmatrix}$;

(b) $\alpha = \begin{pmatrix} 1 \\ 1 \\ 1 \\ 2 \end{pmatrix}, \beta = \begin{pmatrix} 3 \\ 1 \\ -1 \\ 0 \end{pmatrix}$.

2. 在欧氏空间中证明 $|\alpha + \beta| \leqslant |\alpha| + |\beta|$.

4.2 标准正交基与正交变换

4.2.1 标准正交基

在欧几里得空间中, 一组基的度量矩阵确定之后, 任意两个向量的内积就可以通过坐标按照前面的公式进行计算. 因而, 度量矩阵完全确定了内积. 当然, 我们希望度量矩阵尽可能简单.

定义 4.2.1 n 维欧几里得空间 V 中,

(1) 如果向量组 $\boldsymbol{\alpha}_1, \boldsymbol{\alpha}_2, \cdots, \boldsymbol{\alpha}_m$ 中不含零向量, 且其中向量两两正交, 即

$$(\boldsymbol{\alpha}_i, \boldsymbol{\alpha}_j) = 0, \quad i \neq j$$

则称 $\boldsymbol{\alpha}_1, \boldsymbol{\alpha}_2, \cdots, \boldsymbol{\alpha}_m$ 是一个正交组.

(2) 由单位向量构成的正交组叫作标准正交组 (或规范正交组).

(3) 称含有 n 个向量的标准正交组 $\boldsymbol{\varepsilon}_1, \cdots, \boldsymbol{\varepsilon}_n$ 为 V 的一个 **标准正交基.**

上面 (3) 的定义来自于下面的

定理 4.2.2 *任意正交向量组线性无关.*

证明 设 $\boldsymbol{\alpha}_1, \cdots, \boldsymbol{\alpha}_m$ 是一个正交组, 令

$$k_1\boldsymbol{\alpha}_1 + \cdots + k_m\boldsymbol{\alpha}_m = \mathbf{0},$$

两端分别与 $\boldsymbol{\alpha}_1$ 作内积,

$$k_1(\boldsymbol{\alpha}_1, \boldsymbol{\alpha}_1) + \cdots + k_m(\boldsymbol{\alpha}_m, \boldsymbol{\alpha}_1) = (\mathbf{0}, \boldsymbol{\alpha}_1).$$

由于正交组中向量两两正交

$$(\boldsymbol{\alpha}_i, \boldsymbol{\alpha}_1) = 0, \quad i = 2, \cdots, m$$

故

$$k_1(\boldsymbol{\alpha}_1, \boldsymbol{\alpha}_1) = (\mathbf{0}, \boldsymbol{\alpha}_1) = 0.$$

而 $(\boldsymbol{\alpha}_1, \boldsymbol{\alpha}_1) > 0$, 于是 $k_1 = 0$. 同理可得 $k_2 = \cdots = k_m = 0$. □

例 4.2.3 欧氏空间 $\mathbb{R}^n$ 中单位向量组

$$\boldsymbol{\varepsilon}_1 = \begin{pmatrix} 1 \\ 0 \\ \vdots \\ 0 \end{pmatrix}, \boldsymbol{\varepsilon}_2 = \begin{pmatrix} 0 \\ 1 \\ \vdots \\ 0 \end{pmatrix}, \cdots, \boldsymbol{\varepsilon}_n = \begin{pmatrix} 0 \\ 0 \\ \vdots \\ 1 \end{pmatrix}$$

构成标准正交基.

容易看出, 如果一组基 $\varepsilon_1, \cdots, \varepsilon_n$ 是标准正交基, 那么

$$(\varepsilon_i, \varepsilon_j) = \begin{cases} 1, & 当 i = j, \\ 0, & 当 i \neq j. \end{cases}$$

于是有

推论 4.2.4　一组基为标准正交基的充分必要条件是它的度量矩阵是单位矩阵 $\boldsymbol{E}$.

在标准正交基下, 内积有特别简单的表达式. 如果 $(x_1, \cdots, x_n)$ 和 $(y_1, \cdots, y_n)$ 分别是向量 $\boldsymbol{\alpha}$ 和 $\boldsymbol{\beta}$ 在标准正交基下的坐标, 那么

$$(\boldsymbol{\alpha}, \boldsymbol{\beta}) = x_1 y_1 + \cdots + x_n y_n.$$

这个表达式正是几何向量的内积在直角坐标表达式下的推广.

下面讨论将线性无关向量组改造为标准正交组的施密特正交化方法. 设 $\boldsymbol{\alpha}_1, \boldsymbol{\alpha}_2, \cdots, \boldsymbol{\alpha}_r$ 是欧氏空间 V 中的线性无关向量组, 可以通过该向量组的线性组合构造标准正交组 $\boldsymbol{\eta}_1, \boldsymbol{\eta}_2, \cdots, \boldsymbol{\eta}_r$. 此方法称为施密特正交化方法. 首先考虑正交化. 令

$$\boldsymbol{\beta}_1 = \boldsymbol{\alpha}_1,$$

$$\boldsymbol{\beta}_2 = \boldsymbol{\alpha}_2 + k\boldsymbol{\beta}_1,$$

适当选择 k 可使得 $(\boldsymbol{\beta}_2, \boldsymbol{\beta}_1) = 0$. 事实上, $(\boldsymbol{\beta}_2, \boldsymbol{\beta}_1) = (\boldsymbol{\alpha}_2, \boldsymbol{\beta}_1) + k(\boldsymbol{\beta}_1, \boldsymbol{\beta}_1)$. 取

$$k = -\frac{(\boldsymbol{\alpha}_2, \boldsymbol{\beta}_1)}{(\boldsymbol{\beta}_1, \boldsymbol{\beta}_1)},$$

则有 $(\boldsymbol{\beta}_2, \boldsymbol{\beta}_1) = 0$. 于是

$$\boldsymbol{\beta}_2 = \boldsymbol{\alpha}_2 - \frac{(\boldsymbol{\alpha}_2, \boldsymbol{\beta}_1)}{(\boldsymbol{\beta}_1, \boldsymbol{\beta}_1)}\boldsymbol{\beta}_1,$$

一般地, 有

$$\boldsymbol{\beta}_l = \boldsymbol{\alpha}_l - \frac{(\boldsymbol{\alpha}_l, \boldsymbol{\beta}_1)}{(\boldsymbol{\beta}_1, \boldsymbol{\beta}_1)}\boldsymbol{\beta}_1 - \frac{(\boldsymbol{\alpha}_l, \boldsymbol{\beta}_2)}{(\boldsymbol{\beta}_2, \boldsymbol{\beta}_2)}\boldsymbol{\beta}_2 - \cdots - \frac{(\boldsymbol{\alpha}_l, \boldsymbol{\beta}_{l-1})}{(\boldsymbol{\beta}_{l-1}, \boldsymbol{\beta}_{l-1})}\boldsymbol{\beta}_{l-1} (l \leqslant r),$$

于是得到正交组 $\boldsymbol{\beta}_1, \boldsymbol{\beta}_2, \cdots, \boldsymbol{\beta}_r$. 再将其单位化得到标准正交组 $\boldsymbol{\eta}_1, \boldsymbol{\eta}_2, \cdots, \boldsymbol{\eta}_r$, 其中

$$\boldsymbol{\eta}_l = \frac{1}{|\boldsymbol{\beta}_l|}\boldsymbol{\beta}_l (l \leqslant r).$$

容易看出, $\boldsymbol{\alpha}_1, \cdots, \boldsymbol{\alpha}_r$ 与 $\boldsymbol{\eta}_1, \cdots, \boldsymbol{\eta}_r$ 是等价向量组.

例 4.2.5 将向量组

$$\boldsymbol{\alpha}_1=\begin{pmatrix}1\\1\\1\end{pmatrix},\ \boldsymbol{\alpha}_2=\begin{pmatrix}0\\1\\2\end{pmatrix},\ \boldsymbol{\alpha}_3=\begin{pmatrix}2\\0\\3\end{pmatrix},$$

化为标准正交组.

解 首先将向量组正交化, 取

$$\boldsymbol{\beta}_1=\boldsymbol{\alpha}_1=\begin{pmatrix}1\\1\\1\end{pmatrix};$$

$$\boldsymbol{\beta}_2=\boldsymbol{\alpha}_2-\frac{(\boldsymbol{\alpha}_2,\boldsymbol{\beta}_1)}{(\boldsymbol{\beta}_1,\boldsymbol{\beta}_1)}\boldsymbol{\beta}_1=\begin{pmatrix}0\\1\\2\end{pmatrix}-\frac{3}{3}\begin{pmatrix}1\\1\\1\end{pmatrix}=\begin{pmatrix}-1\\0\\1\end{pmatrix};$$

$$\boldsymbol{\beta}_3=\boldsymbol{\alpha}_3-\frac{(\boldsymbol{\alpha}_3,\boldsymbol{\beta}_1)}{(\boldsymbol{\beta}_1,\boldsymbol{\beta}_1)}\boldsymbol{\beta}_1-\frac{(\boldsymbol{\alpha}_3,\boldsymbol{\beta}_2)}{(\boldsymbol{\beta}_2,\boldsymbol{\beta}_2)}\boldsymbol{\beta}_2=\begin{pmatrix}2\\0\\3\end{pmatrix}-\frac{5}{3}\begin{pmatrix}1\\1\\1\end{pmatrix}-\frac{1}{2}\begin{pmatrix}-1\\0\\1\end{pmatrix}$$

$$=\frac{1}{6}\begin{pmatrix}5\\-10\\5\end{pmatrix}=\frac{5}{6}\begin{pmatrix}1\\-2\\1\end{pmatrix}.$$

再将 $\boldsymbol{\beta}_1,\boldsymbol{\beta}_2,\boldsymbol{\beta}_3$ 单位化, 得标准正交组

$$\boldsymbol{\eta}_1=\frac{1}{|\boldsymbol{\beta}_1|}\boldsymbol{\beta}_1=\begin{pmatrix}\frac{1}{\sqrt{3}}\\\frac{1}{\sqrt{3}}\\\frac{1}{\sqrt{3}}\end{pmatrix},$$

$$\boldsymbol{\eta}_2=\frac{1}{|\boldsymbol{\beta}_2|}\boldsymbol{\beta}_2=\begin{pmatrix}-\frac{1}{\sqrt{2}}\\0\\\frac{1}{\sqrt{2}}\end{pmatrix},$$

$$\boldsymbol{\eta}_3 = \frac{1}{|\boldsymbol{\beta}_3|}\boldsymbol{\beta}_3 = \begin{pmatrix} \dfrac{1}{\sqrt{6}} \\ -\dfrac{2}{\sqrt{6}} \\ \dfrac{1}{\sqrt{6}} \end{pmatrix}.$$

4.2.2　正交矩阵与正交变换

n 维欧几里得空间中的任意一组基可通过施密特正交化方法改造为标准正交基. 由于标准正交基在欧几里得空间中占有特殊的地位, 下面讨论标准正交基之间的关系.

设 $\boldsymbol{\varepsilon}_1, \cdots, \boldsymbol{\varepsilon}_n$ 与 $\boldsymbol{\eta}_1, \cdots, \boldsymbol{\eta}_n$ 是欧氏空间中的两组标准正交基, 它们之间的过渡矩阵是 $\boldsymbol{A} = (a_{ij})$, 即

$$(\boldsymbol{\eta}_1, \cdots, \boldsymbol{\eta}_n) = (\boldsymbol{\varepsilon}_1, \cdots, \boldsymbol{\varepsilon}_n)\begin{pmatrix} a_{11} & a_{12} & \cdots & a_{1n} \\ a_{21} & a_{22} & \cdots & a_{2n} \\ \vdots & \vdots & & \vdots \\ a_{n1} & a_{n2} & \cdots & a_{nn} \end{pmatrix}.$$

因为 $\boldsymbol{\varepsilon}_1, \cdots, \boldsymbol{\varepsilon}_n$ 与 $\boldsymbol{\eta}_1, \cdots, \boldsymbol{\eta}_n$ 的度量矩阵都是单位矩阵 $\boldsymbol{E}$, 故 $\boldsymbol{E} = \boldsymbol{A}^{\mathrm{T}}\boldsymbol{E}\boldsymbol{A}$, 即 $\boldsymbol{A}^{\mathrm{T}}\boldsymbol{A} = \boldsymbol{E}$.

我们引入:

定义 4.2.6　n 阶实数矩阵 $\boldsymbol{A}$ 称为**正交矩阵**, 如果

$$\boldsymbol{A}^{\mathrm{T}} = \boldsymbol{A}^{-1}.$$

例 4.2.7　容易验证

$$\begin{pmatrix} \cos\alpha & \sin\alpha \\ -\sin\alpha & \cos\alpha \end{pmatrix}, \quad \frac{1}{3}\begin{pmatrix} 2 & -2 & 1 \\ 1 & 2 & 2 \\ 2 & 1 & -2 \end{pmatrix}$$

都是正交矩阵. 初等矩阵 $\boldsymbol{P}(i,j)$ 也是正交矩阵.

容易验证, 在欧氏空间中,

(1) 两组标准正交基之间的过渡矩阵是正交矩阵.

(2) 若 $\boldsymbol{\varepsilon}_1, \cdots, \boldsymbol{\varepsilon}_n$ 是标准正交基, 由 $\boldsymbol{\varepsilon}_1, \cdots, \boldsymbol{\varepsilon}_n$ 到基 $\boldsymbol{\eta}_1, \cdots, \boldsymbol{\eta}_n$ 的过渡矩阵是正交矩阵, 则 $\boldsymbol{\eta}_1, \cdots, \boldsymbol{\eta}_n$ 是标准正交基.

(3) n 阶方阵 $\boldsymbol{A}$ 是正交矩阵当且仅当 $\boldsymbol{A}$ 的每列 (行) 都是单位向量, 且任意两列 (行) 正交.

在解析几何中, 有正交变换的概念, 正交变换就是保持点之间的距离不变的变换. 在一般的欧氏空间中, 定义

定义 4.2.8 欧氏空间 V 中的线性变换 $\mathcal{A}$ 称为**正交变换**, 如果它保持向量的内积不变, 即对于任意 $\boldsymbol{\alpha},\boldsymbol{\beta}\in V$, 都有

$$(\mathcal{A}\boldsymbol{\alpha},\mathcal{A}\boldsymbol{\beta})=(\boldsymbol{\alpha},\boldsymbol{\beta}).$$

正交变换可以从几个不同的角度进行刻画, 请自行证明下面的.

定理 4.2.9 设 $\mathcal{A}$ 是 n 维欧氏空间 V 的一个线性变换. 下面的四个命题是相互等价的.

(1) $\mathcal{A}$ 是正交变换;

(2) $\mathcal{A}$ 保持向量的长度不变, 即对于 $\boldsymbol{\alpha}\in V, |\mathcal{A}\boldsymbol{\alpha}|=|\boldsymbol{\alpha}|$;

(3) 如果 $\varepsilon_1,\cdots,\varepsilon_n$ 是标准正交基, 那么 $\mathcal{A}\varepsilon_1,\cdots,\mathcal{A}\varepsilon_n$ 也是标准正交基;

(4) $\mathcal{A}$ 在任意一组标准正交基下的矩阵是正交矩阵.

4.2.3 实对称矩阵的对角化

前面我们已经知道, 矩阵的相似概念与数域相关, 矩阵能否对角化也与数域有关. 例如,

$$\boldsymbol{A}=\begin{pmatrix}0&-1\\1&0\end{pmatrix}$$

是一个二阶实矩阵, 但

$$|\lambda\boldsymbol{E}-\boldsymbol{A}|=\begin{vmatrix}\lambda&1\\-1&\lambda\end{vmatrix}=(\lambda+i)(\lambda-i),$$

$\boldsymbol{A}$ 有两个不同的特征值 i 和 $-i$, 相应的特征向量是复向量. 因此, $\boldsymbol{A}$ 在复数域上与对角阵相似, 但不存在可逆的实矩阵 $\boldsymbol{P}$, 使得 $\boldsymbol{P}^{-1}\boldsymbol{A}\boldsymbol{P}$ 为对角阵. 一般说来, 即使矩阵 $\boldsymbol{A}$ 的元素都是实数, 其特征值未必都是实数. 因此, 实矩阵在相似意义下对角化需要附加条件. 对于实对称矩阵 $\boldsymbol{A}$, 可以证明存在正交矩阵 $\boldsymbol{Q}$, 使得

$$\boldsymbol{Q}^{-1}\boldsymbol{A}\boldsymbol{Q}=\boldsymbol{Q}^{\mathrm{T}}\boldsymbol{A}\boldsymbol{Q}$$

成对角形. 下面先讨论实对称矩阵的性质.

引理 4.2.10　设 $\boldsymbol{A}$ 是 n 阶实对称矩阵, 则 $\boldsymbol{A}$ 的特征值皆为实数.

证明　设 λ 为 $\boldsymbol{A}$ 的一个特征值, $\boldsymbol{\alpha}$ 为 $\boldsymbol{A}$ 相应于 λ 的特征向量. 于是有 $\boldsymbol{A}\boldsymbol{\alpha}=\lambda\boldsymbol{\alpha}$. 从而

$$\overline{\lambda}\overline{\boldsymbol{\alpha}}^{\mathrm{T}}\boldsymbol{\alpha}=\overline{\lambda\boldsymbol{\alpha}}^{\mathrm{T}}\boldsymbol{\alpha}=\overline{\boldsymbol{A}\boldsymbol{\alpha}}^{\mathrm{T}}\boldsymbol{\alpha}=(\boldsymbol{A}\overline{\boldsymbol{\alpha}})^{\mathrm{T}}\boldsymbol{\alpha}=\overline{\boldsymbol{\alpha}}^{\mathrm{T}}\boldsymbol{A}\boldsymbol{\alpha}=\lambda\overline{\boldsymbol{\alpha}}^{\mathrm{T}}\boldsymbol{\alpha}.$$

注意到 $\boldsymbol{\alpha}$ 为非零向量, 故 $\overline{\boldsymbol{\alpha}}^{\mathrm{T}}\boldsymbol{\alpha}>0$. 从而 $\overline{\lambda}=\lambda$, 即 λ 为实数. □

进一步有,

引理 4.2.11　设 $\boldsymbol{A}$ 是实对称矩阵, 则 $\mathbb{R}^n$ 中属于 $\boldsymbol{A}$ 的不同特征值的特征向量必正交.

证明　设 λ_1,λ_2 为 $\boldsymbol{A}$ 的两个不同的特征值, $\boldsymbol{\alpha}_1,\boldsymbol{\alpha}_2$ 分别为 $\boldsymbol{A}$ 相应于 λ_1,λ_2 的特征向量. 于是有

$$\boldsymbol{A}\boldsymbol{\alpha}_1=\lambda_1\boldsymbol{\alpha}_1,\boldsymbol{A}\boldsymbol{\alpha}_2=\lambda_2\boldsymbol{\alpha}_2.$$

从而

$$\lambda_1\boldsymbol{\alpha}_1^{\mathrm{T}}\boldsymbol{\alpha}_2=(\lambda_1\boldsymbol{\alpha}_1)^{\mathrm{T}}\boldsymbol{\alpha}_2=(\boldsymbol{A}\boldsymbol{\alpha}_1)^{\mathrm{T}}\boldsymbol{\alpha}_2=\boldsymbol{\alpha}_1^{\mathrm{T}}\boldsymbol{A}^{\mathrm{T}}\boldsymbol{\alpha}_2=\boldsymbol{\alpha}_1^{\mathrm{T}}\boldsymbol{A}\boldsymbol{\alpha}_2=\lambda_2\boldsymbol{\alpha}_1^{\mathrm{T}}\boldsymbol{\alpha}_2.$$

由 $\lambda_1\neq\lambda_2$ 可得 $\boldsymbol{\alpha}_1^{\mathrm{T}}\boldsymbol{\alpha}_2=0$, 即 $\boldsymbol{\alpha}_1$ 与 $\boldsymbol{\alpha}_2$ 正交. □

一般地, 对于 n 阶实对称阵, 属于 $\boldsymbol{A}$ 的同一个特征值的一组线性无关的特征向量不一定相互正交, 可用施密特正交化过程将其正交化, 得到 $\boldsymbol{A}$ 的属于该特征值的正交特征向量组. 假设 $\lambda_1,\lambda_2,\cdots,\lambda_m$ 是 $\boldsymbol{A}$ 的互不相同的特征值, $\boldsymbol{\alpha}_{i1},\boldsymbol{\alpha}_{i2},\cdots,\boldsymbol{\alpha}_{is_i}$ 是属于特征值 λ_i 的正交特征向量组 $(1\leqslant i\leqslant m)$, 由以上引理, $\boldsymbol{\alpha}_{11},\cdots,\boldsymbol{\alpha}_{1s_1},\boldsymbol{\alpha}_{21},\cdots,\boldsymbol{\alpha}_{2s_2},\cdots,\boldsymbol{\alpha}_{m1},\cdots,\boldsymbol{\alpha}_{ms_m}$ 仍构成正交向量组. 另外, 若 $\boldsymbol{A}$ 有 n 个正交的特征向量, 则 $\boldsymbol{A}$ 相似于对角形矩阵. 实际上, 有下面的重要结论.

定理 4.2.12　对于任意 n 阶实对称矩阵 $\boldsymbol{A}$, 存在 n 阶正交矩阵 $\boldsymbol{Q}$, 使得

$$\boldsymbol{Q}^{\mathrm{T}}\boldsymbol{A}\boldsymbol{Q}=\boldsymbol{Q}^{-1}\boldsymbol{A}\boldsymbol{Q}$$

为对角阵.

正交矩阵 $\boldsymbol{Q}$ 的求法可以按以下步骤进行.

(1) 求出 $\boldsymbol{A}$ 的全部不同的特征值 $\lambda_1,\cdots,\lambda_m$, 设 λ_i 的重数为 $r_i(i=1,2,\cdots,m)$.

(2) 对于每个 λ_i, 解齐次线性方程组

$$(\lambda_i \boldsymbol{E}-\boldsymbol{A})\begin{pmatrix} x_1 \\ x_2 \\ \vdots \\ x_n \end{pmatrix}=\mathbf{0},$$

求出一个基础解系 $\boldsymbol{\alpha}_{i1},\cdots,\boldsymbol{\alpha}_{ir_i}$, 利用施密特正交化过程将其标准正交化, 得到 $\boldsymbol{A}$ 的 r_i 个属于 λ_i 的标准正交特征向量 $\boldsymbol{\eta}_{i1},\cdots,\boldsymbol{\eta}_{ir_i}(i=1,2,\cdots,m)$. 共求出 $\boldsymbol{A}$ 的 $\sum_{i=1}^{m} r_i=n$ 个标准正交特征向量.

(3) 将所得到的向量作为列构成正交矩阵 $\boldsymbol{Q}$.

例 4.2.13 设

$$\boldsymbol{A}=\begin{pmatrix} 0 & -2 & 2 \\ -2 & -3 & 4 \\ 2 & 4 & -3 \end{pmatrix},$$

求正交矩阵 $\boldsymbol{Q}$, 使得 $\boldsymbol{Q}^{-1}\boldsymbol{A}\boldsymbol{Q}$ 为对角形矩阵.

解 先求 $\boldsymbol{A}$ 的特征值. 由

$$|\lambda \boldsymbol{E}-\boldsymbol{A}|=\begin{vmatrix} \lambda & 2 & -2 \\ 2 & \lambda+3 & -4 \\ -2 & -4 & \lambda+3 \end{vmatrix}=(\lambda-1)^2(\lambda+8).$$

即得 $\boldsymbol{A}$ 的特征值为 1(二重), -8.

其次, 求属于 1 的特征向量. 把 $\lambda=1$ 代入

$$(\lambda \boldsymbol{E}-\boldsymbol{A})\boldsymbol{X}=\mathbf{0}$$

即

$$\begin{pmatrix} 1 & 2 & -2 \\ 2 & 4 & -4 \\ -2 & -4 & 4 \end{pmatrix}\begin{pmatrix} x_1 \\ x_2 \\ x_3 \end{pmatrix}=\begin{pmatrix} 0 \\ 0 \\ 0 \end{pmatrix},$$

由

$$\begin{pmatrix} 1 & 2 & -2 \\ 2 & 4 & -4 \\ -2 & -4 & 4 \end{pmatrix}\longrightarrow\begin{pmatrix} 1 & 2 & -2 \\ 0 & 0 & 0 \\ 0 & 0 & 0 \end{pmatrix},$$

故有基础解系

$$\boldsymbol{\alpha}_1=\begin{pmatrix}-2\\1\\0\end{pmatrix},\quad \boldsymbol{\alpha}_2=\begin{pmatrix}2\\0\\1\end{pmatrix}.$$

将 $\boldsymbol{\alpha}_1,\boldsymbol{\alpha}_2$ 正交化: 令 $\boldsymbol{\beta}_1=\boldsymbol{\alpha}_1$,

$$\begin{aligned}\boldsymbol{\beta}_2&=\boldsymbol{\alpha}_2-\frac{(\boldsymbol{\alpha}_2,\boldsymbol{\beta}_1)}{(\boldsymbol{\beta}_1,\boldsymbol{\beta}_1)}\boldsymbol{\beta}_1\\&=\begin{pmatrix}2\\0\\1\end{pmatrix}-\frac{-4}{5}\begin{pmatrix}-2\\1\\0\end{pmatrix}\\&=\frac{1}{5}\begin{pmatrix}2\\4\\5\end{pmatrix}.\end{aligned}$$

显然 $5\boldsymbol{\beta}_2$ 也是矩阵 $\boldsymbol{A}$ 的特征向量, 且 $\boldsymbol{\beta}_1,5\boldsymbol{\beta}_2$ 正交. 故对于 $\lambda_1=1$, 也可取正交的特征向量 $\boldsymbol{\beta}_1,5\boldsymbol{\beta}_2$. 再单位化得

$$\boldsymbol{\eta}_1=\begin{pmatrix}-\dfrac{2}{\sqrt{5}}\\\dfrac{1}{\sqrt{5}}\\0\end{pmatrix},\boldsymbol{\eta}_2=\begin{pmatrix}\dfrac{2}{3\sqrt{5}}\\\dfrac{4}{3\sqrt{5}}\\\dfrac{5}{3\sqrt{5}}\end{pmatrix}.$$

这是属于特征值 1 的标准正交的特征向量.

再求属于 -8 的特征向量.

$$(-8\boldsymbol{E}-\boldsymbol{A})\boldsymbol{X}=\boldsymbol{0}$$

的基础解系为

$$\begin{pmatrix}1\\2\\-2\end{pmatrix},$$

把它单位化得

$$\boldsymbol{\eta}_3=\begin{pmatrix}\dfrac{1}{3}\\\dfrac{2}{3}\\\dfrac{-2}{3}\end{pmatrix}.$$

所求的正交矩阵为

$$Q = \begin{pmatrix} -\dfrac{2}{\sqrt{5}} & \dfrac{2}{3\sqrt{5}} & \dfrac{1}{3} \\ \dfrac{1}{\sqrt{5}} & \dfrac{4}{3\sqrt{5}} & \dfrac{2}{3} \\ 0 & \dfrac{5}{3\sqrt{5}} & \dfrac{-2}{3} \end{pmatrix}.$$

这时

$$Q^{-1}AQ = \begin{pmatrix} 1 & & \\ & 1 & \\ & & -8 \end{pmatrix}.$$

习 题 4.2

1. 设 $\varepsilon_1, \varepsilon_2, \varepsilon_3$ 是三维欧氏空间 V 中的一组标准正交基, 证明 $\alpha_1, \alpha_2, \alpha_3$ 也是 V 中的一组标准正交基, 其中

$$\alpha_1 = \frac{1}{3}(2\varepsilon_1 + 2\varepsilon_2 - \varepsilon_3),$$

$$\alpha_2 = \frac{1}{3}(2\varepsilon_1 - \varepsilon_2 + 2\varepsilon_3),$$

$$\alpha_3 = \frac{1}{3}(\varepsilon_1 - 2\varepsilon_2 - 2\varepsilon_3).$$

2. 求齐次线性方程组

$$\begin{cases} 2x_1 + x_2 - x_3 + x_4 - 3x_5 = 0, \\ x_1 + x_2 - x_3 + x_5 = 0. \end{cases}$$

的解空间的一组标准正交基.

3. 设 n 阶方阵 A, B 是正交矩阵, 证明 AB, A^{T}, A^* 都是正交矩阵.

4. 设 A 是正交矩阵, 证明

(a) $|A| = \pm 1$;

(b) A 的实特征值为 ± 1.

5. 求正交矩阵 Q 使得 $Q^{\mathrm{T}}AQ$ 为对角矩阵, 其中

(a)

$$A = \begin{pmatrix} 2 & 2 & -2 \\ 2 & 5 & -4 \\ -2 & -4 & 5 \end{pmatrix};$$

(b)

$$A = \begin{pmatrix} 0 & 0 & 4 & 1 \\ 0 & 0 & 1 & 4 \\ 4 & 1 & 0 & 0 \\ 1 & 4 & 0 & 0 \end{pmatrix}.$$

6. 设三阶实对称方阵 $\boldsymbol{A}$ 的特征值为 $6, 3, 3$,

$$\boldsymbol{\alpha} = \begin{pmatrix} 1 \\ 1 \\ 1 \end{pmatrix}$$

是 $\boldsymbol{A}$ 对应于特征值 6 的一个特征向量, 求方阵 $\boldsymbol{A}$.

4.3　二次型及其标准型

实对称矩阵对角化理论的一个重要应用是二次型化简. 二次型问题具有明显的代数意义和几何意义. 在平面解析几何中, 如果一个有心二次曲线的中心与坐标原点重合, 则其方程具有形式

$$ax^2 + bxy + cy^2 = d.$$

可以通过适当的坐标旋转变换

$$\begin{cases} x = x'\cos\theta - y'\sin\theta, \\ y = x'\sin\theta + y'\cos\theta. \end{cases}$$

将其化为标准方程. 从代数的角度看, 化二次曲线方程为标准形就是通过线性变换化简二次齐次多项式, 使其只含平方项.

定义 4.3.1 含有 n 个变量 $x_1,\cdots,x_n$ 的二次齐次多项式

$$\begin{aligned}f(x_1,\cdots,x_n)=a_{11}x_1^2+2a_{12}x_1x_2+2a_{13}x_1x_3+\cdots+2a_{1n}x_1x_n\\+a_{22}x_2^2+2a_{23}x_2x_3+\cdots+2a_{2n}x_2x_n\\+a_{33}x_3^2+\cdots+2a_{3n}x_3x_n\\+\cdots\cdots\\+a_{nn}x_n^2\end{aligned}$$

称为 ***n* 元二次型**(quadratic form).

注 4.3.2 (1) 二次型是仅次于线性多项式的最简单的多项式.

(2) 二次型有明显的几何意义, 如二次曲线、二次曲面都可以描绘为二次型的零点.

记矩阵 $\boldsymbol{A}=\begin{pmatrix}a_{11}&a_{12}&\cdots&a_{1n}\\a_{21}&a_{22}&\cdots&a_{2n}\\\vdots&\vdots&&\vdots\\a_{n1}&a_{n2}&\cdots&a_{nn}\end{pmatrix}$, 其中 $a_{ij}=a_{ji}$, 即 $\boldsymbol{A}=\boldsymbol{A}^{\mathrm{T}}$. 称 $\boldsymbol{A}$ 为二次型 $f(x_1,x_2,\cdots,x_n)$ 的矩阵, 称 $\boldsymbol{A}$ 的秩为 $f(x_1,x_2,\cdots,x_n)$ 的秩. 再令 $\boldsymbol{X}=\begin{pmatrix}x_1\\\vdots\\x_n\end{pmatrix}$, 那么二次型有如下的矩阵表现形式:

$$f(x_1,x_2,\cdots,x_n)=\boldsymbol{X}^{\mathrm{T}}\boldsymbol{A}\boldsymbol{X}.$$

例 4.3.3 二次型

$$f(x_1,x_2,x_3)=3x_1^2+2x_1x_2+4x_1x_3+x_2^2+x_2x_3+x_3^2$$

的矩阵为

$$\boldsymbol{A}=\begin{pmatrix}3&1&2\\1&1&\frac{1}{2}\\2&\frac{1}{2}&1\end{pmatrix}.$$

例 4.3.4 $(x_1\quad x_2\quad x_3)\begin{pmatrix}3&1&2\\1&0&5\\2&5&2\end{pmatrix}\begin{pmatrix}x_1\\x_2\\x_3\end{pmatrix}=3x_1^2+2x_3^2+2x_1x_2+4x_1x_3+10x_2x_3$.

对于给定的二次型，希望通过适当的变量替换后使其具有相对简单的形式. 例如,

例 4.3.5

$$\begin{aligned} f(x,y) &= 4x^2+5y^2-4xy \\ &= (2x-y)^2+(2y)^2 \end{aligned}$$

令

$$\begin{cases} x = \dfrac{u}{2}+\dfrac{v}{4}, \\ y = \dfrac{v}{2}, \end{cases} \Rightarrow \begin{cases} u = 2x-y, \\ v = 2y, \end{cases}$$

就将 $f(x,y)$ 变为了 $g(u,v)=u^2+v^2$.

特别地, 将只有平方项的二次型

$$d_1x_1^2+\cdots+d_nx_n^2$$

称为对角二次型或简称为对角型. 显然, 二次型和对称矩阵之间存在一一对应关系. 另外, 二次型为对角型当且仅当其矩阵为对角阵.

下面考察怎样做变量替换使得二次型变为对角二次型. 设

$$f(x_1,\cdots,x_n)=\boldsymbol{X}^{\mathrm{T}}\boldsymbol{A}\boldsymbol{X}$$

为二次型, 经可逆线性变换

$$\boldsymbol{X}=\boldsymbol{P}\boldsymbol{Y},$$

二次型变为

$$f(x_1,\cdots,x_n)=\boldsymbol{X}^{\mathrm{T}}\boldsymbol{A}\boldsymbol{X}=\boldsymbol{Y}^{\mathrm{T}}\boldsymbol{P}^{\mathrm{T}}\boldsymbol{A}\boldsymbol{P}\boldsymbol{Y}=\boldsymbol{Y}^{\mathrm{T}}(\boldsymbol{P}^{\mathrm{T}}\boldsymbol{A}\boldsymbol{P})\boldsymbol{Y}=g(y_1,\cdots,y_n).$$

二次型 $g(y_1,\cdots,y_n)$ 的矩阵为 $\boldsymbol{P}^{\mathrm{T}}\boldsymbol{A}\boldsymbol{P}$. 于是, 二次型经可逆线性变换仍变为二次型, 且它们的矩阵是合同的. 将二次型 $f(x_1,\cdots,x_n)=\boldsymbol{X}^{\mathrm{T}}\boldsymbol{A}\boldsymbol{X}$ 化为对角型, 理论上等价于求可逆矩阵 $\boldsymbol{P}$ 使得 $\boldsymbol{P}^{\mathrm{T}}\boldsymbol{A}\boldsymbol{P}$ 为对角阵.

由于 $\boldsymbol{A}$ 为实对称矩阵, 根据实对称矩阵的对角化理论, 存在正交矩阵 $\boldsymbol{P}$ 使得 $\boldsymbol{P}^{\mathrm{T}}\boldsymbol{A}\boldsymbol{P}$ 为对角阵. 作正交变换 $\boldsymbol{X}=\boldsymbol{P}\boldsymbol{Y}$, 则

$$f(x_1,\cdots,x_n)=\boldsymbol{X}^{\mathrm{T}}\boldsymbol{A}\boldsymbol{X}=\boldsymbol{Y}^{\mathrm{T}}(\boldsymbol{P}^{\mathrm{T}}\boldsymbol{A}\boldsymbol{P})\boldsymbol{Y}$$

为以 $\boldsymbol{Y}$ 为变量的对角二次型. 于是, 任意一个实二次型都可以经过正交变换 $\boldsymbol{X}=\boldsymbol{P}\boldsymbol{Y}$ 变成一个对角二次型

$$\lambda_1y_1^2+\lambda_2y_2^2+\cdots+\lambda_ny_n^2,$$

其中, $\lambda_1,\lambda_2,\cdots,\lambda_n$ 为 $\boldsymbol{A}$ 的所有特征值.

化为对角型过后, 其中一些系数可能为零, 去掉以后得到

$$c_1z_1^2+c_2z_2^2+\cdots+c_rz_r^2,\qquad c_i\neq 0.$$

称为二次型的**标准型**.

例 4.3.6 将

$$f(x_1,x_2,x_3)=x_1^2+2x_2^2-2x_3^2+4x_1x_3$$

化为标准型.

解 先写出 f 的矩阵 $\boldsymbol{A}=\begin{pmatrix}1&0&2\\0&2&0\\2&0&-2\end{pmatrix}$.

求特征值 $|\lambda\boldsymbol{E}-\boldsymbol{A}|=\begin{vmatrix}\lambda-1&0&-2\\0&\lambda-2&0\\-2&0&\lambda+2\end{vmatrix}=(\lambda+3)(\lambda-2)^2$,

故特征值

$$\lambda_1=-3,\quad \lambda_2=\lambda_3=2.$$

将 $\lambda=-3$ 代入 $(\lambda\boldsymbol{E}-\boldsymbol{A})\boldsymbol{X}=\boldsymbol{0}$, 由

$$\begin{pmatrix}-4&0&-2\\0&-5&0\\-2&0&-1\end{pmatrix}\to\begin{pmatrix}1&0&\dfrac{1}{2}\\0&1&0\\0&0&0\end{pmatrix}$$

可得 $\boldsymbol{A}$ 属于特征值 -3 的一个特征向量

$$\begin{pmatrix}-1\\0\\2\end{pmatrix}.$$

将 $\lambda=2$ 代入 $(\lambda\boldsymbol{E}-\boldsymbol{A})\boldsymbol{X}=\boldsymbol{0}$, 由

$$\begin{pmatrix}1&0&-2\\0&0&0\\-2&0&4\end{pmatrix}\to\begin{pmatrix}1&0&-2\\0&0&0\\0&0&0\end{pmatrix}$$

可得 $\boldsymbol{A}$ 属于特征值 2 的两个线性无关的特征向量

$$\boldsymbol{\xi}_1 = \begin{pmatrix} 0 \\ 1 \\ 0 \end{pmatrix}, \quad \boldsymbol{\xi}_2 = \begin{pmatrix} 2 \\ 0 \\ 1 \end{pmatrix}.$$

将它们正交化

$$\boldsymbol{\beta}_1 = \begin{pmatrix} -1 \\ 0 \\ 2 \end{pmatrix},$$

$$\boldsymbol{\beta}_2 = \boldsymbol{\xi}_1 = \begin{pmatrix} 0 \\ 1 \\ 0 \end{pmatrix},$$

$$\boldsymbol{\beta}_3 = \boldsymbol{\xi}_2 - \frac{(\boldsymbol{\xi}_2, \boldsymbol{\beta}_2)}{(\boldsymbol{\beta}_2, \boldsymbol{\beta}_2)}\boldsymbol{\beta}_2 = \begin{pmatrix} 2 \\ 0 \\ 1 \end{pmatrix}.$$

再将它们单位化

$$\boldsymbol{\eta}_1 = \frac{1}{\sqrt{5}}\begin{pmatrix} -1 \\ 0 \\ 2 \end{pmatrix}, \quad \boldsymbol{\eta}_2 = \begin{pmatrix} 0 \\ 1 \\ 0 \end{pmatrix}, \quad \boldsymbol{\eta}_3 = \frac{1}{\sqrt{5}}\begin{pmatrix} 2 \\ 0 \\ 1 \end{pmatrix}$$

令

$$\boldsymbol{P} = \begin{pmatrix} -\frac{1}{\sqrt{5}} & 0 & \frac{2}{\sqrt{5}} \\ 0 & 1 & 0 \\ \frac{2}{\sqrt{5}} & 0 & \frac{1}{\sqrt{5}} \end{pmatrix}, \quad \boldsymbol{X} = \boldsymbol{P}\boldsymbol{Y},$$

得

$$f(x_1, x_2, x_3) = \boldsymbol{Y}^{\mathrm{T}}(\boldsymbol{P}^{\mathrm{T}}\boldsymbol{A}\boldsymbol{P})\boldsymbol{Y} = -3y_1^2 + 2y_2^2 + 2y_3^2.$$

如果令

$$\boldsymbol{P}' = \begin{pmatrix} 0 & -\frac{1}{\sqrt{5}} & \frac{2}{\sqrt{5}} \\ 1 & 0 & 0 \\ 0 & \frac{2}{\sqrt{5}} & \frac{1}{\sqrt{5}} \end{pmatrix}, \quad \boldsymbol{X} = \boldsymbol{P}'\boldsymbol{Y},$$

则

$$f(x_1,x_2,x_3)=2y_1^2-3y_2^2+2y_3^2.$$

由此看出二次型的标准型不是唯一的, 因为正交变换有多种形式.

将二次型化为标准型时, 如果所用线性变换不要求是正交变换, 也可采用配方法通过可逆线性变换将其化为标准型. 下面举例说明这种方法.

例 4.3.7 将

$$f(x_1,x_2,x_3)=2x_1^2+5x_2^2+5x_3^2+4x_1x_2-4x_1x_3-8x_2x_3$$

化为标准型.

解 由于 f 中含有 x_1 的平方项, 可先就 x_1 进行配方

$$f(x_1,x_2,x_3)=2(x_1^2+2x_1x_2-2x_1x_3)+5x_2^2+5x_3^2-8x_2x_3$$

$$=2(x_1+x_2-x_3)^2+3x_2^2+3x_3^2-4x_2x_3.$$

表达式

$$3x_2^2+3x_3^2-4x_2x_3$$

中不含 x_1, 再就 x_2 进行配方, 得

$$f(x_1,x_2,x_3)=2(x_1+x_2-x_3)^2+3(x_2-\frac{2}{3}x_3)^2+\frac{5}{3}x_3^2.$$

令

$$\begin{cases} y_1=x_1+x_2-x_3, \\ y_2=x_2-\dfrac{2}{3}x_3, \\ y_3=x_3. \end{cases} \Rightarrow \begin{cases} x_1=y_1-y_2+\dfrac{1}{3}y_3, \\ x_2=y_2+\dfrac{2}{3}y_3, \\ x_3=y_3. \end{cases}$$

则二次型化为

$$f(x_1,x_2,x_3)=2y_1^2+3y_2^2+\frac{5}{3}y_3^2.$$

例 4.3.8 将

$$f(x_1,x_2,x_3)=x_1x_2+x_2x_3+x_1x_3$$

化为标准型.

解 由于 f 中不含平方项, 为了使用配方法, 先通过线性变换"造出"平方项. 注意到 f 中含有交叉项 x_1x_2, 令

$$\begin{cases} x_1 = y_1 - y_2, \\ x_2 = y_1 + y_2, \\ x_3 = y_3, \end{cases}$$

或者

$$\boldsymbol{x} = \boldsymbol{C}_1\boldsymbol{y},$$

其中

$$\boldsymbol{C}_1 = \begin{pmatrix} 1 & -1 & 0 \\ 1 & 1 & 0 \\ 0 & 0 & 1 \end{pmatrix}.$$

则二次型化为

$$f = y_1^2 - y_2^2 + 2y_1y_3.$$

就 y_1 进行配方, 得

$$f = y_1^2 - y_2^2 + 2y_1y_3 = (y_1 + y_3)^2 - y_2^2 - y_3^2.$$

令

$$\begin{cases} z_1 = y_1 + y_3, \\ z_2 = y_2, \\ z_3 = y_3. \end{cases} \Rightarrow \begin{cases} y_1 = z_1 - z_3, \\ y_2 = z_2, \\ y_3 = z_3. \end{cases}$$

则二次型化为

$$f = z_1^2 - z_2^2 - z_3^2.$$

由

$$\boldsymbol{y} = \boldsymbol{C}_2\boldsymbol{z}, \quad \boldsymbol{C}_2 = \begin{pmatrix} 1 & 0 & -1 \\ 0 & 1 & 0 \\ 0 & 0 & 1 \end{pmatrix},$$

所用线性变换为

$$\boldsymbol{x} = \boldsymbol{C}\boldsymbol{z},$$

其中

$$C = C_1C_2 = \begin{pmatrix} 1 & -1 & -1 \\ 1 & 1 & -1 \\ 0 & 0 & 1 \end{pmatrix}. \qquad \square$$

习 题 4.3

1. 用矩阵记号表示下列二次型

(a) $f(x_1, x_2, x_3) = x_1^2 + 4x_2^2 + 3x_3^2 + 4x_1x_2 - 2x_1x_3$;

(b) $f(x_1, x_2, x_3, x_4) = x_1^2 + 8x_1x_4 + 2x_2x_3 + 2x_2x_4 - 2x_3x_4$.

2. 写出下列矩阵对应的二次型:

(a) $\boldsymbol{A} = \begin{pmatrix} 1 & 1 & 0 \\ 1 & 2 & 2 \\ 0 & 2 & 4 \end{pmatrix}$;

(b) $\boldsymbol{A} = \begin{pmatrix} 1 & 2 & 3 \\ 1 & 2 & 2 \\ 5 & 4 & 4 \end{pmatrix}$.

3. 用正交变换化下列二次型为标准型, 并写出所用正交变换

(a) $f(x_1, x_2, x_3) = 2x_1^2 + x_2^2 - 4x_1x_2 - 4x_2x_3$;

(b) $f(x_1, x_2, x_3) = x_1^2 - 2x_2^2 - 2x_3^2 - 4x_1x_2 + 4x_1x_3 + 8x_2x_3$.

4. 用配方法化下列二次型为标准型, 并写出所用线性变换

(a) $f(x_1, x_2, x_3) = x_1^2 + 4x_2^2 + 2x_3^2 - 4x_1x_2 + 2x_1x_3$;

(b) $f(x_1, x_2, x_3) = x_1x_2 + 4x_1x_3 + 4x_2x_3$.

4.4 正定二次型

在实二次型中, 正定二次型占有重要地位. 本节提出正定二次型的概念并给出判定方法.

定义 4.4.1 设有 n 元实二次型 $f(x_1, x_2, \cdots, x_n)$, 如果对任意一组不全为零的实数 $c_1, \cdots, c_n$ 都有

(1) $f(c_1, \cdots, c_n) > 0$, 则称 f 为**正定二次型**; 对应的矩阵称为**正定矩阵**;

(2) $f(c_1, \cdots, c_n) \geqslant 0$, 则称 f 为**半正定二次型**;

(3) $f(c_1, \cdots, c_n) < 0$, 则称 f 为**负定二次型**;

(4) $f(c_1, \cdots, c_n) \leqslant 0$, 则称 f 为**半负定二次型**;

(5) 如果 f 既能取正值也能取负值, 则称 f 为**不定二次型**.

例 4.4.2 (1)

$$f(x_1,x_2,x_3)=3x_1^2+x_2^2+5x_3^2$$

为正定二次型.

(2)

$$g(x_1,x_2,x_3)=-x_1^2-x_3^2$$

为半负定二次型, 因为 $g(0,1,0)=0$, 且 $g(x_1,x_2,x_3)\leqslant 0$ 显然成立.

(3)

$$h(x_1,x_2,x_3)=x_1x_2+x_2^2+5x_3^2$$

为不定二次型, 因为

$$h(1,1,1)>0,\ h(-2,1,0)=-1<0.$$

若一个二次型已经是平方和的形式, 则易于判别其类型. 一般情况下, 可将二次型化为标准型来判断, 这就提出了问题: 二次型化为标准型后, 其正定性、负定性等是否不变? 我们知道, 二次型经过可逆线性变换化为标准型后, 标准型中的项数等于其矩阵的秩. 进一步地, 有:

定理 4.4.3 (惯性定理) n 元实二次型 $f=\boldsymbol{X}^{\mathrm{T}}\boldsymbol{A}\boldsymbol{X}$ 经过任意可逆线性替换化为标准型后, 标准型中正平方项的项数 p 及负平方项的项数 q 都是唯一确定的.

推论 4.4.4 任意 n 元实二次型 $f(x_1,\cdots,x_n)=\boldsymbol{X}^{\mathrm{T}}\boldsymbol{A}\boldsymbol{X}$, 总可经过可逆线性变换化为以下形式的标准型:

$$f=y_1^2+y_2^2+\cdots+y_p^2-y_{p+1}^2-\cdots-y_r^2.$$

称为 f 的规范形.

定义 4.4.5 在秩为 r 的二次型的标准形或者规范形中, 正平方项的项数 p 称为 f 的**正惯性指数**, 负平方项的项数 $q=r-p$ 称为 f 的**负惯性指数**, $p-q=2p-r$ 称为 f 的**符号差**.

定理 4.4.6 设 $\boldsymbol{A}$ 是 n 阶实对称矩阵, $f=\boldsymbol{X}^{\mathrm{T}}\boldsymbol{A}\boldsymbol{X}$, 则下列命题等价.

(1) $\boldsymbol{A}$ 为正定矩阵;

(2) $\boldsymbol{A}$ 的特征值全为正实数;

(3) f 的正惯性指数 $p=n$;

(4) 存在可逆实矩阵 $\boldsymbol{C}$, 使得 $\boldsymbol{C}^{\mathrm{T}}\boldsymbol{A}\boldsymbol{C}=\boldsymbol{E}$;

(5) 存在可逆实矩阵 $\boldsymbol{P}$, 使得 $\boldsymbol{A}=\boldsymbol{P}^{\mathrm{T}}\boldsymbol{P}$.

证明 (1)⇒(2).

设 λ 是 $\boldsymbol{A}$ 的一个特征值, $\boldsymbol{X}$ 是 $\boldsymbol{A}$ 的相应于 λ 的特征向量. 注意到 λ 是实数, $\boldsymbol{X}$ 是实向量, $\boldsymbol{X}^{\mathrm{T}}\boldsymbol{X}>0$, 再由 $\boldsymbol{A}$ 正定知,

$$0<\boldsymbol{X}^{\mathrm{T}}\boldsymbol{A}\boldsymbol{X}=\boldsymbol{X}^{\mathrm{T}}\lambda\boldsymbol{X}=\lambda\boldsymbol{X}^{\mathrm{T}}\boldsymbol{X},$$

于是 $\lambda>0$.

(2)⇒(3).

由于 $\boldsymbol{A}$ 的特征值 $\lambda_1,\cdots,\lambda_n$ 全为正数, 故存在正交变换 $\boldsymbol{X}=\boldsymbol{P}\boldsymbol{Y}$ 使得

$$f=\lambda_1 y_1^2+\cdots+\lambda_n y_n^2.$$

故正惯性指数

$$p=n.$$

(3)⇒(4).

由于 f 的正惯性指数为 n, 故存在可逆线性替换 $\boldsymbol{X}=\boldsymbol{C}\boldsymbol{Y}$, 将二次型化为规范形

$$f=y_1^2+\cdots+y_n^2.$$

规范形的矩阵为单位矩阵, 故

$$\boldsymbol{C}^{\mathrm{T}}\boldsymbol{A}\boldsymbol{C}=\boldsymbol{E}.$$

(4)⇒(5).

假设 $\boldsymbol{C}$ 是可逆矩阵, 且

$$\boldsymbol{C}^{\mathrm{T}}\boldsymbol{A}\boldsymbol{C}=\boldsymbol{E}.$$

于是有

$$\boldsymbol{A}=(\boldsymbol{C}^{\mathrm{T}})^{-1}\boldsymbol{C}^{-1}=(\boldsymbol{C}^{-1})^{\mathrm{T}}\boldsymbol{C}^{-1}.$$

令

$$\boldsymbol{P}=\boldsymbol{C}^{-1},$$

则

$$\boldsymbol{A}=\boldsymbol{P}^{\mathrm{T}}\boldsymbol{P}.$$

(5)⇒(1).

设 $\boldsymbol{A}=\boldsymbol{P}^{\mathrm{T}}\boldsymbol{P}$, P 为可逆实矩阵. 对于任意非零实向量 $\boldsymbol{X}$, $\boldsymbol{Y}=\boldsymbol{P}\boldsymbol{X}$ 是非零实向量,

$$f=\boldsymbol{X}^{\mathrm{T}}\boldsymbol{A}\boldsymbol{X}=\boldsymbol{X}^{\mathrm{T}}\boldsymbol{P}^{\mathrm{T}}\boldsymbol{P}\boldsymbol{X}=\boldsymbol{Y}^{\mathrm{T}}\boldsymbol{Y}>0.$$

故 f 是正定二次型, 即 $\boldsymbol{A}$ 是正定矩阵. □

推论 4.4.7　正定矩阵的行列式大于零.

证明　设矩阵 $\boldsymbol{A}$ 正定, 则存在可逆矩阵 $\boldsymbol{P}$ 使得

$$\boldsymbol{A}=\boldsymbol{P}^{\mathrm{T}}\boldsymbol{P},$$

故

$$|\boldsymbol{A}|=|\boldsymbol{P}|^2>0. \qquad \square$$

实二次型的正定性还可以用二次型的矩阵 $\boldsymbol{A}$ 的 n 个顺序主子式来判别.

定义 4.4.8　$\boldsymbol{A}=(a_{ij})_n$ 位于左上角的子式

$$a_{11},\quad \begin{vmatrix} a_{11} & a_{12} \\ a_{21} & a_{22} \end{vmatrix},\quad \cdots,|\boldsymbol{A}|$$

分别称为 $\boldsymbol{A}$ 的 $1,2,\cdots,n$ 阶**顺序主子式**.

定理 4.4.9　n 元实二次型 $f=\boldsymbol{X}^{\mathrm{T}}\boldsymbol{A}\boldsymbol{X}$ 正定的充分必要条件是 $\boldsymbol{A}$ 的各阶顺序主子式均大于零. 负定的充分必要条件是

$$(-1)^k\begin{vmatrix} a_{11} & a_{12} & \cdots & a_{1k} \\ a_{21} & a_{22} & \cdots & a_{2k} \\ \vdots & \vdots & & \vdots \\ a_{k1} & a_{k2} & \cdots & a_{kk} \end{vmatrix}>0,\quad k=1,2,\cdots,n.$$

例 4.4.10　对于二次型

$$f(x_1,x_2,x_3)=tx_1^2+tx_2^2+tx_3^2+2x_1x_2+2x_1x_3-2x_2x_3,$$

给出其正定及负定的条件.

解　二次型 f 的矩阵为

$$\boldsymbol{A}=\begin{pmatrix} t & 1 & 1 \\ 1 & t & -1 \\ 1 & -1 & t \end{pmatrix}.$$

其一、二、三阶主子式分别为

$$t,\ t^2-1,\ (t+1)^2(t-2).$$

$t>0, t^2-1>0, (t+1)^2(t-2)>0$ 的充分必要条件为 $t>2$. 故 $t>2$ 时, f 为正定二次型.

$t<0, t^2-1>0, (t+1)^2(t-2)<0$ 的充分必要条件为 $t<-1$. 故 $t<-1$ 时, f 为负定二次型.

例 4.4.11 设 n 阶方阵 $\boldsymbol{A}$ 是正定矩阵, 证明 $\boldsymbol{A}^{-1}, \boldsymbol{A}^*, \boldsymbol{A}^m$ (m 为正整数) 都是正定矩阵.

证明 因为 $\boldsymbol{A}$ 是正定矩阵, 故其特征值 $\lambda_1, \lambda_2, \cdots, \lambda_n$ 均为正数.

(1) $\boldsymbol{A}^{-1}$ 的特征值

$$\frac{1}{\lambda_1}, \frac{1}{\lambda_2}, \cdots, \frac{1}{\lambda_n},$$

均为正数. 故 $\boldsymbol{A}^{-1}$ 为正定矩阵.

(2) 注意到 $|\boldsymbol{A}|>0$, 故 $\boldsymbol{A}^*$ 的特征值

$$\frac{|\boldsymbol{A}|}{\lambda_1}, \frac{|\boldsymbol{A}|}{\lambda_2}, \cdots, \frac{|\boldsymbol{A}|}{\lambda_n}$$

均为正数. 从而 $\boldsymbol{A}^*$ 为正定矩阵.

(3) $\boldsymbol{A}^m$ 的特征值

$$\lambda_1^m, \lambda_2^m, \cdots, \lambda_n^m$$

均为正数. 故 $\boldsymbol{A}^m$ 为正定矩阵. □

习 题 4.4

1. 判断下列二次型的正定性

(a) $f(x_1, x_2, x_3)=x_1^2+2x_2^2+6x_3^2+2x_1x_2+2x_1x_3+6x_2x_3$;

(b) $f(x_1, x_2, x_3)=5x_1^2+x_2^2+5x_3^2+4x_1x_2-8x_1x_3-4x_2x_3$.

2. 求 t 的取值范围, 使得二次型 $f(x_1, x_2, x_3)=t(x_1^2+x_2^2+x_3^2)+2x_1x_2$ 为 (1) 正定二次型; (2) 负定二次型.

3. 证明

(a) 若 $\boldsymbol{A}$ 为正定矩阵, 则 $|\boldsymbol{A}+\boldsymbol{E}|>1$;

(b) 若 $\boldsymbol{A}, \boldsymbol{B}$ 都是 n 阶正定矩阵, 则 $\boldsymbol{A}+\boldsymbol{B}$ 也是正定矩阵.

4. 设 $\boldsymbol{A}$ 是 n 阶矩阵, 证明

(a) $\boldsymbol{A}$ 为反对称矩阵当且仅当对于任意 n 维列向量 $\boldsymbol{X}$, 有 $\boldsymbol{X}^{\mathrm{T}}\boldsymbol{A}\boldsymbol{X}=0$;

(b) 如果 $\boldsymbol{A}$ 是对称矩阵, 且对于任意 n 维列向量 $\boldsymbol{X}$ 有 $\boldsymbol{X}^{\mathrm{T}}\boldsymbol{A}\boldsymbol{X}=0$, 则 $\boldsymbol{A}=\boldsymbol{O}$.

5. 设 $f(x_1,\cdots,x_n)=\boldsymbol{X}^{\mathrm{T}}\boldsymbol{AX}$ 为实二次型, 且存在 n 维列向量 $\boldsymbol{X}_1,\boldsymbol{X}_2$ 使得 $\boldsymbol{X}_1^{\mathrm{T}}\boldsymbol{AX}_1>0$, $\boldsymbol{X}_2^{\mathrm{T}}\boldsymbol{AX}_2<0$. 证明存在 n 维列向量 $\boldsymbol{X}_0$ 使得 $\boldsymbol{X}_0^{\mathrm{T}}\boldsymbol{AX}_0=0$.

6. 若二次型 $f(x_1,x_2,x_3)=2x_1^2+3x_2^2+3x_3^2+2tx_2x_3(t<0)$ 通过正交变换化为 $f=2y_1^2+y_2^2+5y_3^2$.

(a) 求 t;

(b) 证明当 $x_1^2+x_2^2+x_3^2=1$ 时, f 的最大值为 5.

参 考 文 献

[1] 李尚志. 2011. 线性代数. 北京: 高等教育出版社.

[2] 彭国华, 李德琅. 2006. Linear Algebra. 北京: 高等教育出版社.

[3] 韩流冰, 叶建军, 何瑞文, 等. 2014. 线性代数与空间解析几何. 成都: 西南交通大学出版社.

[4] Artin M. 2015. 代数 (原书第 2 版). 姚海楼, 平艳茹译. 北京: 机械工业出版社.

[5] Leon S J. 2010. 线性代数 (原书第 8 版). 张文博, 张丽静译. 北京: 机械工业出版社.